2017年度入試用　首都圏

公立中高一貫校ガイド

目次

首都圏公立中高一貫校 21校プロフィール

安田 理（安田教育研究所代表）

首都圏公立中高一貫校

2017年度入試を2016年度の結果から予想する

安田教育研究所代表。東京都生まれ。早稲田大学卒業後、（株）学習研究社入社。雑誌の編集長を務めた後、受験情報誌・教育書籍の企画・編集にあたる。2002年安田教育研究所を設立。講演・執筆・情報発信、セミナーの開催、コンサルティングなど幅広く活躍中。

首都圏の公立中高一貫校の２０１７年度入試はどうなるでしょうか。安田教育研究所の安田理代表にうかがいました。

千葉県立東葛飾は大人気だったが…

２０１６年度の公立中高一貫校の話題といえば、**千葉県立東葛飾**の開校でした。受検者１１４７名という大人気になりました。が、そのほかは大半が受検者減で、都内でも11校のうち**東京都立小石川中等教育、東京都立南多摩中等教育、東京都立武蔵高附属**以外の8校は今年も減らしました（表1）。

その一方、適性検査当日の欠席者、合格後の辞退者が増えており、私立との併願が増えていることがわかります。ちなみに都立10校の当日の欠席者は、男子が１６３名（前年１５７名）、女子が２００名（前年１８３名）の計３６３名（前年３４０名）と、男女とも前年より増えています。同じく都立10校の合格後の辞退者は男子が47名（前年43名）、女子が55名（前年41名）の計１０２名（前年84名）とこれまた増えました。

ほかの３県では、増えた学校は１校もありませんでした。それでも**神奈川県立相模原中等教育、横浜市立南高附属**など大学合格実績を伸ばしていると

【表1】首都圏公立中高一貫校　受検者数推移

学校名	募集人数	受検者数			
		2016年	2015年	2014年	2013年
■東京					
桜修館中等教育	男80女80	1006	1081	1404	**1410**
大泉高校附属	男60女60	839	862	934	**1101**
小石川中等教育	男80女80 男女計約5	**929**	826	**934**	911
立川国際中等教育	男65女65 男女計30	701	805	836	**862**
白鷗高校附属	男80女80 男女計約16	948	997	1154	**1295**
富士高校附属	男60女60	569	612	657	**749**
三鷹中等教育	男80女80	1039	1110	1135	**1181**
南多摩中等教育	男80女80	**876**	874	994	**1161**
武蔵高校附属	男60女60	**564**	**557**	538	695
両国高校附属	男60女60	971	998	**1047**	**942**
千代田区立九段中等教育	A男40 A女40 B男40 B女40	762	910	**1011**	813
■神奈川					
相模原中等教育	男80女80	1009	1102	1224	1444
平塚中等教育	男80女80	746	749	856	**880**
横浜市立南高校附属	男80女80	1219	1250	1265	1520
川崎市立川崎高校附属	男女計120	542	580	853	—
■千葉					
県立千葉	男40女40	785	909	1007	1067
県立東葛飾	男40女40	1147	—	—	—
千葉市立稲毛高校附属	男40女40	630	**734**	717	797
■埼玉					
伊奈学園	男女計80	425	534	591	704
さいたま市立浦和	男40女40	447	486	518	575

＊太字は前年より受検者増を示す。
＊小石川中等教育、立川国際中等教育、白鷗高校附属の男女計は特別枠の人数。

ころは１０００名を超える受検者がいました。ただ、受検者は減っても難度は上昇しているので、じゅうぶんな準備はこれまで以上に必要です。

公立中高一貫校の受検者は、女子の方が一般的に多いのですが（**川崎市立川崎高附属**は男女別の数字は公表していません）、例年の小石川中等教育、武蔵高附属、**千葉県立千葉**に加え、相模原中等教育と新設の東葛飾は男子の方が多くなっています。

模擬試験から公立中高一貫校のレベルをはかる

つぎに、各校のレベルについて、中学入試における３大模試の２０１６年度結果偏差値（左表２・３）を手がかりに見ていきましょう。△は前年より偏差値が上昇していること、▼は下降していることを表しています。また、

【表2】3大模試における公立中高一貫校の位置づけ(男子)

偏差値	四谷大塚	日能研	首都圏模試
73			東葛飾
72			△県立千葉
71			
70			△市立南
69			
68			△小石川
67			
66			
65	県立千葉		△両国、△相模原
64	小石川	△小石川	
63			桜修館、△白鷗、△南多摩、武蔵、△市立稲毛、△市立浦和
62			区立九段
61	武蔵	▼県立千葉	△大泉、△立川国際、△三鷹
60	桜修館、両国、東葛飾		富士、△伊奈学園
59	△大泉、市立南	▼武蔵、両国	△平塚
58	区立九段、相模原	桜修館、東葛飾	△市立川崎
57	白鷗、三鷹		
56	富士、南多摩、▼市立浦和	市立南	
55	立川国際	三鷹	
54	平塚	区立九段、市立浦和	
53	市立稲毛	大泉、△立川国際、相模原	
52	伊奈学園	白鷗、△富士、▼市立稲毛	
51			
50			
49		△平塚	

【表3】3大模試における公立中高一貫校の位置づけ(女子)

偏差値	四谷大塚	日能研	首都圏模試
73			△県立千葉、東葛飾
72			
71			
70			△市立南
69			
68			
67	県立千葉		
66			△小石川、△両国
65			△桜修館、△相模原
64	小石川、武蔵		△区立九段
63		△小石川	△白鷗、△三鷹、△南多摩、武蔵、△市立浦和
62	両国、桜修館、東葛飾	▼県立千葉	△市立稲毛
61	市立南		△大泉、△立川国際
60	区立九段、相模原	△両国	富士、△伊奈学園
59	大泉、白鷗		△平塚
58	富士、三鷹、南多摩	▼武蔵、東葛飾	△市立川崎
57	立川国際、▼市立浦和	▼桜修館	
56		市立南	
55	市立稲毛	三鷹、市立浦和	
54	伊奈学園、平塚	区立九段	
53		大泉、立川国際、相模原	
52		白鷗、▼富士、▼市立稲毛	
51			
50			
49		△平塚	

△（前年比偏差値上昇）、▼（前年比偏差値下降）

すべて一般枠についてのものです（**千代田区立九段**は区外枠）。

各模試が20校すべての結果偏差値をだしているわけではありません。偏差値を引くだけの母数がないということです。

位置づけでは、たとえば男子では、県立千葉、小石川中等教育が3模試とも高いことは共通していますが、あとは模試によりバラついています。

男女でもかなりちがいがあります。四谷大塚では男子の60以上は6校しかありませんが、女子では9校もあるといった具合です。このように、模試により偏差値そのもの、そして順位もかなりちがうことに注意してください。

首都圏模試では軒並み上昇

偏差値の上昇・下降も模試により大きく異なります。四谷大塚では上昇も下降もごくわずかで、**さいたま市立浦和**が男女とも下降していることがめだちます。日能研は男子は上昇が下降より1校多く、女子は下降が2校多くなっています。男女とも上昇が小石川中等教育、**神奈川県立平塚中等教育**、男女とも下降が県立千葉、武蔵高附属、**千葉市立稲毛高附属**となっています。

一方、首都圏模試では大半の学校が上昇しています。とくに男子では市立南高附属、相模原中等教育が5ポイント、女子では相模原中等教育が6ポイント、市立南高附属、平塚中等教育が5ポイントと、大幅に上昇しています。

こうしてみると、神奈川で公立中高一貫校の人気が高まっていることがうかがえます。２０１７年度入試では**横浜市立横浜サイエンスフロンティア高附属**が開校するので、一段と高まる可能性があります。神奈川の公立中高一貫校を考えているかたはじゅうぶん注意が必要です。

さきに見たように受検者数は減っていますが、それにともなってやさしくなっているわけではなく、難度は逆に上昇していますので、より入念な対策が必要ということです。

また、公立中高一貫校は教科別の試験ではない適性検査問題ですから、私立の入試問題を意識して作問されている模擬試験とはストレートには比例しないと考えた方がいいでしょう。偏差値はあくまで参考程度に考えてください。

偏差値以上に、各校によって適性検査問題にも個性があるので、東京のように学校が多数ある場合は、自分がどの学校の適性検査問題ならよくできるかといったことの方が、学校選択の目安になるでしょう。

東京の「共同作成」適性検査問題

都立の公立中高一貫校10校では、昨年度から、適性検査の「共同作成」が始まりました。どんな変化があったのでしょうか。

適性検査は、これまでは各校が独自に作成していましたが、都立高校の入試問題のグループ作成の動きと同じように、昨年度から、共同作成による共通問題が導入されました。

一方、各校それぞれに求める生徒像というものがありますから、完全な「共通問題」ではなく、一部に各校独自の問題もだすことができるというかたちになりました。今年度はどう行われたのでしょうか。

共同作成の仕組みについて

共同作成の仕組みとしては、昨年度から、都立10校のすべてにおいて、与えられた文章をもとに的確でまとまりのある文章を書く力をみる「適性検査Ⅰ」（問題1からなる）と、与えられた資料をもとに課題を発見し解決する力をみる「適性検査Ⅱ」（問題1・2・3からなる）の2種類を実施しています。

また、各校で独自に作成する「適性検査Ⅲ」を実施することも認められています。適性検査ⅠおよびⅡは10校による共同作成ですが、全4問のうち2問までは、各校で作成した独自問題に差し替えることができ、適性検査Ⅲを実施する場合にはⅠまたはⅡの差し替えは1問以内と定められています。

独自問題の実施状況

今年度も、昨年度に引きつづき、都立10校中で、共通問題だけで適性検査を実施した学校は1校もなく、すべての学校がなんらかのかたちで独自作成問題を出題しています。

独自問題の出題状況をまとめたのが表4です。

10校のなかでは、唯一、**東京都立桜修館中等教育**が「作文」を実施してきていましたが、適性検査Ⅰもあたえられた資料を基に考えたことを６００字以内にまとめるという独自色をだしています。

東京都立大泉高附属と**東京都立富士高附属**は適性検査Ⅰ・Ⅱともすべて共通問題を使用したのですが、両校とも適性検査Ⅲを実施することで独自色をだしています。

こうしてみていくと、適性検査Ⅰで

【表4】2016年度入試　都立中高一貫校独自問題出題状況

学校名	出題状況
桜修館中等教育	適性検査Ⅰ：独自問題、適性検査Ⅱ：[1]のみ独自問題、[2][3]は共通問題
大泉高校附属	適性検査Ⅰ：共通問題、適性検査Ⅱ：３題とも共通問題、適性検査Ⅲを実施
小石川中等教育	適性検査Ⅰ：共通問題、適性検査Ⅱ：[2]のみ独自問題、適性検査Ⅲを実施
立川国際中等教育	適性検査Ⅰ：独自問題、適性検査Ⅱ：３題とも共通問題
白鷗高校附属	適性検査Ⅰ：独自問題、適性検査Ⅱ：３題とも共通問題
富士高校附属	適性検査Ⅰ：共通問題、適性検査Ⅱ：３題とも共通問題、適性検査Ⅲを実施
三鷹中等教育	適性検査Ⅰ：独自問題、適性検査Ⅱ：[1]のみ独自問題、[2][3]は共通問題
南多摩中等教育	適性検査Ⅰ：独自問題、適性検査Ⅱ：３題とも共通問題
武蔵高校附属	適性検査Ⅰ：共通問題、適性検査Ⅱ：[2]のみ独自問題、適性検査Ⅲを実施
両国高校附属	適性検査Ⅰ：独自問題、適性検査Ⅱ：３題とも共通問題、適性検査Ⅲを実施

独自問題を実施した学校が6校、適性検査Ⅲを実施した学校が5校（**東京都立両国高附属**だけ両方を実施）、適性検査Ⅱは、共通問題の3問中2問を差し替えた学校はなく、1問のみ差し替えた学校も4校だけと、これも昨年と同じになりました。

おそらく2017年度も同様なスタイルで行われるでしょうから、2016年度の適性検査を基に対策を施していくといいでしょう。

私立の「適性検査型入試」の人気は？

公立中高一貫校を受ける人にとって受験しやすい私立の「適性検査型入試」（公立中高一貫校対応入試、PISA型入試など名称はさまざま）ですが、実際に各学校にどのくらいの受験生がいたのか調べてみました（6ページ表5）。

さらに広がる「適性検査型入試」

「適性検査型入試」は当初東京だけにかぎられていましたが、2015年度入試では埼玉（**聖望学園**）、千葉（**聖徳大附属女子**）、神奈川（**横浜**）にも広がりました。

2016年度入試では実施校がさらに増えました。これまでは東京西部が多かったのですが、東京北部にも広がってきています。表には2ケタの受験者がいる学校だけをあげましたが、このほかにも多数の学校が適性検査型入試を実施しています。

これだけ増えると、「適性検査型入試」でも受験者が減少した学校もあり、「適性検査型入試」にも二極化の傾向が見えてきたことがわかります。

日程については、2月1日の午前・午後が圧倒的に多くなっています。もう限度かと思われましたが、2017年度入試でも実施校はさらに増えます。

●足立学園
・2月1日午前に新設。

●京華女子
・2月1日午前に新設。

●和洋九段女子
・2月2日午前の第3回を「2科・4科選択もしくは適性検査型」に。

●城西大学附属城西
・2月2日午前に新設。

●鶴見大学附属
・2月2日午前に新設。

私立の難関校のなかには「思考力」「記述力」を必要とする問題を多く出題するところもありますが、まだまだ私立の多くは勉強してきた成果として知識量をみる問題が依然として強いため、公立中高一貫校が第1志望で、それへの対策をおもに行ってきた受験生は、なかなか高得点が取れません。そうした受験生用に「適性検査型入試」があるので、併願先の私立を探しているなら、こうした入試を行っている私立を選ぶことをおすすめします。

公立中高一貫校の今後

今年の東葛飾高附属の開校につづき、2017年度には市立横浜サイエンスフロンティア高附属が開校します（116ページで紹介記事を掲載）。神奈川県立、千葉県立の各2校の「適性検査問題」は同一ですが、横浜市立の場合は学校の特色を考慮して別問題になります。

通学区域は両校とも横浜市内全域、検査日2月3日、合格発表日2月10日は同一です。

そのほかでは、2019年に**さいたま市立大宮西高校**を母体とした中等教育学校が開校する予定です。

・さいたま市立中等教育学校（校名は今後決定）
・通学区域　さいたま市全域
・募集定員　160名
・教育の特色　グローバル化の先進校として国際バカロレアの認定をめざす

【表5】「適性検査型入試」2016年度受験者数状況

学校名	名称	日程	男子	女子	合計
宝仙学園理数インター	理数公立一貫型	2/2	171	193	562
	理数公立型特待	2/4	97	101	
安田学園	先進特待1回	2/1	169	172	341
聖徳学園	適性検査型	2/1	154	137	291
開智日本橋学園	1回適性検査	2/1	63	71	270
	2回適性検査	2/1PM	59	77	
聖望学園	適性検査型	1/13	70	115	185
郁文館	適性検査型特奨生1回	2/1	45	46	147
	適性検査型特奨生2回	2/1PM	12	12	
	適性検査型特奨生3回	2/2	13	19	
●佼成学園	適性検査型	2/1	84		145
	適性検査型特別奨学生	2/1PM	61		
○佼成学園女子	2/1A・PISA	2/1		122	142
	2/1B・PISA	2/1PM		20	
八王子学園	1回午前東大	2/1	78	59	137
多摩大学附属聖ケ丘	3回・適性検査型	2/2	64	70	134
浦和実業学園	適性検査型	1/16	62	71	133
横浜隼人	2回	2/1PM	81	25	106

学校名	名称	日程	男子	女子	合計
○文化学園大学杉並	A型1回	2/1		52	73
	A型2回	2/2		21	
○聖徳大学附属女子	適性検査型S特待	1/20PM		84	84
上野学園	S公立対応型	2/1	22	51	73
○トキワ松学園	適性検査型	2/1		68	68
○東京純心女子	適性検査型SSS	2/1		67	67
○神田女学園	適性検査型1回	2/1		45	66
	適性検査型2回	2/1PM		21	
○相模女子大学	2回	2/2		52	52
千葉明徳	適性検査型	1/24	27	23	50
○共立女子第二	適性検査型	2/1PM		49	49
横須賀学院	適性検査型	2/1	16	18	34
●京華	特選適性検査型	2/2	34		34
○玉川聖学院	適性検査型	2/1		32	32
○藤村女子	適性検査	2/1		29	29
東海大学菅生	1回B	2/1PM	15	13	28
昌平	適性検査型	1/11PM	12	10	22
○小野学園女子	適性検査型1回	2/1PM		16	20
	適性検査型2回	2/2PM		4	
立正大学付属立正	2回適性検査	2/2	11	8	19
●横浜	適性検査型	2/2	17		18
	3次・適性検査型	2/7	1		
○聖ヨゼフ学園	適性検査型A	2/1PM		11	15
	適性検査型B	2/6		4	
○駒沢学園女子	1回適性検査型	2/1		14	14
埼玉平成	A進学1回午後	1/10PM	5	9	14
○千代田女学園	適性検査型A	2/1		6	12
	適性検査型B	2/1PM		6	
共栄学園	2科・適性進学1回	2/1	*計47	*計68	*計171
	2科・適性特進1回	2/1	上記に含む	上記に含む	
	2科・適性進学2回	2/7	*計29	*計27	
	2科・適性特進2回	2/7	上記に含む	上記に含む	
○東京家政大学附属女子	1回セレクト	2/1		*88	*88
成立学園	1回	2/1	*15	*5	*40
	2回	2/1PM	*16	*4	
日本工業大学駒場	1回	2/1	*35	*2	*37
○横浜富士見丘	1回A	2/1		*27	*27
○白梅学園清修	1回午前	2/1		*22	*22

太字の学校・入試回は2016年度に新設。●＝男子校、○＝女子校、無印＝共学校
＊印の受験者数は４科ないし２科ないし国算基礎などと適性検査型の受験者数の合計。

公立中高一貫校と併願して

お得な私立中学校

森上 展安
（森上教育研究所所長）

森上教育研究所所長。1953年、岡山県生まれ。早稲田大学卒業。進学塾経営などを経て、1987年に「森上教育研究所」を設立。「受験」をキーワードに幅広く教養問題をあつかう。近著に『入りやすくてお得な学校』『中学受験図鑑』などがある。

公立中高一貫校が実施している適性検査に似た入試を、公立入試直前に行い「予行演習や腕試し」を兼ねてもらおう、というタイプの私立中入試が増えています。この欄では『公立中高一貫校と併願してお得な私立中学校』と題して、そんな私立の適性検査型入試を受験する意義を森上展安氏にお話ししてもらいます。

私立の「適性検査型」入試が3年前の5倍ものボリュームに

私立中学における「公立中高一貫の適性検査タイプ」の入試は２０１３年以降急増し、２０１３年16校（17入試）、２０１４年24校（25入試）、２０１５年36校（47入試）そしてついに今春２０１６年では57校（71入試）を数えるまでになりました（なお、２０１２年以前からやっている私立中は、上野学園、共立女子第二、東海大学菅生、藤村女子、淑徳ＳＣ、文化学園大学杉並、そして後述の宝仙学園理数インターなどがあります）。

２０１６年は、じつに総受験者数はのべで３６７８人にのぼり、２０１３年７２７人だったものがわずか３年で５倍以上の規模にふくらみました。

その最大の受験者数は３６４人（昨年３４２人）の宝仙学園理数インターのⅠであり、２番目が３４１人（昨年３３５人）の安田学園です。３番目が聖徳学園の２９１人（昨年２３６人）。

つまり、公立中高一貫校の多い下町と多摩地区そして23区内それぞれに公立中高一貫校の大きな併願校として、下町には安田学園、23区は宝仙学園理数インター、三多摩には聖徳学園という併願先があることになります。もっとも下町には開智日本橋学園が１３４人（昨年１１８人）、三多摩には東京純心女子が67人（昨年１３３人）、あるいは多摩大学附属聖ヶ丘１３４人（昨年61人）、八王子学園八王子１３７人（今春初）、23区内には駒込が１６２人（昨年１８７人）、日本学園が１００人（昨年１５２人）もあります。

埼玉にも、浦和実業学園が１３７人（今春初）、神奈川にも横浜隼人が１０６人と比較的多い入試があります。千葉で比較的多い入試は、聖徳大学附属女子で84人（昨年99人）、千葉明徳で50人（今春初）などがあります。

なお、ＰＩＳＡ型と名づけられている佼成学園女子の入試も適性検査型なので、これは１４４人と多いことをつけ加えておきます。

私立の適性検査型が増えて公立中高受検生が減る動き

ご存じのとおり公立中高一貫校は共学校しかありませんが、私立の適性検査型入試をやる学校は男子校、女子校も少なくありません。

前記以外で、女子校では受験生が多い順にトキワ松学園（今春68人）、相模女子大学（同52人）、神田女学園（同45人）、玉川聖学院（同32人）。

男子校も、前出以外では佼成学園（今春午前84人、午後61人）、京華（今春34人）、横浜（同17人）など、なかなかの規模となっています。

こうしてみると、宝仙学園理数インターⅡ（4日午前）は１９８人で、Ⅰ（2日午後）の３６４人を合わせると５００人規模であり、そのせいか、来春は2月1日午前にも「公立一貫対応試験」をやるようです。

やはり公立併願ということから共学校が多いのですが、男子だけ、女子だけの視点でみると共学校の男子のみ・女子のみを男女別学校のそれが上回っている学校もあります。公立校は共学で50％ずつ等分の募集ですが、これらの別学校では、適性型が受験できるうえで別学校進学も選べるところが私立のもうひとつの魅力と思われます。

ちなみに適性検査型入試をしている私立中学の学校種別の内訳は、共学校が多くて34校45入試、女子校21校30入試、男子校4校6入試となります。受検者ののべ数では共学校2711人、女子校670人、男子校297人ということからやはり共学校ニーズが高いものの、女子校ニーズ、男子校ニーズもあることがわかります。

ここで指摘しておきたいのは最大入試数、最大受験者数を従来の私立入試難度ランクでみると、四谷大塚偏差値45～49、首都圏模試では50前後のボリュームゾーンが、適性検査型でも最も受験者数（のべ）が多いことです。

ボリュームゾーンなのだから、多いことは不思議ではない、といわれるかもしれませんが、私立の教科型入試のこの難度ゾーンは近年大きく減少していて学校によっては、適性型が従来型より多い受験者数になっています。

おもしろいのは、こうした私立適性型入試の急増ぶりに対して、それと対照的に公立中高一貫校の受検生数の伸び悩み現象があることです。

少し過去数年の両者の動きをプロットしてみましょう。左上の【表】のようになります。

【表】

	10年	11年	12年	13年	14年	15年	16年
公立 全校合計	16,820	17,350	16,831	18,874	18,300	16,763	16,299
公立 入試平均	934	964	935	944	871	798	771
私立 全校合計	142	256	482	727	1,856	2,521	3,678
私立 入試平均	36	51	60	48	69	66	54

公立校と私立校の適性検査入試の受験者数を全校合計と入試平均で分析
公立全校合計受験者数だけが大きな数字なので、左側のy軸目盛を使用し、残りは右側のy軸目盛を使用。

つまり、公立中高一貫校受検者数は高止まりで、私立の適性型検査を受験する受験生の急増が印象的です。

前者の受検生は近年のべ1万6000人台に対して、私立適性型受験者は、今春のべで3000人台なかばになりました。

合格者数でいうと、よりはっきりします。公立中高一貫校の合格者数は2758人（今春）。これに対して私立適性型は受験者の8割ほどは合格となりますから合格者数ではほぼ同数に達している可能性さえあるのです（私立適性検査型の合格者は未集計）。

なぜ私立適性型が増えて公立一貫校受検が減るのか

私立適性検査型入試が増えた理由、あるいは反対に公立一貫校適性検査受検が伸び悩む理由はなにか、ここで少し考えてみましょう。

私立の適性検査型が増えたのは、なんといっても2020～2024年の大学入試改革が大きな要素です。そのころまでに大学入試センター試験や個別入試の問題が、適性検査型になる、というアナウンスが文科省からなされた、ということが大きいのです。

一方、公立中高一貫校の方は、全体の平均の倍率が9倍→7倍→6倍という沈静化傾向を辿っています。とはいっても高倍率で、とくに新設となると今春も千葉県立東葛飾で14倍強でした。来年の横浜市立横浜サイエンスフロンティア高校附属も、大変な倍率となるでしょう。

これは受験生から見ると合格可能性が非常に少ないということですね。しかも、学力選抜をやってはいけないことになっているので、内申等の総合評価が加わるため、適性検査で非常な高得点を取るしか合格確実性はみえてきません。しかし、記述式合教科（答えがひとつとはかぎらない）というオープンエンド式の設問などの適性検査特有の性格から、合格答案はかならずしもとらえやすいものではありません。

こうして受験生からすると努力すれば報いられる、というその努力の方向がわかりにくい。そのうえ、倍率が高く不確実性が大きい。合格者のなかに入るのは確率的には低い。それなら、低コストで適性向けの学習をして、そのうえで公立の適性検査を受けるにしても、もう少し正解がはっきりしている私立の適性検査型に併願すれば、私立の費用はかかりますが、従来の私立の準備費用に比べ、割安です。

しかも、安かろう悪かろう、というのとちがい、将来の大学入試に役立つ基礎的勉強になる、という事情があれば、いわゆる受験のためだけのコストではなくなり、やりがいもでてきます。

また、私立の適性検査型入試は、倍率が総じて低く、高倍率のところも若干ありますが、たとえば最大の受験者のいる宝仙学園理数インターで1・5～1・4倍です。加えて、2月3日の公立中高一貫校入試（東京・神奈川）より前に私立適性検査がありますので予行演習にもなります。

また近年は、公立中高一貫校の大学合格実績と遜色のない出口実績を持つ（たとえば前記宝仙学園理数インターは今春東京大合格者2名）学校が多くなりました。

問題点は、入ってからかかる私立の費用ですが、これは成績による特待制度を備えたところが少なくないので、そうしたところを選べばまったく関係なくなります。

以上、公立中高一貫校との比較の視点でメリットをあげてみましたが、もうひとつあります。

それは、中学での先取り授業が仮にできたとしても、高校からは高入組と同じクラス授業になるため、中高一貫による先取りのメリットがあまりない、という点です（とくに千葉県立中高一貫校の場合）。この点は、千葉はもちろんですが、私立の適性検査校に優位性があります。

そして、最大のちがいは公立中高一貫校はすべて共通日程、共通入試のため、不合格の場合、他の公立中高一貫校には行けないことです。

それは最初からわかっていることとはいえ、不合格の場合はやはりそれなりの挫折感をともない、トラウマになるでしょう。

その点、私立であれば行政区内外を問わずに受験ができますし、同じ学校でも適性検査を2度やるところもあります。倍率も2倍を超えないところが多く、合格できる＝成功体験を得られる確立がきわめて高いのです。

私立の適性検査型入試が見据えている2020年

さて、ここまでは公立VS私立の比較をしてきましたが、忘れてならないのが私立VS私立です。

それはなにか、というと、ひとつには中学受験のコストです。通常の私立中学入試は、大手塾模試の偏差値どおりの序列があり、成績上位生になるにはそれなりのコストがかかります。通常3年間の塾通いと、少なくとも2年間の受験勉強生活を前提にしています。時間もコストもかかります。

これに対して私立適性検査型入試は、1年間～3カ月程度の準備で合格答案を書くことはできなくはありませんし、塾通いが必要だとしても短い授業時間で低コストで対応する場合がほとんどです。

こうした、いわば準備費用と時間が大幅に削減できるメリットがあるのです。これは、その空いた時間と浮いた費用を別のことに活用できますし、あるいは、そこに費用と時間を割けないご家庭にとってみれば大変な節約効果を生むことになります。

ただひとつ残念なことは、まだまだ私立の適性検査型入試の実施校は共学校33、女子校20、男子校4と合計しても60校におよばず、全体の2分の1くらいの学校だということです。

一方で、女子校中心ですが総合型の入試をする学校が今春は3校できました。品川女子学院、共立女子、光塩女子学院です。

これらの総合型入試は記述を中心にしていること、合教科であることなどから適性検査型と同じ方向性がみてとれます。

またこれとは別に、プレゼンテーションをしっかり評価しようという宝仙学園理数インターのリベラルアーツ入試は、さらに個性に焦点をあてた多様性を前面に押しだした入試です。また、グローバル入試と銘打って英語のみの入試をするところも増えてきました。

すでに指摘したとおり、これは従来の私立中学入試にはみられなかった入試の多様化であり、これまでは学力一本の入試としてよく知られていました。

しかし、一挙にこれとは異なり個性を評価しよう、という動きになっている理由は、2020～2024の大学入試の改革があり、それへの対応を考えているからにほかなりません。

とくに、いまの小4生以下の児童にとって、やがて受験する大学入試の主流は、これまでのような学力一辺倒から、あの国立大でさえ3割をAO入試に変えようとしていますし、早稲田大などは6割をAO入試に、という方針を表明しています。

しかし、そうはいってもいまの小5、小6の児童にとっては上位大学は現状とは変わらない学力評価中心の大学入試であることも一方の事実です。

さらに注目すべきは、その頂点にある東京大入試でさえも、あるいはまた、その東京大にたくさん合格させる開成の数学、算数が、学力試験は同じでも問う学力観のベクトルを変え始めている、ということなのです。

その学力観とはひと言で言えば従来の内容知から、それをふまえた活用知を問おう、というものです。

じつは適性検査型入試というのはそもそも活用知を問うもので、正解がひとつでないというオープンエンドの考え方もそれに基づいています。

適性検査型の私立入試は本質的に「お得」だと言えましょう。

公立中高一貫校と併願してお得な私立中学校

駒込《こまごめ》中学校

駒込でグローバルマインドを育てよう！

3年前から適性検査型入試を取り入れている駒込中学校。導入の背景には、グローバル化が進むこれからの時代に対応できる生徒を育てるための、確固とした教育方針があります。

これから求められる能力を見る駒込の適性検査型入試

グローバル化が急速に進みつつある現代社会においては、社会に出た際に求められる能力もこれまでとはまったくちがってきています。

河合孝允校長先生は「これからは、単純作業はすべて機械がやってくれる時代になっていきます。ホワイトカラーの仕事もなくなっていきます。そうなったときに、どういう仕事が人間の仕事として残っていくかということを考えられる力を持っていなければなりません。

そのためには、自己肯定感をしっかりと持ち、自分自身に誇りを持って生きていける人間になる必要があります。本校はこういう時代のなかで、基礎学力をきっちりと与え、かつ、時代に対応できるグローバルマインドをつくれる教育を行っています」と話されます。

駒込中学校（以下、駒込）は、1682年（天和2年）に了翁禅師によって創立された「勧学講院」に端を発する伝統校です。仏教の教えのもと、自由で伸びやかな校風の学園として政財界、スポーツ界、芸能界など多彩な分野にさまざまな卒業生を送りだしてきました。

そうした伝統校でありながら、「温故知新」の言葉どおり、これまでの蓄積を大切にしながらも、時代を先取る教育を実施していくことにもためらいはありません。その一環として、今年度（平成28年度）からは東京外国語大、国際教養大、国際基督教大（ICU）、早慶上智といった難関大の国際教養・国際関係・外国語学部への進学などを視野に入れた、高校からの「国際教養コース」もスタートしています。

そんな駒込は、2013年度（平成25年度）入試から適性検査型入試を導入しています。

これからの時代に必須となる、自ら課題を見つけ、考え、答えを探して解決できる能力を持った生徒に向けたこの入試は、公立中高一貫校を第1志望と考えている受験生にとっても、併願校として最適だといえるでしょう。

また、駒込の適性検査型入試の特徴は、思考表現、数的処理、理社総合という3つの独自問題を出題している部分にあります。公立中高一貫校の適性検査Ⅰ・Ⅱ・Ⅲの傾向にそれぞれ対応しているのです。

適性検査型入試を経て入学してくる生徒も多く、受験生や保護者にとって、たんなる併願校で終わらない魅力的な教育内容が評価されている駒込中学校です。

森上's eye

多種多様な生徒が集い高めあえる環境が魅力

多種多様な生徒が伸びのびと学生生活を謳歌《おうか》しているところに大きな魅力があります。進学先についても、東京大をはじめとする最難関大学合格者がいる一方で、東京芸大に進む生徒もいるなど、生徒それぞれが自分の将来をしっかりと考え、お互いに刺激を受けながら希望の進路に向けてまい進できる環境が整っています。

School Data　駒込中学校

所在地　東京都文京区千駄木5-6-25
TEL　03-3828-4141
URL　http://www.komagome.ed.jp/
アクセス　地下鉄南北線「本駒込」徒歩5分、地下鉄千代田線「千駄木」・都営三田線「白山」徒歩7分

入試説明会　☆は要申込
8月26日（金）13:30～15:30☆
8月27日（土）13:30～15:30☆
9月18日（日）10:00～12:00☆
10月29日（土）10:00～12:30☆
11月19日（土）10:00～12:00
12月17日（土）10:00～　☆
14:00～　☆
1月15日（日）10:00～12:00☆

個別相談会　★のみ要申込
11月5日（土）　9:00～16:00
11月20日（日）　9:00～16:00
11月23日（水祝）9:00～16:00
11月26日（土）　9:00～16:00
12月3日（土）　9:00～10:30★
12月10日（土）13:00～16:00

文化祭入試個別相談会
9月24日（土）10：30～15：00
9月25日（日）　9：00～15：00

郁《いく》文《ぶん》館《かん》中学校

受験生に寄り添った入試を実施

生徒一人ひとりの夢の実現を手厚くサポートしている郁文館中学校は、一昨年から適性検査型入試を導入しました。この入試は、公立中高一貫校を志望する受験生に寄り添った形式をとっています。

夢を語れる郁文館生

創立から127年を数え「しっかりとした個性を持ち、何事も自分の頭で考え、行動できる人間を育てる」という建学の理念を持つ郁文館中学校（以下、郁文館）。

郁文館独自のキャリア教育「夢教育」を行うことで、生徒それぞれに具体的な夢、目標を持たせ、そのためにどのような進路を選ぶべきか、どのような学びが必要なのかを考えさせていきます。

「夢教育」には、夢について考えるきっかけづくりの機会を与える「きっかけプログラム」、その夢の実現に向けて行動する「行動プログラム」、確かな学力を養成する「学力プログラム」、「見直しプログラム」、生徒を支える「バックアッププログラム」など、さまざまなプログラムが用意されています。

中高生にとっては、そもそも「まだ夢なんて持っていない」という人や、あったとしても「夢を人の前で語るなんて」という感覚があるのは当然かもしれませんが、郁文館生たちは、「夢教育」をとおして、夢について考え、語ることが当たり前になっていきます。それが推進力となり、学力の伸長や、海外の大学への積極的な進学へとつながっています。

グローバルリーダー特進クラスを設置

そんな郁文館は、2015年度（平成27年度）から従来の特進クラス、進学クラスに加えてグローバルリーダー特進クラスを設置しました。このクラスは、2020年（平成32年）の大学入試改革も見据えたアウトプット型の学習スタイル（ディスカッション、論文執筆など）を取り入れ、さらに郁文館グローバル高校との連携、ネイティブスピーカーの副担任配置、中3次の海外短期留学など、充実のグローバル教育も行われています。

郁文館中学校・高校・グローバル高校の土屋俊之教頭先生は、「大学入試制度改革が2020年に迫るなかで、本当に必要な思考力というものを醸成していくにはどうしたらいいかということから、グローバルリーダー特進クラスはスタートしました」と説明されます。

グローバルリーダー特進クラスが設置されたのは昨年度からですが、さまざまな知識の応用や柔軟で論理的な思考力を磨く必要性を感じていた郁文館にとっては、公立中高一貫校が実施している適性検査型入試は「時宜《じぎ》を得ている」（土屋教頭先生）と感じられるものでした。

このような経緯から2年前に導入されたのが郁文館の適性検査型入試です。

郁文館の適性検査型入試はここがちがう

既存の入試と併用するかたちで行われる適性検査型入試は、地域性を考え、近隣の公立中高一貫校と問題傾向や試験実施時間などを同一にすることで、公立中高一貫校を第1志望にしている受験生にとって受けやすい環境を整えています。出願はインターネットでも可能です。

さらに特筆すべきは、当日の試験の「答案フィードバック」を行っていることです。

「本校の適性検査型入試は、受験生のみなさんのお役に立つためにはどうしたらいいかという視点で始めているため、フィードバックがなければ、結局受けっぱなしになってしまうということでこのかたちを取り入れました」と土屋教頭先生。

入試当日の夕方に学校で受け取るか、もし学校まで足を運べない場合でもメールやFAXで送付するという徹底ぶりで、受験者の8割程度がフィードバックを受け、そのうえで3日の公立中高一貫校受検にのぞんだということです。

郁文館の入学試験ではありませんが、公立中高一貫校への入学を希望する受験生に対してのサポートもしたい、という気持ちが伝わったのか、試験後に実施したアンケートでは、こちらも8割を超える受験生が「本番に近い環境で緊張感を持った受験

グローバルリーダー特進クラスのディスカッション型授業のようす

がができた」、「問題難易度はちょうどよかった」、「試験当日の答案フィードバックは参考になった」と答えています。本番さながらの緊張感のなかで、志望している学校と似た傾向の問題と向きあえ、答案に対してアドバイスも受けられる。郁文館の適性検査型入試は、まさに「併願してお得な学校」と言えるでしょう。

受験生のメリットを考えた郁文館の適性検査型入試

また、同校が取り組んでいる思考力や発想力を育む教育内容、とくにグローバルリーダー特進クラスは、公立中高一貫校を受検しようとしているご家庭にとっては親和性が高いため、適性検査型入試の「受験生のために」というサポート姿勢とも相まって、第1志望の公立中高一貫校への入学がかなわなかった場合にも、前向きな選択肢として入学してくる生徒が多くなっています。

「当初は私立に入学させる予定はなかったけれども、せっかくここまでがんばったし、本校の教育であれば入学させてもいいのでは、と思っていただけたようです」と土屋教頭先生はうれしそうに話されます。

このように、受験生の好評を得ている郁文館の適性検査型入試は、受験回が2月1日午前・午後、2月2日午前と3回あります。しかも2万円の受験料で3回すべてに出願できます。さらに2017年度入試からは、この適性検査型入試に、「スカラシップ合格制度」（入学金免除）が正式導入されます。公立中高一貫校を第1志望とする受験生にとっては、より受験のメリットが大きい入試といえます。もちろん、適性検査型入試を経て入学する場合も、グローバルリーダー特進クラス、特進クラス、進学クラスの3つのクラスすべてに入学可能で、高校進学時も、郁文館高校（東大クラス、特進クラス、進学クラス）、2年次に1年間海外留学をする郁文館グローバル高校のどちらにも進むことができます。

ここまで見てきたように、公立中高一貫校入学希望者に寄り添った適性検査型入試を実施している郁文館中学校。来春の入試でも満足度の高い併願校として注目を集めそうです。

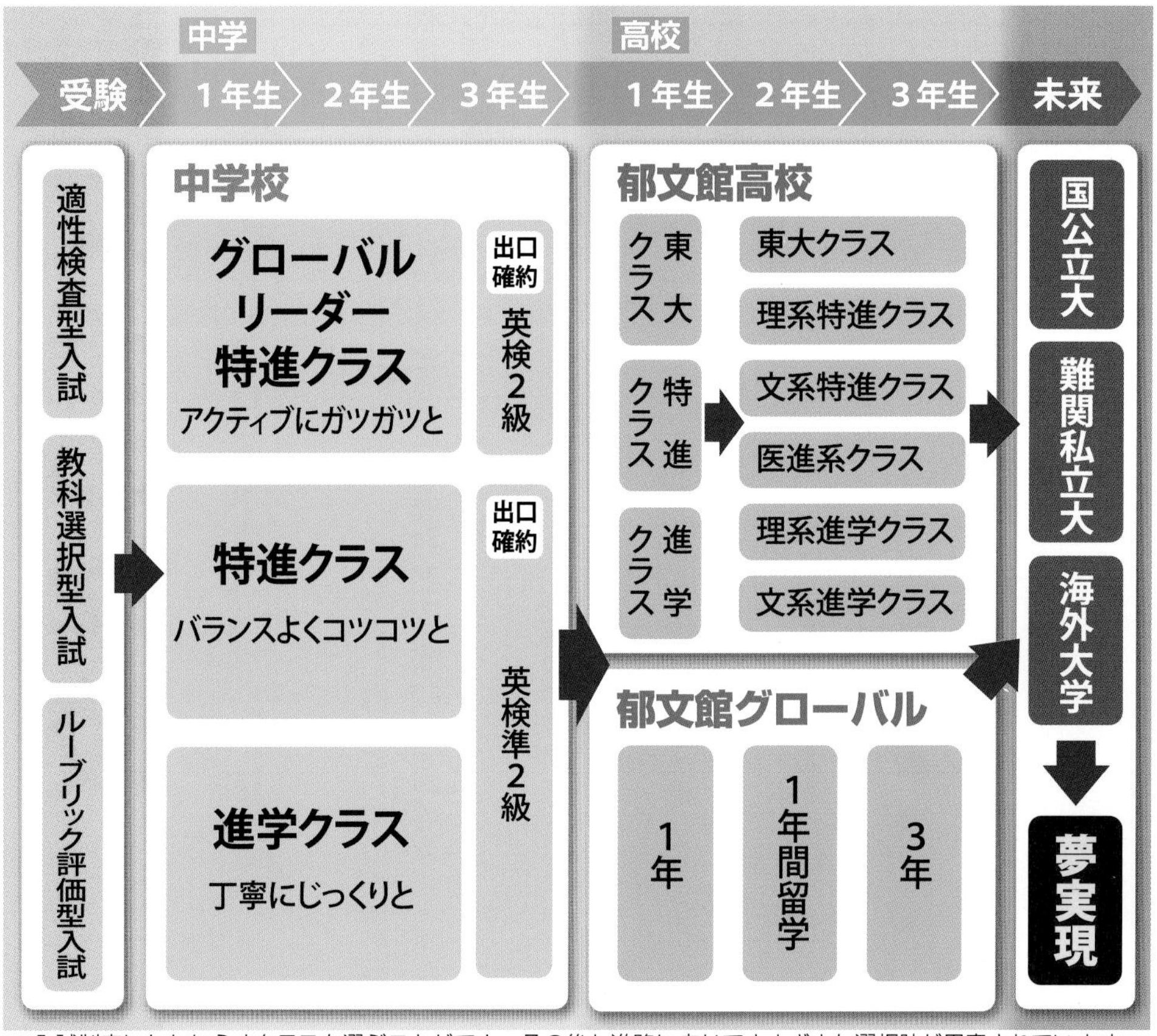

入試制度にかかわらずクラスを選ぶことができ、その後も進路に応じてさまざまな選択肢が用意されています

森上's eye

英語にますます注力しめざましい伸長見せる

2020年の大学入試改革も見据えた新クラスの設置や、受験生のメリットを考えた入試制度の導入など、積極的な改革を打ち出している郁文館は、よりいっそう英語教育にも注力しています。その結果、英語に関しては公立中高一貫校を上回るほどの学力の伸びを生徒がしめしており、今後もますます注目に値する学校です。

School Data　郁文館中学校

所在地　東京都文京区向丘2-19-1
TEL　03-3828-2206
URL　http://www.ikubunkan.ed.jp/
アクセス　地下鉄南北線「東大前」徒歩5分、地下鉄千代田線「根津」・「千駄木」・都営三田線「白山」徒歩10分

体験授業
8月27日（土）

郁秋祭（文化祭）
10月1日（土）
10月2日（日）

理事長説明会
8月27日（土）
10月1日（土）
10月2日（日）
10月29日（土）
12月3日（土）

藤村女子中学校《ふじむらじょし》

吉祥寺から世界へ、未来へ

建学の精神「知・徳・体」に基づく人間教育と女性としての未来の確立を教育目標として、日々進化を続ける藤村女子中学校。吉祥寺をフィールドとして、「創造力」と「発信力」を育むためのアクティブな教育を行っています。

吉祥寺フィールドワーク

藤村女子は、創立から80年以上に渡り受け継がれてきた女子教育の理念に基づき、これからのグローバル社会を生き抜くために必要とされる「発信力」を育むための教育を行っています。藤村女子が考える「発信力」とは、柔軟な発想力、コミュニケーション力、行動力、プレゼンテーション力などのスキルです。これらを育むために取り組んでいるのが、吉祥寺の方々と協力して行っているフィールドワークです。次にそのいくつかをご紹介します。

●外来魚捕獲ボランティア

中学生が中心となり、地域ボランティアの方々と協力して、井の頭恩賜公園の池の掃除や外来魚の捕獲などを行います。外来魚についての事前学習から始まり、池の生態系なども学びます。

●ボランティアカフェ（ボラカフェ）

「ボラカフェ」とは吉祥寺に沢山あるカフェをヒントに、ボランティアを行っている方や興味を持っている方への情報発信の場にカフェを併設した催し物です。武蔵野市社会福祉協議会が企画し、今年は5月29日に開催されました。藤村女子からは児童文化部、合唱部、クッキング部、茶道部が参加し、イベントのお手伝いや来場者にお茶を振舞うなど各クラブの特色ある「おもてなし」をしました。

ボラカフェで合唱部が歌声を披露

●外国人観光客向け吉祥寺マップ

全校生徒に「外国人観光客に紹介したい吉祥寺のお店」のアンケートを取り、亜細亜大の留学生などの意見を参考に、藤村女子がお薦めするお店をこのマップに掲載します。マップに掲載するお店の交渉から取材、構成、制作まですべて生徒主導で行いました。大変使い勝手がよく外国人観光客はもちろん、中高生にも人気のマップになりそうです。

これら以外にも様々な取り組みが行われており、より良い街づくりのための協力や提案が、吉祥寺への恩返しとなり、ひいては生徒の「発信力」を育むことに繋がっています。

コース制と進学実績

藤村女子は、中学から「特選コース」と「特進コース」の2コース制を導入しています。「特選コース」は、中高6ヵ年一貫カリキュラムで進められます。中1から英語と数学の7時間目授業（週2回各30分）があり、中学3年からは高校課程の学習内容に入る、いわゆる先取り授業を行うなど生徒が持っている知的好奇心をさらに高める工夫がみられます。そして、これまで蓄積してきた進路指導のノウハウを活かして大学入試に必要な力を段階的に育み、難関国公立・私立大への進学を目指します。

「特進コース」は、クラブ活動や学校行事を毎日の学校生活の一つと位置づけた上で、しっかりとした学習習慣と基礎学力の徹底を目指します。このコースは、高校から入学してくる生徒と混合クラスになりますが、高校には、「S特」を始めとして「特進」「進学」「総合」「スポーツ科学特進」「スポーツ科学」の6コースがあり、自分の進路希望に合ったコースを選択できるのも魅力の一つです。

昨年に続き、今年（２０１５年度卒業生）の大学合格実績も堅調に伸びており、特に一貫生の実績（慶應大1名、早稲田大3名、明治大1名など）が注目されます。この要因には「学習センター」の存在が大きく関わっています。学内に設置された「学習センター」は、平日は20時30分、土曜日は20時まで開いているため、クラブ活動後の時間を効率的に利用することができます。また、センター長を始め専任教諭やチューターが常駐しているので、塾や予備校に通うことなく、中学入学から大学入試までのすべての勉強を学内で完結できるように運用されています。また、学習センターと連携した「アドバンスト講座」があり、もっと発展的な勉強をしたい生徒のための講座も補完されています。藤村女子は、今後の短期目標として国公立大学10名、早慶上理・GMARCH40名を設定し、目標に向かってさらに進化していきます。

英語を愉しむ国際教育

藤村女子では、国際教育の一環として、生徒たちに愉しんで英語を学んでもらうための「English Days」という特別授業を設けています。この授業では、夏休み前の3日間、7～8人のグループに分かれ、それぞれネイティブの先生と一緒にグループ学習を行います。

1年生の課題は、架空の国の出身者になりきり、その国の言語や国旗などを紹介する〝Country Creation〟。2年生は、吉祥寺の街で外国人観光客へのインタビューや英語で吉祥寺のマップを作る〝Tour Kichijoji〟です。1・2年とも最終日には英語でのプレゼンテーションがあり、みんな色々な工夫をしたオリジナリティあふれる発表をします。

EP Daysでの街頭インタビュー

3年生は、おとぎ話をオリジナルにアレンジした英語劇の発表です。ネイティブの先生と相談して台本を作り、配役を決め、セリフの練習をし、最終日に3年間の集大成としてユーモアあふれる英語劇を発表します。今年は秋の文化祭でも発表する予定です。

また、中3のハワイ修学旅行も人気の行事です。現地校生徒との交流、ハワイの星空観察、溶岩上のトレッキングなど中学3年の今でしか経験のできないハワイを体験します。

2月1日と2月5日に適性検査入試を実施

藤村女子は、来年度（平成29年度）入試から、これまでの2月1日（水）に加えて、2月5日（日）にも適性検査入試を実施します。2020年の大学入試改革を見据え、藤村女子が求める「発信力」のある生徒のための新たな受験機会と考えています。

出題形式は1日・5日とも昨年と同じ、適性検査Ⅰ・Ⅱ（各45分100点）で行います。適性検査Ⅰは、文章を読み、自分の考えを述べる問題、適性検査Ⅱは、社会・理科・算数の要素を含む分析や自分の考えを述べる問題です。両日とも得点に応じた奨学金制度を用意しています。

最後に、校長の矢口秀樹先生から受験生へメッセージを頂きました。

「若い時代には学力の差はありません。あるのは学習に対する意識の差です。本校では、吉祥寺グッズの発明や吉祥寺をアピールするTシャツ作りなど、中学生を中心に吉祥寺をフィールドに発想を世界に広げる色々な活動を行い、その意識の改革を行っています。この取り組みで育まれる力は、これからのグローバル社会で必ず必要とされるはずです。これからの皆さんの舞台は『世界』です。藤村女子は新しい時代を切り拓くために、色々なことにチャレンジする生徒をみんなで応援します。ぜひ一度説明会などで生徒の様子を見に来てください」

スポーツ大会の大玉転がし

森上's eye

建学の精神を基に 新しい教育にチャレンジ

藤村女子は、クラブ活動の活躍が目を引きますが、ここ数年、着実に難関大学への進学実績を伸ばしています。特に一貫生の進学実績が堅調です。昨年度から導入した中学のコース制や吉祥寺の街をフィールドにしたユニークな取り組みなど、次々と学校改革にチャレンジする活気ある学校の一つです。

School Data　藤村女子中学校

所在地　東京都武蔵野市吉祥寺本町2-16-3
TEL　0422-22-1266
URL　http://www.fujimura.ac.jp/
アクセス　JR線・京王井の頭線・地下鉄東西線「吉祥寺」徒歩5分

学校説明会（予約不要）	文化祭
10月29日(土)【ふじむら体験会（教科・クラブ）】	9月24日（土）・25日（日）
11月12日(土)	9:00～16:00
12月10日(土)【入試解説】	
1月14日(土)	
2月25日(土)【4・5年生対象】	
全日程14:00～	

開智《かいち》日本橋《にほんばし》学園《がくえん》中学校

6年あるから夢じゃない!!
「開智日本橋学園中学校」の魅力

2015年（平成27年）4月にスタートした開智日本橋学園は「世界中の人々や文化を理解・尊敬し、平和で豊かな国際社会の実現に貢献できるリーダーの育成」を教育理念に、開智学園で培われた創造型・探求型・発信型の教育を取り入れ、さらに生徒の能動的な学びを深めた21世紀型の教育を行っていく共学校です。

平和で豊かな国際社会の実現に貢献するリーダーの育成

これからの変化に富んだ社会で活躍するには、言われたことをこなすだけではなく、自分で課題を見つけ、解決し、新しいことを創造する力が必要不可欠です。

開智日本橋学園では、生徒自らが学ぶ「探究型の授業」や「フィールドワーク」などを通じて、世界が求める創造力、探究力、発信力を持った人材の育成を目指しています。さらに、学校生活のいたるところで、自らが判断し自分の責任で行動することを生徒に求めています。単に指示を待つのではなく、主体的、能動的に行動する、というのが開智日本橋学園の教育目標の1つです。

また、リーダーであるためには、スキルの面で優れていることはもちろん、信念を持って何事にも挑戦していく強い意思や、他のメンバーを思いやり、他者のために行動できる温かい心なども大切な資質です。開智日本橋学園では生徒に、学校行事やその他の自主的な活動等に自分の意思で積極的にチャレンジすることで、成功したときの感動、喜び、そして失敗したときの悔しさ、そこから学べる教訓等々を数多く味わってほしいと思っています。それらを積み重ねることで、人として大きく成長し、他者を理解できる心の広い人間に育ってほしいと願っています。

生徒主体の探究型・創造型学習「フィールドワーク」「探究テーマ」

開智日本橋学園で行っている探究型学習の1つである「フィールドワーク」やプロジェクト型「探究テーマ」研究学習は、生徒が自ら疑問を見つけ、解決の仮説を立て、仮説を検証するための調査、観察、実験を行い、それらを考察してまとめ、発表します。中1の磯の探究、中2の森の探究、中3の生徒が行く先を決める国内探究、高1の首都圏探究と続き、高1で探究したテーマを英語の論文にまとめ、高2の海外探究で海外の大学で発表し、英語でディスカッションします。

「探究型授業」は、教師がトリガークエスチョン（探究の引き金になる有益な問い）となる疑問や課題を提起します。それを基に生徒は既存の知識の確認を行い、ブレインストーミング（集団で自由に様々な意見や考えを出し合う）し、それをまとめて予測や仮説を立てます。

その予測や仮説がどのような手段・方法で解決できるか調査、観察、実験等の仕方を考えて、探究を開始

します。この調査や観察、実験等で得た情報、結果をマインドマップ（考えや情報などを地図のようにつなげ図にしてまとめる方法）など様々な方法で整理してまとめ、結論を出して発表します。

この学びを通して、生徒が自ら考え、友達と考えあい、討論し「なぜ」や様々な課題を解決していくことで、創造力・探究力・発信力・コミュニケーション力が大きく伸びていきます。

希望によって選べる4つのクラス

中1から高1までの4年間は、4つのクラスを設定します。

グローバル・リーディングクラス（GLC）は、帰国子女や英語力の特に高い生徒が、海外のトップレベルの大学を目指します。

また、今年度新設されたデュアルランゲージクラス（DLC）では、小学校での英語の授業経験程度しかない生徒が、英語に最も力を入れた学習を行い、国内・海外の大学進学を目指します。

リーディングクラス（LC）は、中学受験の勉強をしっかりしてきた生徒のためのクラスで、日本のトップレベルの大学を目指し、探究型・協働型の授業としっかりとした知識と学力を定着させるため、習得型の授業、反復型の学びを行います。

アドバンストクラス（AC）は、ある程度の中学受験の勉強をしてきた生徒のクラスで、日本の難関大学を目指し、探究型・協働型の授業とともに、基礎から発展レベルの内容まで、しっかりとした知識と学力を確実に身につけるために、習得型の授業、反復型・繰り返しの学びを行います。

国際バカロレアの候補校

開智日本橋学園中学校は、昨年9月、東京都23区の私立中学校で初めて国際バカロレアの国際中等教育プログラム（MYP）の候補校となりました。

グローバル・リーディングクラス（GLC）とデュアルランゲージクラス（DLC）では国際中等教育プログラムに準拠した学習方法で授業を行い、リーディングクラス（LC）とアドバンストクラス（AC）では国際中等教育プログラムの教育を加味した学びを行います。

さらに、高2、高3では大学進学を視野に入れ、国際クラス、国立理系クラス、国立文系クラス、医学部クラス、私大文理クラスと5クラス制で難関大学進学を目指します。

生徒の学力と能力を伸ばす環境が整った魅力あふれる開智日本橋学園中学校。ぜひ一度説明会に参加して進化している学園の様子を感じてみてはいかがですか。

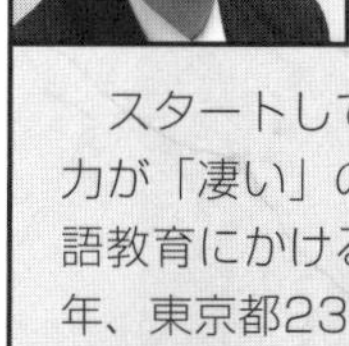

森上's eye

教師の教育力と未来志向の学力育成が一番の魅力

スタートして２年目の学校ですが、驚異的な教師力が「凄い」の一言。さらに、探究型の学びと、英語教育にかける情熱も内容も非常に魅力的です。昨年、東京都23区の私立中学校で初めて国際バカロレアの国際中等教育プログラム（MYP）の候補校となり、今後の教育内容が注目される学校です。

School Data

開智日本橋学園中学校

所在地 東京都中央区日本橋馬喰町2-7-6
TEL 03-3662-2507
URL http://www.kng.ed.jp
アクセス JR総武線・都営浅草線「浅草橋」、JR総武快速線「馬喰町」徒歩3分、都営新宿線「馬喰横山」徒歩7分

学校説明会	
8月27日（土）10:00～	※授業体験あり
9月24日（土）14:00～	※授業体験あり
10月29日（土）10:00～	
11月12日（土）10:00～	
11月27日（日）10:00～	※授業体験あり
12月23日（金）10:00～	
1月14日（土）10:00～	

文化祭
10月 1日（土）・ 2日（日）10:00～

2017年度入試日程	
2月1日（水）AM	2科・4科
2月1日（水）AM	適性検査Ⅰ・Ⅱ
2月1日（水）PM	特待生選考
2月2日（木）PM	2科・4科
2月3日（金）PM	国算+英・理・社から1科目
2月4日（土）AM	国算+英・理・社から1科目

佼《こう》成《せい》学《がく》園《えん》女《じょ》子《し》中学校

PISA型入試の先駆者

京王線「千歳烏山駅」から徒歩6分、閑静な住宅街の一角に佼成学園女子中学校（以下、佼成女子）はあります。「SGH（スーパーグローバルハイスクール）指定校の特色を活かして国際社会で活躍できる女性の育成に力を注いでいます。

「PISA型」卒業生の進学先に注目！

「英語の佼成」と言われるように、様々な英語教育の取り組みを軸に大学合格実績を伸ばしてきた佼成女子。昨年（2014年度卒業生）の大学合格実績が過去10年の中で最高の伸び率となり注目を集めましたが、今年（2015年度卒業生）も昨年同様に素晴らしい合格実績を残しました。特に今年は、北海道大に1名現役で合格するなど国公立と早慶上理の合格実績の向上が目立ちました。

この結果について、広報室長の内山立人先生は、「これは本校で行っている『オーダーメイド型の進路指導』の結果の表れだと思います。生徒の進路希望（学部・学科）に合った選択授業、演習授業そして校内予備校の科目を、生徒一人ひとりと相談しながら最も効果的に選科し、個別にきめ細かく指導した結果がこの実績に繋がったのだと思います。その中でも、特に注目して頂きたいのがPISA型入試で入学した卒業生（8名）の進学先です。7名は、早稲田大、東京理科大、学習院大、法政大、中央大、東京薬科大、東京工芸大に進学し、1名は東京藝大を目指し浪人中です。例年そうなのですが、PISA型で入学してきた生徒たちは、授業・クラブ・学校行事にみんな積極的に参加しており、各学年の中心的存在になっています。この積極性や集中力が受験勉強に表れているのだと思います」と、嬉しそうに話して頂きました。

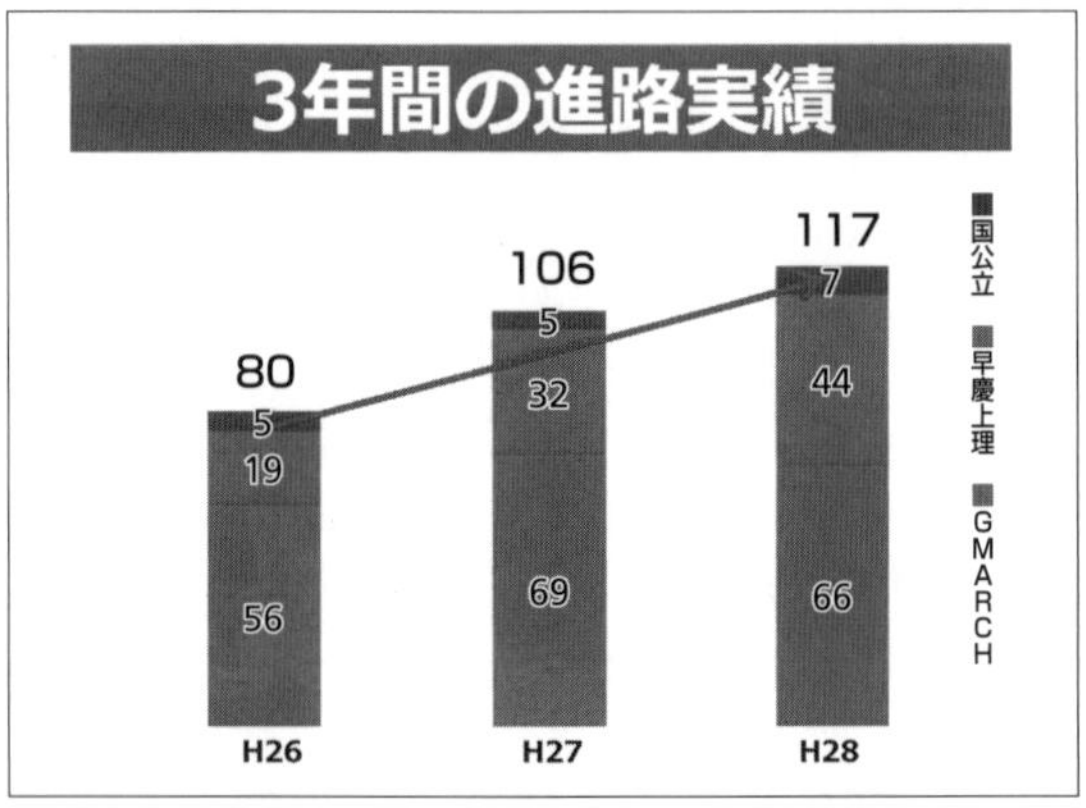

また、佼成学園男子校と共同で、難関国公立を目指す生徒向けの「トップレベル講習」（選抜制）も行っています。男子校・女子校の進路指導に強い教師と予備校のトップ講師らが協力し、モチベーションの高い指導が行われており、今春、北海道大に合格した生徒もこの講習に参加した生徒でした。

「英語の佼成」の実力

佼成女子では、毎年6月と10月の年2回、全校をあげて英検学習に取り組む「英検まつり」を実施しています。例えば、英検受験の2週間前から毎朝25分間英単語と英熟語の暗記に挑戦する「英検チャレンジ」や放課後には級別に「英検対策講座」などを行っています。各クラスで暗記の目標を設定し、習得度グラフを貼り出すなどしてクラス全員で励ましあいながら楽しくレベルアップを目指します。その結果、右下のグラフにあるように、昨年度の中3生の英検3級以上取得率を見ると、文科省が目標とする50%を大きく上回る84・4%の取得率となっています。また、中3生の53%が準2級を取得しており、これは文科省が目標とする高3生取得率50%を超える結果となっています。さらに、高3生では1級取得者（2名）も含め、準2級以上取得率は68・4%に達しています。

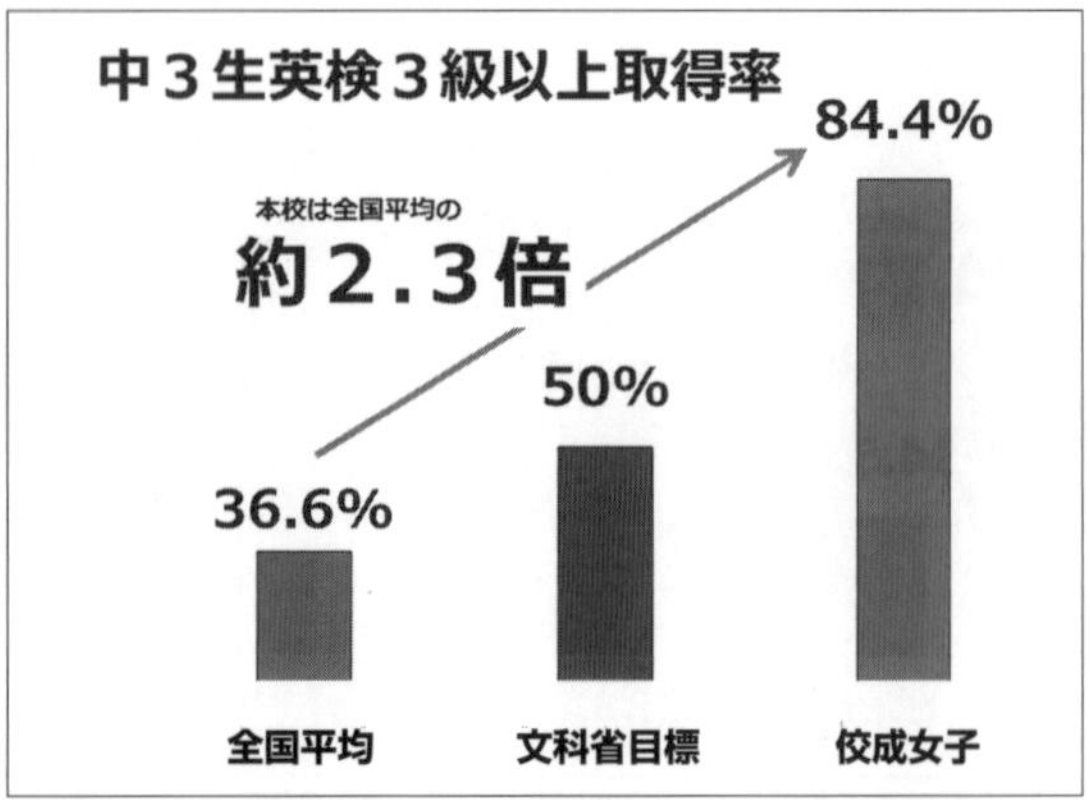

また、佼成女子では音楽と美術の実技科目にネイティブによる英語イマージョンプログラムを導入しており、このプログラムをさらに進化させた「KALIP（Kosei Accelerated Learning Immersion Program）」と呼ばれる学内の生活環境が「英語の佼成」と呼ばれる独自のスタイルを醸し出しています。この取り組みでは、授業だけでなく、校内の英語標示や朝の全校放送での英語スピーチ、ネイティブと気楽に交流できるグローバルセンターの設置や英語新聞発行など、学校生活の隅々まで英語が自然な形で浸透し、気軽に異文化体験が出来る環境が備えられています。

ニュージーランド修学旅行と中期留学プログラム

佼成女子のもう一つの魅力が、全員参加のニュージーランド修学旅行と希望者による中期留学プログラムです。修学旅行は7泊8日で、中3の1月中旬に実施されます。農場を持つ家庭への2泊3日のホームステイや現地校への訪問などで異文化交流を図ります。また、オークランドでは事前に計画を立て、生徒たちだけで市内見学や買物を楽しむなど、「KALIP」で身につけた「使える英語」を実践する機会が多く盛り込まれています。この修学旅行の期間には、高2の特進留学コースの生徒たちが現地で生活しており、その自立した先輩たちの姿に刺激を受け、将来の進路先を考える良い動機付けの機会となっています。

高校の特進留学コースのニュージーランド長期留学が始まり10年がたち、その経験と実績を活かして、今年の中3生から中期留学プログラムがスタートします。今年度このプログラムに参加する生徒は16名で、ニュージーランド修学旅行終了後、約2ヶ月間そのまま現地に残り、オークランド近郊の家庭に1人ずつホームステイをしながら現地の学校に通学します。中3の多感な時期を海外で過ごすため心のケアが重要になります。佼成女子では、現地のアドバイザーを高校の長期留学時よりも多く配置し、万全の体制で臨む予定です。留学後の精神的に成長した生徒の姿が楽しみです。

「ＰＩＳＡ型入試」の概要

「ＰＩＳＡ型」と言えば「佼成女子」と言われるほど、すっかり定着した佼成女子のＰＩＳＡ型入試は、「学校学習での教科の理解度や定着度」で合否を判断するのではなく、「将来、社会生活のなかで発揮できる力（思考力・判断力・表現力）をどの程度身につけているか」をみる試験です。出題形式も都立中高一貫校とほぼ同じように適性検査Ⅰ（国語系の問題・作文）・適性検査Ⅱ（社会・理科・算数の融合問題）で行われますが、これ以外に基礎算数と基礎国語の試験を実施して、子どもたちの基礎学力を確認します。

ニュージーランド修学旅行

また、今年度ＰＩＳＡ型入試で受験生に大変好評を得た答案分析を来年度入試（２／１）でも行います。翌日（２／２）配布の答案分析では、三角形のレーダーチャートで全受験者平均と自分の点数とを比較することができ、自分の不得意な分野をあらためて確認できるため、翌日の公立中高一貫校入試に大変参考になるようです。さらに特別奨学生（Ｓ特待）の選抜もあるため、例年多くの受験生を集めており、今年度入試では、１４４名が出願し１４２名が受験しました。

「自己アピール入試」の新設

佼成女子では、２０２０年の大学入試改革を見据えて、来年度入試より「自己アピール入試」（２／４）を導入します。試験は、「自己アピール作文＋プレゼン、基礎算数・基礎国語」で行われ、求める生徒像は、一つのことに集中して継続的に取り組める力を持っている生徒です。小学生のとき一生懸命にスポーツや習い事などに励んだ経験のある生徒さんには、とても取り組みやすい入試ではないでしょうか。また、高校には、１年間の留学コースやＳＧＨ指定校としての特色あるクラスなど多様なコースやクラスが用意され、皆さんを快く迎えてくれます。

一度、佼成女子に出向いて学園の雰囲気を肌で感じてみてはいかがですか。

森上's eye

見逃せない難関大学合格実績の伸び

佼成女子は近隣の都立中高一貫校が旗揚げする前から「PISA型入試」を立ち上げ、そのニーズに応えてきました。その努力の結果、受験生が毎年増え続け、この入試で入学した生徒が学年のリーダー役に育っているのも見逃せません。また、難関大学合格実績の伸びには目を見張るものがあります。

School Data　佼成学園女子中学校

所在地　東京都世田谷区給田2-1-1
TEL　03-3300-2351
URL　http://www.girls.kosei.ac.jp/
アクセス　京王線「千歳烏山」徒歩6分、小田急線「千歳船橋」バス15分、「成城学園前」バスにて「千歳烏山駅」まで20分

学校説明会（要予約）
10月15日（土）14：00～15：30
11月13日（日）10：30～12：00
12月11日（日）10：30～12：00
1月 7日（土）14：00～15：30

乙女祭
9月24日（土）12：00～16：00
9月25日（日） 9：30～15：00

オープンスクール（要予約）
8月27日（土）9：30～12：00

PISA型入試問題学習会（要予約）
12月 3日（土）14：00～15：30

新小6･5保護者対象説明会（要予約）
2月25日（土）14：00～15：30

修徳《しゅうとく》中学校

君の熱意を必ず未来につなげます

創立以来、建学の精神をベースに徳育・知育・体育のバランスのとれた三位一体教育を実践してきた修徳中学校（以下、修徳）。きめ細かなプログレス学習で、生徒の進路希望を実現します。

きめ細かな進路指導

ここ数年で確実に定着してきた修徳独自のプログレス学習とプログレス学習センターで行われる受験指導・進路指導などの効果により、昨年度の大学入試（平成27年度入試）では、難関国公立大・早慶上理・GMARCHに31名、日東駒専に40名が合格するなど、前年に比べ飛躍的な合格実績を残しました。今年度（平成28年度入試）は、昨年ほどの実績ではないものの、着実に難関大学の合格実績を伸ばしており、今行われている新しい取り組みにより、さらなる伸びが期待されます。

その新しい取り組みは、大学の指定校推薦を希望する生徒や保護者の意識改革を目的とする「一般受験指導部」の開設です。2名の若い教員が中心となり、今後の大学入試改革の概要やそれに対応するための勉強方法、指定校ではなく一般受験にチャレンジすることの意義などをガイダンスで生徒と保護者に細かく説明しています。また、毎月発行する機関紙で、人気の高い大学（学部・学科）の特色やオープンキャンパスの日程など、様々な情報を発信することで生徒のモチベーションを高めています。この新しい取り組みについて大多田泰亘校長は、「これまでの旧態依然とした進路指導から決別し、生徒が真剣に自分の進路を考えチャレンジできる環境を整えてあげたいと思い、この取り組みを始めました。この一般受験指導部の開設がきっかけで保護者の意識も少しずつですが変わりつつあり、また、授業後やクラブ活動後に生徒自ら率先してプログレス学習センターに足を運ぶようになり、生徒の意識にも変化が見え始めています」と、嬉しそうにお話頂きました。

朝プログレス

修徳独自のプログレス学習

修徳が行う「プログレス」とは、基礎学力の定着と自学自習の習慣を確立させるための学習サイクルのことです。この学習サイクルでは、月～金の通常授業のまとめテストを土曜アウトプットとして家庭学習用に配布し、翌週の朝に、朝プログレスとして、英国数で各10分間の小テストを実施し、学力の定着度を見ます。この小テストで7割以上の点数が取れない生徒には、学力向上期待者補習を行い、再テストに合格するまでプログレス担当教員が個別に丁寧に指導します。また、小テストに合格した生徒も放課後プログレスとして、プログレス学習センターで毎日自習することが義務付けられています。この学習サイクルにより、自ら勉強する姿勢が身に付き、基礎学力の徹底を図ることができます。

これ以外にも、新入生向けスタートプログレス、サマー・ウインター・スプリングプログレス、夏期講習、冬期講習など、年間を通して学力を向上するための様々な取り組みが、計画的に行われています。

プログレス学習センターの概要

プログレス学習センターは、自学自習のための独立した学習環境と学習システムを備えた施設です。職員やチューター・サポーターが常駐しており、生徒は夜8時まで各教科の担当者に質問や相談をすることができます。全生徒に個人IDカードを発行し、個人の入・退出時間や勉強時間の管理を行っているので生徒一人ひとりの学習状況を把握することができ、個別指導を行う際の良い参考になっています。

各階の概要ですが、1階（自立学習ゾーン）には、プログレスホールと呼ばれる落ち着いた雰囲気の個別ブースがあり、集中して自学自習に取り組むことができます。このホールは大変人気が高く、放課後は、ほぼ毎日すぐに満席になります。また、独立したPCルームがあり、生徒は自分の学習進度に合わせた単元別大学受験映像講座（VOD）を聴講することができ、進路に関する情報収集などにも利用することができます。

2階（ハイレベル講習・演習ゾーン）では、担当教員による進路相談や特進・文理選抜の生徒を対象にした少人数のハイレベル講習・演習も行われます。教室の壁面が、ブルー、イエロー、グリーンと分かれており、学年や進度によって使い分けられているのも特長のひとつです。中学生のプログレス学習は、主にブルー教室（プログレスブルー）を利用しています。

3階（個別学習ゾーン）は、外部講師やチューターを配置した大学受験専用階です。運営サポーターにより、通常授業と連動した個別学習カリキュラムが作成・管理されており、生徒一人ひとりの学習指導を綿密に計画的に行っています。なお、希望者には、選択制（有料）ですが先生と生徒1対1の完全対面個別指導も行っています。

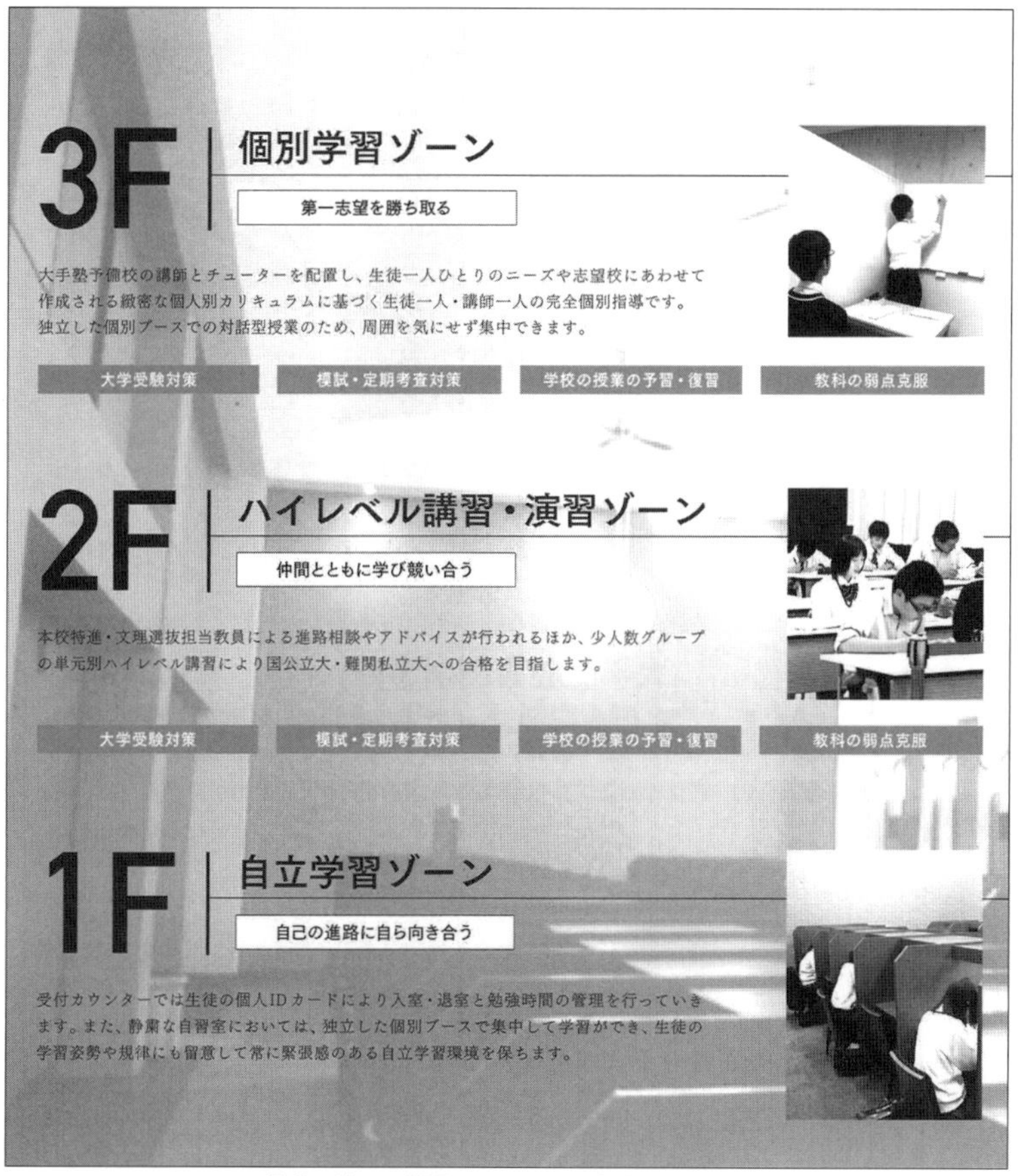
3F
個別学習ゾーン
第一志望を勝ち取る
大手塾予備校の講師とチューターを配置し、生徒一人ひとりのニーズや志望校にあわせて作成される緻密な個人別カリキュラムに基づく生徒一人・講師一人の完全個別指導です。独立した個別ブースでの対話型授業のため、周囲を気にせず集中できます。
大学受験対策
模試・定期考査対策
学校の授業の予習・復習
教科の弱点克服
2F
ハイレベル講習・演習ゾーン
仲間とともに学び競い合う
本校特進・文理選抜担当教員による進路相談やアドバイスが行われるほか、少人数グループの単元別ハイレベル講習により国公立大・難関私立大への合格を目指します。
大学受験対策
模試・定期考査対策
学校の授業の予習・復習
教科の弱点克服
1F
自立学習ゾーン
自己の進路に自ら向き合う
受付カウンターでは生徒の個人IDカードにより入室・退室と勉強時間の管理を行っていきます。また、静粛な自習室においては、独立した個別ブースで集中して学習ができ、生徒の学習姿勢や規律にも留意して常に緊張感のある自立学習環境を保ちます。
「プログレス学習センター」の各階の概要

全員参加の英検まつり

修徳では、年3回行われる英検を学内で受験できるようにしており、「英検まつり」と称して色々な取り組みを行っています。例えば英検までの期間、校内の廊下や階段の踊り場などに英検に役立つミニ知識をチェックする『関所』を設けています。生徒たちは、立ち止まって暗誦したり、解説を読んでフレーズを理解したりと、みんな楽しみながら利用しています。また、『英単語道場』では、毎日英単語テストを行い、その成績が一定の基準に達して『段』を取得した生徒には文房具などのプレゼントも用意されています。

その他にも、英語教員（英検マスター）が作成した個性豊かな「英検まつりポスター」を校内や自宅の部屋などに掲示したり、さらに受験後には各級合格者の表彰があったりと、この「英検まつり」の取り組みを通じて英語を学ぶことの楽しさを経験し、その後の英語の勉強に対するモチベーションを高めます。

また、修徳はクラブ活動が盛んなことでも有名ですが、時間を有効に活用し、集中して取り組むことで学習との両立を可能にしています。今後さらに進められる学校改革により、新しく生まれ変わろうとする修徳中学校。ネイチャープログラム体験は毎年人気なので、一度参加されてみてはいかがですか。

森上's eye

プログレス学習センターで新しい型の進学校を目指す

修徳中学校はクラブ活動が盛んなことで有名ですが、プログレス学習などの独自の取り組みにより、ここ数年、着実に大学進学実績を伸ばしつつあります。放課後やクラブ活動後は「プログレス学習センター」で効率的な学習ができるので、勉強だけでなくスポーツにも思いっきり取り組める環境を整えた学校です。

School Data　修徳中学校

所在地　東京都葛飾区青戸8-10-1
TEL　03-3601-0116
URL　http://www.shutoku.ac.jp/
アクセス　地下鉄千代田線・JR常磐線「亀有」徒歩12分、京成線「青砥」徒歩17分

学校説明会（予約不要）
10月15日（土）　14：00～
11月　5日（土）　14：00～
11月19日（土）　14：00～
12月10日（土）　14：00～
1月　7日（土）　14：00～
※各回とも入試個別相談コーナーあり

ネイチャープログラム体験　予約制（20名）
8月23日（火）　①電気を作ろう！
10:00～12:10　②鉄道模型入門

9月10日（土）　①オオクワガタの飼育体験
14:00～16:10　②鉄道模型入門

10月1日（土）　①化石発掘体験
14:00～16:10　②オリジナルミラーを作ろう！

※①と②の2つの体験に全員参加頂けます。

共《きょう》立《りつ》女《じょ》子《し》第《だい》二《に》中学校

多様な生徒を温かく迎える抜群の教育環境

共立女子第二では学校活性化のために様々なタイプの受験生を求めており、早くから適性検査型入試を実施してきました。多様な価値観を持つ生徒たちが伸び伸びと成長していける、絶好の環境がここにはあります。

豊かな自然と充実した施設

共立女子第二中学校高等学校（以下、共立女子第二）は、誠実・勤勉・友愛という校訓の下、高い知性・教養と技能を備え、品位高く人間性豊かな女性の育成に取り組んでいます。豊かな自然に恵まれたキャンパスは桜やバラなどの花で色鮮やかに演出され、伸び伸びとした教育が展開されています。広大な校地には、総合グラウンド、9面テニスコート、ゴルフ練習場、約１５００名収納可能な大講堂などの充実した施設が設けられており、多くのクラブがその施設で活発に活動しています。

キャンパスは八王子市の郊外に立地していますが、無料のスクールバスが運行されています。路線バスとは異なり、すべて学校のスケジュールに沿ったダイヤが組まれているので大変便利です。災害などの緊急時にもすぐに対応できるメリットもあります。

生徒一人ひとりに合った教育を実践

現在、大規模な教育制度改革が進んでおり、中学3年、高校1年にAPクラス（Advanced Placement Class）が導入され、難関大学進学を視野に入れて、深化・発展した授業が行われています。高校2・3年でも、進学志望を念頭においた6つのコース（高校2年は5つ）が設置され、生徒一人ひとりに合ったきめ細やかな指導を実現させています。大学受験力の強化を目的としていますが、自由度が高く、芸術系などの受験にも対応しています。

また中高一貫教育の先取り学習を中心とした新しいカリキュラムが設けられています。中学1・2年で学習の基礎を徹底し、主要5教科については中学3年の1学期で中学課程を修得します。ただし、中学3年の夏休みを「中学課程全体の振り返り・確認期間」にあてて、中学3年の2学期から高校の教育課程に入る前に、中学の内容を未消化のまま進めないようにしっかりとしたフォローを施しています。

伸びる外部大学合格実績

学校で6年間を通して行われる進路指導は、「針路プログラム」と呼ばれています。中学1年次から段階を踏み、長期的な展望の下、将来への意識を高めています。教科とも連携しながら、それぞれの学年で必要な指導を行い、総合的なキャリア教育を実践しています。

大学入試では、新コース制完全導入後最初の卒業生を出した２０１５年度に、国公立と難関私立大学の合格者数が前年度比3倍の躍進を遂げました。２０１６年度は卒業生の総数が少なかったのですが、合格実績は引き続き堅調です。生徒の頑張りはもちろんですが、教育制度改革の成果が形になってきたように感じます。なお、現役進学率も大変高いレベルで推移しており、毎年約95％となっています。

■主な外部大学合格実績（現役生現役生のみ）の推移

国公立・早慶上理合格者の卒業生数に対する割合の推移

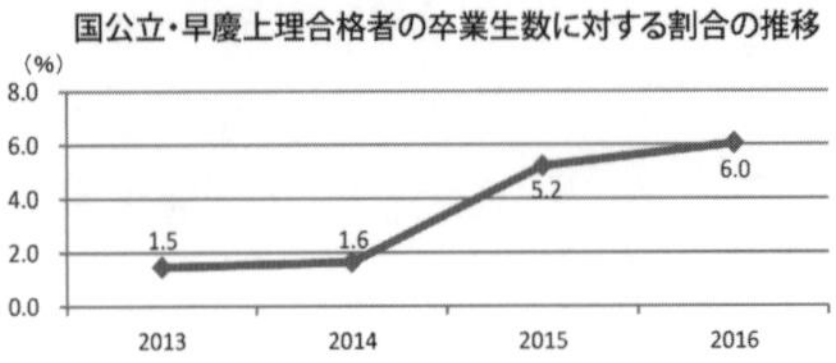

ＭＡＲＣＨ合格者の卒業生数に対する割合

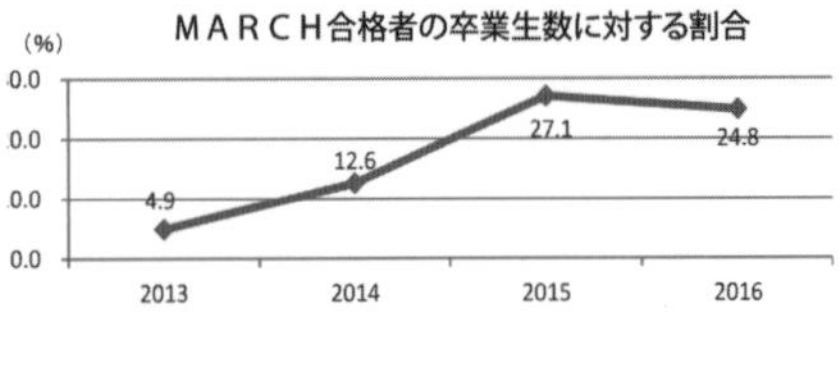

適性検査型入試

共立女子第二では様々な個性を持つ子どもたちの受験を期待し、公立中高一貫校との併願を可能とする適性検査型入試を早くから導入、特に八王子多摩地区の多くの受験生を集めています。また、入試の合計得点率（適性検査Ⅰ・Ⅱの合計点に対して何点得点したか）により奨学生を選考し、入学金・授業料などを免除する給付奨学金制度も導入しています。

例年、入学した生徒に対しアンケートを実施していますが、適性検査型入試に合格して入学した生徒の、特徴的な3人のコメントをご紹介します。

A子さん「公立中高一貫校との併願でした。公立校の方は残念でしたが、とても広々としていて伸び伸びできるし施設もすごいのでこの学校も気に入っています」

――併願の受験生の中にも、学校を気に入っていただき、実際に入学となった生徒がたくさんいます。公立校にはない価値が間違いなくありますので、その点を合わせて考えていただければと思います。

B子さん「私の場合は受験を考え始めた時期がかなり遅かったので、一般の受験は困難でした。適性検査なら受験できると思い、そういった形の受験ができる私立も含めて受験校を決めました」

――このような受験生の話もよく聞きます。受験勉強の期間は短かったかもしれませんが、まだ伸び代がたくさんあるとも考えられますし、本校では入学を歓迎します。

C子さん「本当は公立がダメなら諦めようと思っていたのですが、まさかの奨学生に選んでいただき、授業料などの免除があったため入学を決めました」

――本校では、適性検査型の入試においても給付奨学金制度を導入しており、入試の合計得点率により奨学生を選抜しています。最高で入学金、授業料、施設設備費が3年間免除となります。ぜひチャレンジしてください！

共立女子第二中学校では入試制度を工夫し、様々な受験生が受けやすい環境を整えています。

森上's eye

毎日、明るく元気な声が聞こえる伸び伸びとした女子校

女子教育において教育環境が果たす役割は非常に大きいものです。共立女子第二には、緑豊かな自然、整備された新校舎とその付属施設、そして大学系列校としての特長を生かした安心の進学システムなどその最高の教育環境が整っています。一度、八王子キャンパスに足を運んでみてはいかがでしょうか。

School Data 共立女子第二中学校

所在地 東京都八王子市元八王子町1-710

TEL 042-661-9952

URL http://www.kyoritsu-wu.ac.jp/nichukou/

アクセス JR線・京王線「高尾」スクールバス10分（無料）
JR線「八王子」スクールバス20分（無料）

学校説明会（要HP予約）
10月 8日（土）11：00～
11月 5日（土）11：00～
11月14日（月）18：00～ナイト説明会

入試説明会（要HP予約）
12月 3日（土）14：00～
12月18日（日） 9：30～
1月14日（土）11：00～

適性検査型入試のための説明会（要HP予約）
12月17日（土）14：00～

入試体験（要HP予約）
12月18日（日） 9：30～
（保護者向け説明会と並行開催）

文《ぶん》化《か》学《がく》園《えん》大《だい》学《がく》杉《すぎ》並《なみ》中学校

A型（適性検査型）入試で『BUNSUGI×GLOBAL』を推進

すべての生徒が熱中できることを見つけ、そこから得られる「感動体験」を大切にしています。日本と海外、2つの卒業資格が取得できる「ダブルディプロマコース」で海外進学も身近になります。

「わかる授業」で伸ばす学校

難関大学から併設大学まで幅広く選べる進路、生徒自らが運営する盛んな学校行事、全国大会で活躍する多くの部活動…。一人ひとりが輝ける、そんな引き出しをたくさん持っているのが文化学園大学杉並です。

さらに2015年度からは、カナダ、ブリティッシュコロンビア州より海外校として認可が下り、『ダブルディプロマコース』がデビュー。

中学校では、『〈グローバル〉コース』と『〈シグネット〉コース』の2コース制で生徒の学力向上を後押します。

『〈グローバル〉コース』は、ハイレベルな先取り授業を展開しながら、同時に定評ある英語教育を最初の3年間で「英語によるレポート、論文記述」レベルまで引き上げていきます。後半3年間は国公立大学をメインターゲットにする『難進コース』と、日本と海外両方の高校卒業資格が得られる『ダブルディプロマコース』のいずれかに続いていきます。

高校課程に新設された『ダブルディプロマコース』は、海外大学への進学も、国内難関大学への「帰国生入試」による進学も可能にする先進のプログラムを備え、日本社会のグローバル化をリードする人材を輩出するのが目的です。

中高一貫の6年間

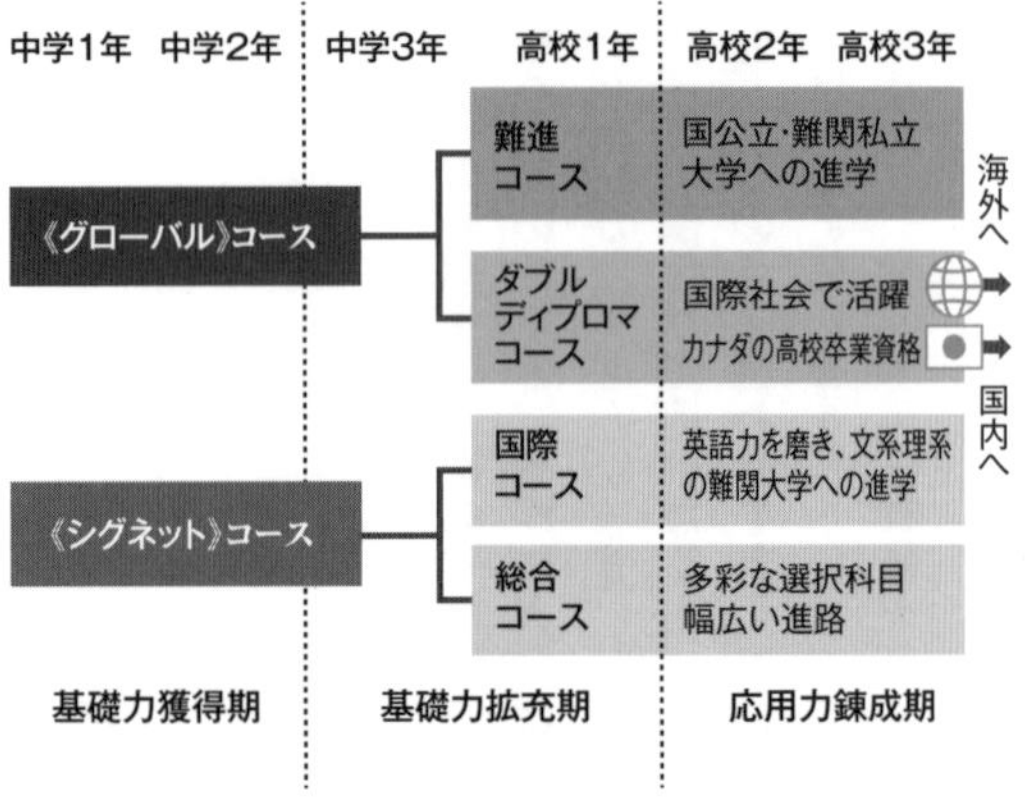

『〈シグネット〉コース』は、科目によって先取り授業を入れつつきめ細やかな「わかる授業」を展開します。同時にさまざまな検定合格、オンライン英会話、陶芸や華道、箏曲など多様な選択科目を導入して、学力の幅をより広いものにしていきます。併設の文化学園大学をはじめ、多種多様な他大進学を可能にします。

全普通教室には電子黒板機能付きプロジェクターとWi-Fiを完備し、「わかる授業」の徹底を図ります。またタブレット端末を用いたアクティブラーニングで協働型学習を行い思考力型の学力を育成していきます。

行事も部活動も生徒が主役となって主体的に行動することができる、「輝き続ける女性の育成」を実践しているのが特色です。

文化学園大学杉並では6年前から『A型（適性検査型）入試』を導入し、教科の受験勉強に取り組んでこなかった受験生でもチャレンジできるようになっています。公立中高一貫校をめざす方にも取り組みやすい入試です。

森上's eye

「わかる授業」大展開で進学実績ぐんぐんと上昇

ユニークな系列大学を持つ「半進学校」ですが、いま他大学進学実績がぐんぐんと上昇、さまざまな進路に応えられる学校となりました。とくに日本初の教育プログラムである「ダブルディプロマコース」は、日本とカナダの高校卒業資格を同時に得ることができ、難関大学への挑戦とともに海外大学にまで進路が広がる予感です。

School Data　文化学園大学杉並中学校

所在地　東京都杉並区阿佐谷南3-48-16
TEL　03-3392-6636
URL　http://bunsugi.jp/
アクセス　JR中央線・総武線・地下鉄東西線「阿佐ヶ谷」、JR中央線・総武線・地下鉄東西線・丸ノ内線「荻窪」徒歩8分

学校説明会
8月27日(土) 13:00～15:00
9月17日(土) 10:00～12:00
10月15日(土) 13:00～15:00

文化祭
10月1日(土) 10:00～16:00
10月2日(日) 9:00～15:30

オープンスクール
11月12日(土) 13:00～15:00

A型（適性検査型）入試説明会
12月10日(土) 10:00～12:00

A型（適性検査型）入試体験会
1月14日(土) 13:00～15:00

〔文化祭のみ予約不要・見学随時OK〕

2017年度 首都圏公立中高一貫校 入試日程一覧

東京

の部分は未発表(7/10現在)のため昨年度の内容になります。

校名	募集区分	募集人員	願書受付		検査日	発表日	手続期限	検査等の方法
			開始日	終了日				
都立桜修館中等教育学校	一般	男女各80	1/11	1/17	2/3	2/9	2/10	適性検査Ⅰ・Ⅱ
都立大泉高等学校附属中学校	一般	男女各60	1/11	1/17	2/3	2/9	2/10	適性検査Ⅰ・Ⅱ・Ⅲ
千代田区立九段中等教育学校	区分A	男女各40	1/19	1/20	2/3	2/6	2/9	適性検査1・2・3
	区分B	男女各40	1/19	1/20	2/3	2/6	2/9	適性検査1・2・3
都立小石川中等教育学校	特別	男女各80（含特別5以内）	1/11	1/17	2/1	2/2	2/2	作文・面接
	一般		1/11	1/17	2/3	2/9	2/10	適性検査Ⅰ・Ⅱ・Ⅲ
都立立川国際中等教育学校	海外帰国・在京外国人	30	1/9	1/10	1/25	2/1	2/1	面接・作文
	一般	男女各65	1/11	1/17	2/3	2/9	2/10	適性検査Ⅰ・Ⅱ
都立白鷗高等学校附属中学校	特別	男女各80（内特別区分A10程度・特別区分B6程度）	1/11	1/17	2/1	2/2	2/2	面接（区分Bは実技検査あり）
	一般		1/11	1/17	2/3	2/9	2/10	適性検査Ⅰ・Ⅱ
都立富士高等学校附属中学校	一般	男女各60	1/11	1/17	2/3	2/9	2/10	適性検査Ⅰ・Ⅱ・Ⅲ
都立三鷹中等教育学校	一般	男女各80	1/11	1/17	2/3	2/9	2/10	適性検査Ⅰ・Ⅱ
都立南多摩中等教育学校	一般	男女各80	1/11	1/17	2/3	2/9	2/10	適性検査Ⅰ・Ⅱ
都立武蔵高等学校附属中学校	一般	男女各60	1/11	1/17	2/3	2/9	2/10	適性検査Ⅰ・Ⅱ・Ⅲ
都立両国高等学校附属中学校	一般	男女各60	1/11	1/17	2/3	2/9	2/10	適性検査Ⅰ・Ⅱ・Ⅲ

神奈川

※募集区分はすべて一般枠

校名	募集人員	願書受付		検査日	発表日	手続期限	検査等の方法
		開始日	終了日				
県立相模原中等教育学校	男女各80	1/10	1/12	2/3	2/10	2/11	適性検査Ⅰ・Ⅱおよびグループ活動による検査
県立平塚中等教育学校	男女各80	1/10	1/12	2/3	2/10	2/11	適性検査Ⅰ・Ⅱおよびグループ活動による検査
川崎市立川崎高等学校附属中学校	120	1/10	1/12	2/3	2/10	2/11	適性検査Ⅰ・Ⅱ・面接
横浜市立南高等学校附属中学校	男女おおむね各80	1/10	1/12	2/3	2/10	2/11	適性検査Ⅰ・Ⅱ
横浜市立横浜サイエンスフロンティア高等学校附属中学校	男女各40名	1/10	1/12	2/3	2/10	2/11	適性検査Ⅰ・Ⅱ

千葉

※募集区分はすべて一般枠

校名	募集人員	願書受付		検査日	発表日	手続期限	検査等の方法
		開始日	終了日				
千葉市立稲毛高等学校附属中学校	男女各40	12/12	12/13	1/28	2/3	2/7	適性検査Ⅰ・Ⅱ・面接
県立千葉中学校	男女各40	願書等 11/21 報告書・志願理由書等 1/13	願書等 11/25 報告書・志願理由書等 1/16	一次検査 12/10 二次検査 1/28	一次検査 12/22 二次検査 2/3	2/6	一次　適性検査 二次　適性検査・面接
県立東葛飾中学校	男女各40	願書等 11/21 報告書・志願理由書等 1/13	願書等 11/25 報告書・志願理由書等 1/16	一次検査 12/10 二次検査 1/28	一次検査 12/22 二次検査 2/3	2/6	一次　適性検査 二次　適性検査・面接

埼玉

※募集区分はすべて一般枠

校名	募集人員	願書受付		検査日	発表日	手続期限	検査等の方法
		開始日	終了日				
県立伊奈学園中学校	80	12/26	12/27	第一次選考 1/14 第二次選考 1/28	第一次選考 1/24 第二次選考 2/2	2/8	第一次選考　作文Ⅰ・Ⅱ 第二次選考　面接
さいたま市立浦和中学校	男女各40	12/26	12/27	第1次選抜 1/14 第2次選抜 1/21	第1次選抜 1/18 第2次選抜 1/25	2/3（予定）	第1次　適性検査Ⅰ・Ⅱ 第2次　適性検査Ⅲ・面接

東京都立 桜修館《おうしゅうかん》中等教育学校

■中等教育学校　■2006年開校

「真理の探究」のために「高い知性」と「広い視野」「強い意志」を持つ人間を育成

昨年度、開校から10周年を迎えた桜修館中等教育学校では、変化が激しい現代社会において、日本人としてのアイデンティティを持ち、さまざまな場面でリーダーシップを発揮できる子どもを6年間かけて育てています。

金田《かねだ》　喜明《よしあき》 校長先生

学校プロフィール

開　　校…2006年4月

所 在 地…東京都目黒区八雲1-1-2

T E L…03-3723-9966

U R L…http://www.oshukanchuto-e.metro.tokyo.jp/

アクセス…東急東横線「都立大学」徒歩10分

生 徒 数…前期課程 男子212名、女子257名
後期課程 男子213名、女子253名

1 期 生…2012年3月卒業

高校募集…なし

2学期制／週5日制（土曜授業を年間18回実施）／50分授業

入学情報（前年度）

・募集人員…男子80名、女子80名 計160名

・選抜方法…報告書、適性検査Ⅰ・Ⅱ

日本人としてのアイデンティティを

【Q】御校は真理の探究のために3つの校訓を掲げていますね。

【金田先生】本校の母体校である都立大学附属高校（2010年度で閉校）の学校目標が、「自由と自治」、そして「真理の探究」でした。

「自由と自治」ということの言葉は開校当時の時代背景が大きく関係していたと思います。現在は発達段階の異なる生徒が半分いますので「真理の探究」を取り入れ、これを校訓としています。そのために、いろいろな体験も含めて「高い知性」と「広い視野」、そして粘り強い「強い意志」の3つを校訓に掲げ、桜修館中等教育学校がスタートしたのです。

育てたい生徒像としてつぎの6項目を謳《うた》っています。

1　将来の夢や高い志を抱き、自ら進んで考え、勇気をもって決断し、責任をもって主体的に行動する生徒

2　社会の様々な場面・分野にお

いてリーダーとして活躍する生徒

3　真理を探究する精神をもち、自ら課題を発見し、論理的に解決し、適切に表現し行動できる生徒

4　生命や人権を尊重し、他者を思いやり、他者と共に協調する心をもつ生徒

5　世界の中の日本人としてのアイデンティティをもって国際社会に貢献できる生徒

6　自らの健康に留意し、体力の向上に努め、健全な精神を維持できる生徒

簡潔に言うと、自ら進んで考え、将来への志を持ち、国際社会に貢献できる日本人としてのアイデンティティを身につけていくことが必要だと考えています。

そして、6年間の中等教育学校ですので、ゆとりのある時間のなかでリーダーシップを発揮できる生徒を育てたいと思っています。

【Q】生徒に対してつねに話しておられることはありますか。

【金田先生】自分を成長させるということは、ひとりで成長できるわけではないと言っています。

「人間はまわりの社会によって育てられている部分があり、自分が行動することによって、まわりの社会にどんな影響があるのかつねに考えられる人間になってほしい」ということです。

そのことがほんとうの意味での成長だということは、言葉を変えながらよく言っています。

【Q】御校では少人数授業は行っていますか。

【金田先生】前期課程の2年生と3年生の英語で実施しています。後期課程でも英語の一部で少人数授業、数学で習熟度に応じた少人数授業が行われています。

5年生（高校2年生）まではほとんどの生徒が同じ科目を履修しています。

早くから文系・理系に分けてしまうと、理系だから、文系だからと言って勉強しない科目もでてきてしまいます。

ですから多くの教科を学んで、広い視野を持って自分の将来を考えた選択をしてもらいたいと考えていますし、得意、不得意で文系・理系を選ぶ必要もないと考えています。

また、あらゆることに興味と関心とを高めてもらえればと考えています。

特色ある カリキュラム紹介

1 論理的な思考力の育成を目的とした「国語で論理を学ぶⅠ～Ⅲ」「数学で論理を学ぶⅠ～Ⅲ」

１年生の「国語で論理を学ぶⅠ」では、基礎として相手の話を正確に聞き取ることを意識した問答ゲームや再話などの言語技術教育を取り入れています。

「数学で論理を学ぶⅠ」では、日常生活にある身近な題材を課題として、文字、グラフ、図形を使い性質を考えたり論理的に考えたりする授業を行っています。

２年生の「国語で論理を学ぶⅡ」では、相手にとってわかりやすく説得力のある意見の述べ方や表現の仕方を学習します。

また、相手の立場になって理解し、それに対して自分の考えも筋道を立てて述べる学習や、ディベートなども取り入れた学習をしていきます。

「数学で論理を学ぶⅡ」では、図形の定理や公式を演繹《えんえき》的に証明し、また発展的な図形の問題をさまざまな方法で論理的に考えて解く授業を展開しています。

３年生の「国語で論理を学ぶⅢ」になると、これまで学習したことをさらに高めるため、さまざまな種類の文章を論理的に読解し、自分の考えを論理的に表現する学習をします。

また、弁論大会を行い、相互に批評する機会を設け、小論文の基本も学習していきます。

「数学で論理を学ぶⅢ」では、課題学習を中心に行い、数学的な見方や考え方を育成したり、特殊化・一般化について論理的に考え解く授業を行います。

特色ある 独自の教育活動

【Q】御校では学校独自の教育活動をされていますね。

【金田先生】「国語で論理を学ぶ」という科目を設定しています。これは本校独自の科目で、教科書も教員が作成したものを使っています。

論理的にものごとを考えることを目的としており、1年生からは論文と称し、意見文を書いて、『研究レポート集』を作成しています。そして2・3年生になるとディベート大会も行われます。

そしてもうひとつ、「数学で論理を学ぶ」という科目も設定しています。図形やグラフ、数式を使ってパズルのようなものをあつかい、そのなかで論理性を考えていくことをしています。これによって、作文コンクールや、ディベート大会に出場する生徒がいます。昨年度は、全国ディベート甲子園中学の部に有志8名が出場しました。本校が独自に設定した科目によって、生徒が興味を持ってくれたことが、このような結果につながっているのだと思います。

【Q】ほかにも力を入れている教育活動があればお教えください。

【金田先生】コミュニケーション力を重視しています。1年生のときから各班でプレゼンテーションを行い、研究発表などを行っています。また、入学してすぐに1泊2日で移動教室に行きます。ここで生徒は友だちと打ち解け、ガラッと変わって帰ってきます。

2・3年生では夏休みに希望者を対象に校外で英語合宿を行っています。ここでは起床から就寝までネイティブの指導員とグループを組み、英語のみを使って生活します。

2年生では、国際理解教育の一環として「留学生が先生」という行事も行っています。

4年生になると希望者はニュージーランドで約2週間のホームステイを行い、5年生になると修学旅行でシンガポールを訪れ、シンガポール大学の学生と班別行動を行っています。

本校はドイツ語、フランス語、スペイン語、中国語、ハングルなど、第2外国語の選択科目も設定しています。コミュニケーション力を重視しているのもおわかりいただけると思います。

年間行事

おもな学校行事（予定）	
4月	入学式、移動教室（1年） 学力推移調査（1～3年）
5月	クラスマッチ、進路説明会（6年）
6月	理科実習（4年）
7月	三者面談
8月	英語合宿（2・3年、希望者） NZ 語学研修（4年、希望者）
9月	記念祭
10月	職場体験（2年）
11月	学力推移調査（1～3年） 海外修学旅行（5年）
12月	研修旅行（3年）
1月	スキー教室（2年）
2月	マラソン大会（1～4年）
3月	卒業式、合唱コンクール

また、豊かな感性と想像力を育成するために、学年行事として百人一首大会や伝統芸能の鑑賞教室も行っています。

【Q】進路・進学指導についてお聞かせください。

【金田先生】 本校は都立の中高一貫教育校です。入学時に学力検査を行っていませんから、ある意味では多様な生徒がおります。ですから、みんな一律に東京大をめざすということは言えない学校ですね。それがほかの学校と大きくちがうところだと思います。ただ、そういう意味で進路指導は大変なのですが、いろいろな個性ある生徒たちが集まっていることは、生徒にとってはいい環境だろうと思います。

進学指導については、きめ細かく指導しています。志望校検討会も行っています。これをもとに、三者面談で保護者に情報を提供しつつ、学習指導にも活用して進路指導体制をとっています。

【Q】適性検査についてお聞かせください。

【金田先生】 与えられたものにそのまま素直に機械的に答えるのではなく、いろいろな角度から自分で考えられるような生活習慣をつけてほしいと思っています。

学んだことをことがらとして暗記しているだけではなく、それを活用して生活にどういかしていけるのか、そういうことが適性検査では問われます。作文については、親子の会話や友だちとのふれあいなどの生活のなかで感じたいろいろなことや、体験を大事にして、題材に向かい作文を書いてほしいと思います。

【Q】昨年開校10周年を迎えた御校ではどのような生徒さんに来てもらいたいですか。

【金田先生】 おそらく、本校の教育方針まで全部わかって入学してくる生徒さんは、あまり多くないと思います。ですから、「記念祭（文化祭）や学校紹介日、授業公開週間など、いろいろ行事がありますが、そういうものを見て自分が「ここで勉強してみたい」と思って来てもらいたいです。

それから、地域の中学校でなく本校を選んだということは、それなりの決意を持って来ていると思いますので、勉強でも、部活動でも、行事でもよいので、なにかひとつ目標を持ってがんばってもらいたいと思います。

東京都立桜修館中等教育学校

募集区分
一般枠

入学者選抜方法
適性検査Ⅰ（45分）、適性検査Ⅱ（45分）、報告書

先　生：**図3**のように、掲示用の大きな案内図は右の端《はし》の長さと左の端の長さをそれぞれ58mmあけて、配布用の小さな案内図は右の端の長さと左の端の長さをそれぞれ16mmあけてかきましょう。

さくら：そうするとバランスがよくなるのね。

おさむ：上の端の長さと下の端の長さも、右の端の長さと左の端の長さと同じように考えて、計算してみよう。

図3

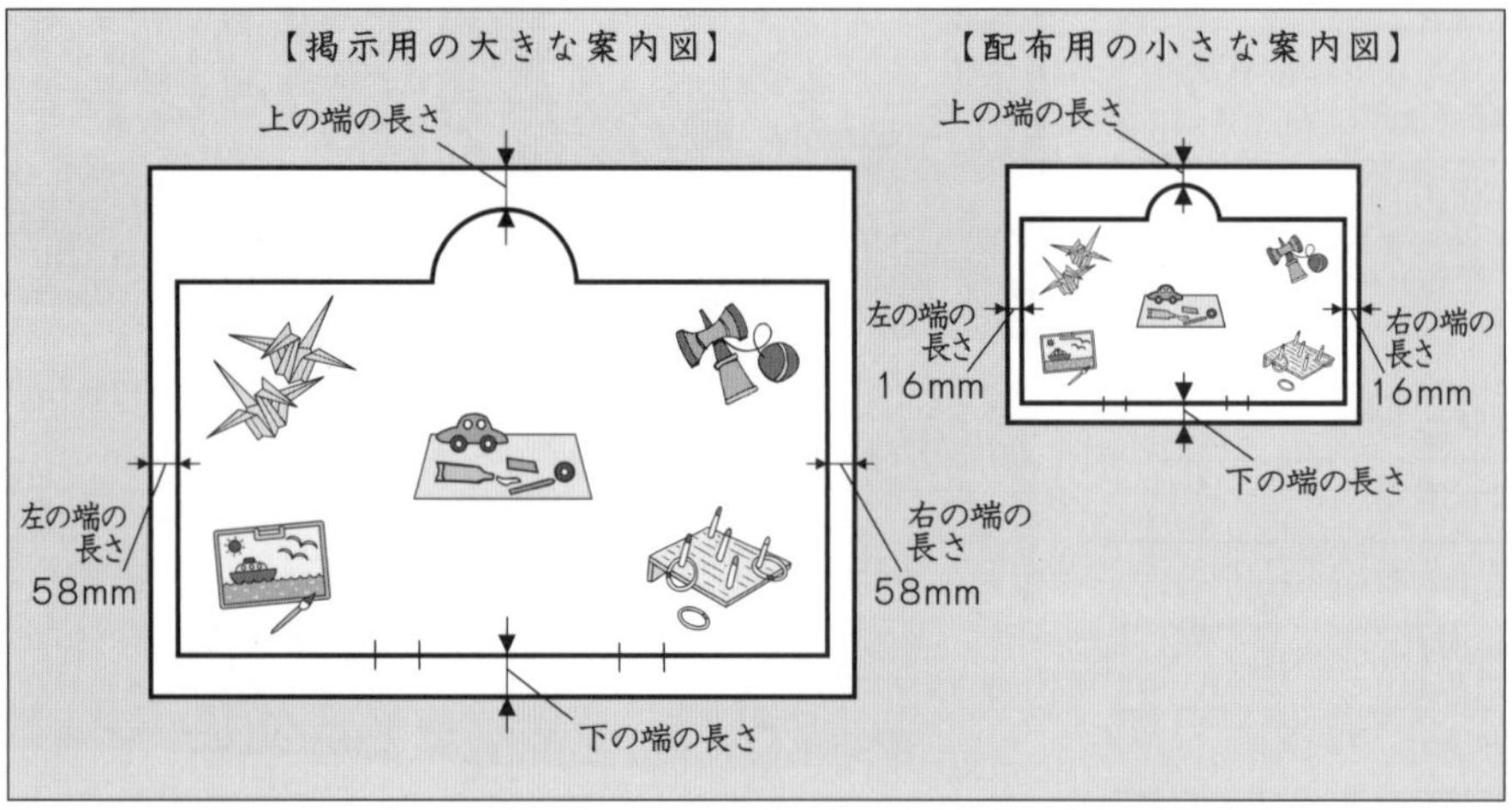

〔問題1〕

（1）　おさむ君は「半円の部分の曲線の長さを計算してみよう。」と言っています。
図1の半円の部分の曲線の長さを求めましょう。なお、円周率は3．14としましょう。
答えは小数第二位を四捨五入《ししゃごにゅう》して小数第一位までの数にしましょう。

（2）　次の文章は、案内図のかき方について説明したものです。文章の（①）には、掲示用、配布用から一つを選び、解答用紙に○をつけましょう。（②）（③）は数値《すうち》を書き、（④）（⑤）は東、西、南、北からそれぞれ一つずつ選んで漢字一字で書きましょう。

> **図2**の紙を使って、**図3**のように案内図を作ります。
> （①）の紙を使うとき、縮尺《しゅくしゃく》が（②）分の1の案内図を作ることとなり、上の端と下の端の長さはともに（③）cmずつとなります。また、案内図の上側の方位が（④）、右側の方位が（⑤）となります。

課題や条件を正しく分析する

基本的な算数の問題でしたが、与えられた条件を正しく理解し、分析して答えを導き、さらに検証できる力をみています。

条件をもとに論理的考察力をみる

条件を整理する力、推理力を試す桜修館独特の出題です。時間をかけずに処理することも求められました。

2016年度　東京都立桜修館中等教育学校　適性検査Ⅱ（独自問題）より

1 **おさむ**君と**さくら**さんと**先生**は、小学校の多目的室でお楽しみ会の準備をしています。

図1

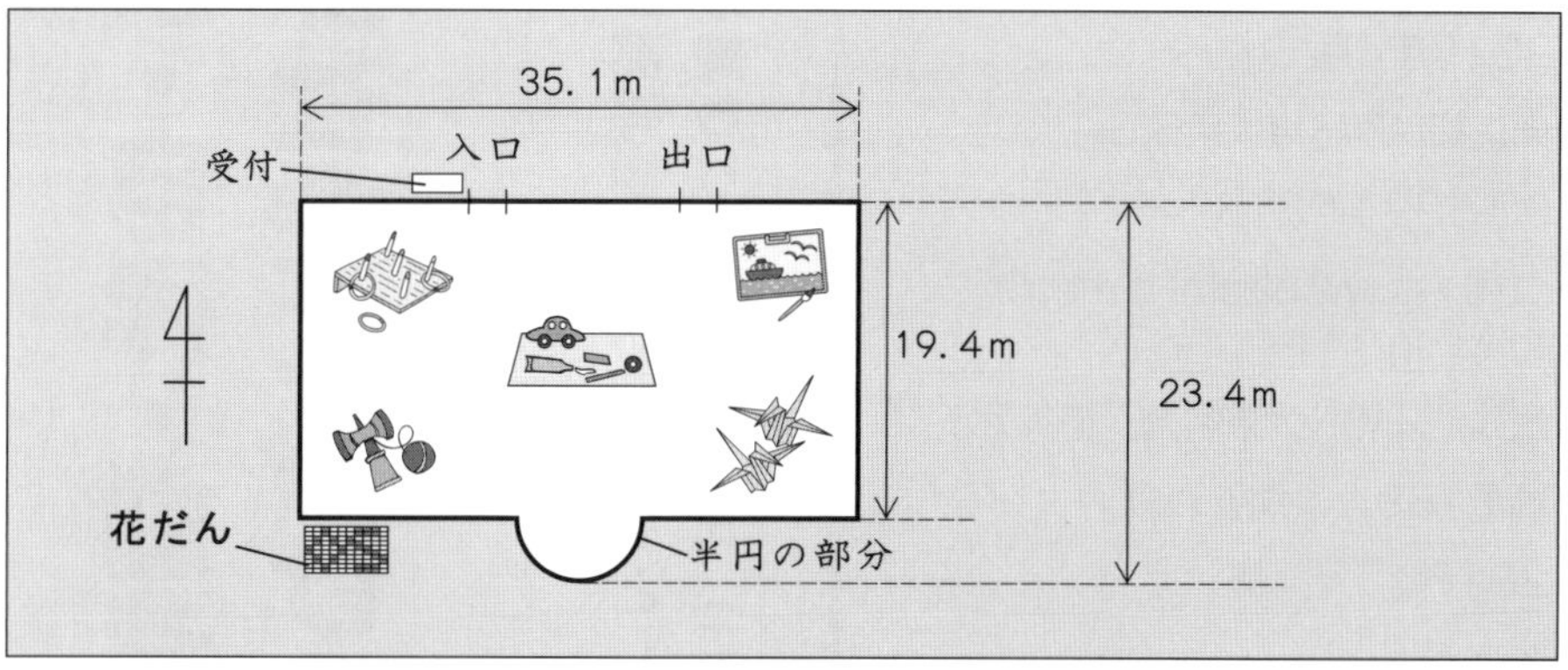

おさむ：お楽しみ会では、多目的室でいろいろな遊びができるんだよね。

さくら：そうよ。準備を始めましょう。

先　生：多目的室は長方形と半円を組み合わせた形をしています。**図1**に、多目的室の大きさと向き、いろいろな遊びを示しました。

さくら：半円の部分には、曲線の壁《かべ》にそって、色紙《いろがみ》のくさりをかざりたいわ。

おさむ：<u>半円の部分の曲線の長さを計算してみよう。</u>そうしたら、色紙のくさりの長さを決められるね。

さくら：受付にはる掲示用《けいじよう》の大きな案内図と、受付で配る配布用の小さな案内図があるといいわね。

おさむ：ここに、**図2**のような、掲示用の大きな案内図をかく紙と配布用の小さな案内図をかく紙があるよ。

図2

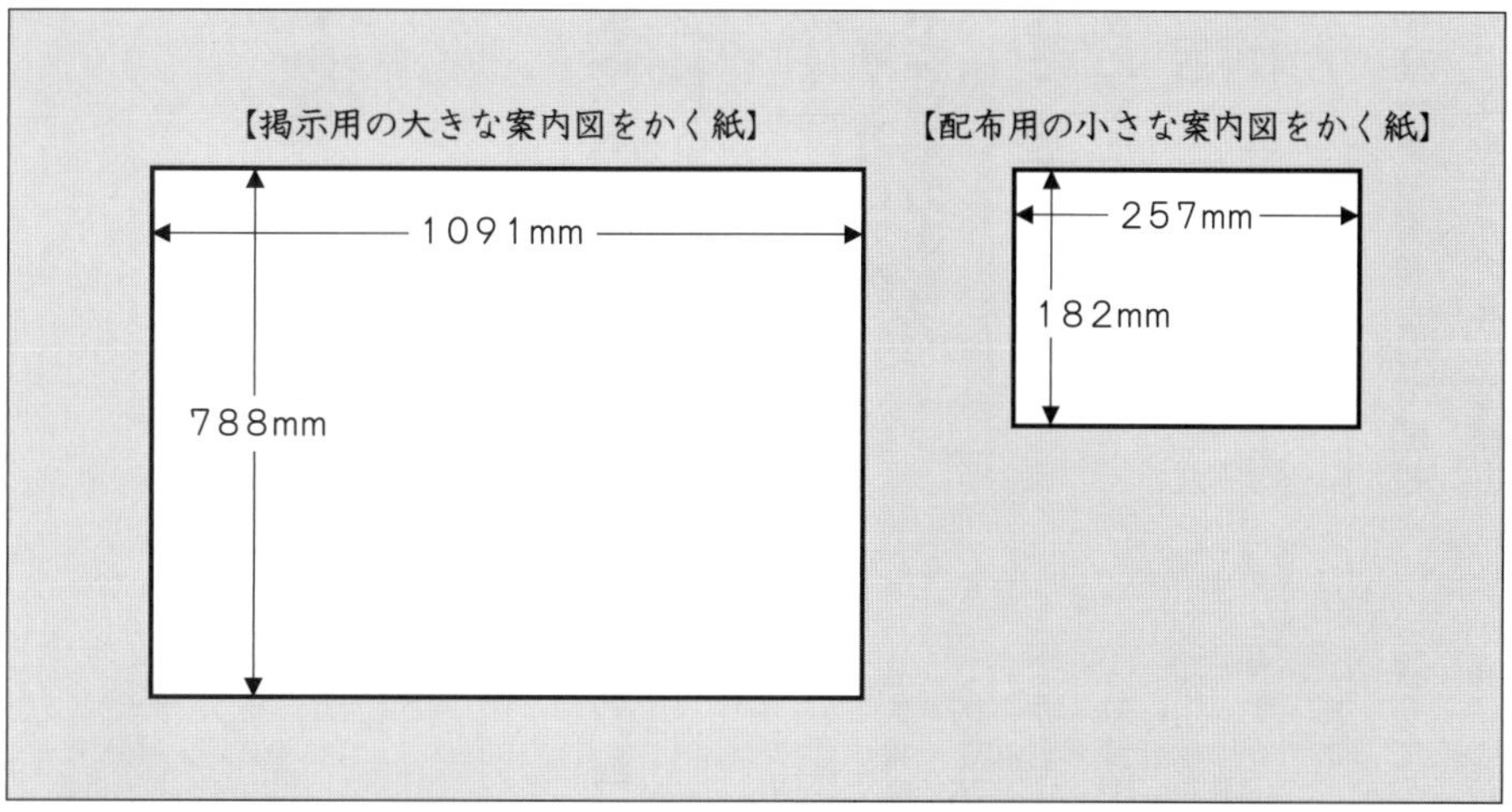

解説

都立桜修館中等教育学校の配点は適性検査Ⅰ200点、適性検査Ⅱ500点、報告書を300点にそれぞれ換算し、総合成績1000点で評価しています。適性検査Ⅱの配点が全体の半分を占めるのが特徴です。

作文の力が求められる適性検査Ⅰは独自問題で、「ヤジロベーの絵」【右】を見て考えたことを500～600字で作文する形式でした。

適性検査Ⅱでは大問1が独自問題（上記）で、以下が共同作成問題でした。与えられた課題の条件や問題点を整理し、論理的に筋道を立てて考える力、身近な生活を題材としてそのなかにある課題を自分の経験や知識で分析し、考えや意見を的確に表現する力も試されました。

どれも問題文や資料が読み取れればよい問題でしたが、計算・解答では条件があり、それぞれの設問で細かい条件が多くしめされていたので、条件をていねいに確認して答えることができるかが問われました。

東京都立 大泉《おおいずみ》高等学校附属中学校

■併設型　■2010年開校

自主・自律・創造の精神を育み 国際社会におけるリーダー育成をめざす

東京都立大泉高等学校を設置母体として誕生した東京都立大泉高等学校附属中学校。中高一貫教育校としての新校舎の全面改築が終わり、2013年（平成25年）には人工芝のグラウンドも完成しました。

柴田《しばた》　誠《まこと》 校長先生

リーダーとしての資質と行動力を育む

【Q】御校の沿革と教育方針についてお教えください。

【柴田先生】本校は、東京都立大泉高等学校（以下、大泉高）を母体校に2010年（平成22年）に併設型中高一貫教育校として開校しました。1期生が今年、卒業しました。

母体校である大泉高は、1941年（昭和16年）に東京府立第二十中学校として設立されたのち、1948年（昭和23年）に東京都立大泉高等学校と改称され、今年で創立75年の伝統を誇る学校として歴史を刻んできました。

教育理念については、「学」「律」「拓」という3つの言葉でわかりやすくしています。

まず、生徒の自発的な学習を重視して、幅広い教養と高い知性を身につけたいと考える〈自ら学び、真理を究める〉「学」。

また、自己を律し、他者をよく理解して協力できる生徒を育成する〈自ら律し、他を尊重する〉「律」。

学校プロフィール

開　　校…2010年4月
所 在 地…東京都練馬区東大泉5-3-1
T E L…03-3924-0318
U R L…http://www.oizumi-h.metro.tokyo.jp/
アクセス…西武池袋線「大泉学園」徒歩7分
生 徒 数…男子169人、女子191人
1 期 生…2016年3月卒業
高校募集…あり
3学期制／週5日制（土曜授業、土曜講座あり）／50分授業
入学情報（前年度）
・募集人員…男子60名、女子60名 計120名
・選抜方法…報告書、適性検査Ⅰ・Ⅱ・Ⅲ

最後に、厳しい現代社会のなかで自らの人生を自らで拓くために豊かな人間性を備え、社会で活躍できる資質と行動力を身につけた生徒に育成する〈自ら拓き、社会に貢献する〉「拓」。この3つの言葉です。

そして、本校では、自主・自律・創造を掲げ、6年間の一貫した教育を行うことにより、社会のさまざまな場面において、信頼を得てリーダーとなり得る人材の育成をめざしています。

自校完成型教育システムの導入

【Q】御校では、どのような教育システムで学習に取り組んでいますか。

【柴田先生】 本校は、1学年3クラス、1クラス40名（男女20名ずつ）で授業に取り組んでいます。3学期制の50分授業で、月曜日から金曜日まで毎日6時限を基本としています。

そのなかで、生徒の希望進路を実現するために、「自校完成型教育システム」を導入し、学力の定着をはかっています。

「自校完成型教育システム」とは、「土曜授業」、「土曜サポート」、「T・I・R（ティーチャー・イン・レディネス）」で展開される学習を総合したシステムのことをさします。

まず、「授業」では、6年間一貫したカリキュラムを編成しています。将来、さまざまな分野に進めるように高2までは共通のカリキュラムで、文科系・理科系の両方に対応する幅広い教育をめざしています。

中学時に高校で学習する内容の一部を発展的に学んだり、新学習指導要領にしめされた標準時数よりも週に1時間授業を増やして、中1で理科、中2で数学、中3で国語を多く学び、確かな学力を身につけさせます。

数学や英語においては、1クラスを2分割した少人数授業を取り入れて、きめ細かな指導を行っています。

そして、土曜日を活用して、毎月「土曜講座」を実施しています。「土曜講座」は、自然科学や社会科学など幅広い分野の講演を開き、学びへの興味や関心を高めています。

さらに、放課後の一定時間、教

特色ある カリキュラム紹介

1 ティーチャー・イン・レディネス（TIR）

通常の補習とは異なり、放課後に自由に学習できる学習支援ルームを設置し、生徒が自主的・主体的に自学自習に取り組めるシステムを導入しています。

授業の復習や予習サポート、計画的な利用による学習習慣の確立、教え合いをとおした学力の定着を目的に、教師等が各自の学習課題に応じた個別指導を実施し、学習支援ルームに行けばいつでも質問できるという体制を整えています。

中学１年は学習習慣が定着するまで、各部活動間で調整しながら計画的な利用をうながしています。

2 学びへの興味・関心を高める土曜講座

全学年の生徒を対象に、土曜日を活用して、教科の演習やキャリアガイダンスなどを実施しています。自然科学や社会科学などの幅広い分野の講座を開き、生徒の学びへの興味・関心を高めて、学習の動機づけを行っています。将来の進路選択にもつながります。

学力の定着をはかる時間として、授業だけではなく演習や実験などを実施します。

また、民間企業や大学など、各界から有識者を招いた講座では、さまざまな職業に触れる機会や、進路講座などを、生徒の希望進路の実現を可能にするために実施しています。

員等が学習支援ルームに控えて、授業でわからなかった部分や授業の予習など、生徒個別の学習課題を支援する制度を設けています。これが「TIR」です。全学年を対象に、水曜日を除く放課後に実施されます。

本校では、学校で学習を完成させたいという趣旨から「自校完成型教育システム」を導入しています。この取り組みは、生徒が進路の実現を可能にする実力を身につけるために実践しています。

「探究・体験」をいかした教育活動

【Q】御校で行われている特色ある授業についてお教えください。

【柴田先生】 まず、おもに総合的な学習の時間に、「探究の大泉」という特色ある教育活動が行われています。環境について主体的にかかわるとともに、各教科の授業や土曜講座などと連携しながら学びを進めます。1学年3クラスを24班に分けて、中1～中3で実施されます。

たとえば、中1ではひまわりの栽培と観察などをとおして、環境について考察し、探究を進めていきます。

これらの教育活動のなかで課題設定、実験・観察、調査、議論、発表などのプロセスを経験し、知的好奇心を高め、自発的な学習の取り組みへとつなげていきます。そして、学びを深めるとともに、論理的な思考力、判断力、表現力などを育成しています。

また、遠足ではその地域の歴史や文化、産業などを事前に学習したうえで現地を訪問する活動をしています。「探究遠足」と呼び、各学年で実施し、修学旅行につなげています。

教育管理システムで学力の推移を確認

【Q】キャリア教育や進学指導に、6年間の中高一貫教育はどのようにいかされていますか。

【柴田先生】 本校でのキャリア教育は、6年間を発達段階に応じて、「基礎充実期」（中1・中2）、「挑戦期」（中3・高1）、「創造期」（高2・高3）と3期に分け、計画的に実施しています。

「基礎充実期」は、学ぶこと、働くことの意義・役割や多様性を理解する。「挑戦期」は、将来の

年間行事

おもな学校行事（予定）	
4月	入学式　新入生歓迎会
5月	体育祭　生徒総会
6月	探究遠足　芸術鑑賞教室
7月	夏季講座　職場体験(中2) クラスマッチ　勉強合宿(中1)
8月	夏季講座
9月	文化祭　国内語学留学(中2)
10月	到達度テスト　生徒会役員選挙
11月	生徒総会　探究遠足(中1・2)　修学旅行(中3)
12月	演劇教室
1月	百人一首大会
2月	合唱コンクール　到達度テスト
3月	総合全体発表会　クラスマッチ 卒業式

生き方や生活を考え将来設計をする。「創造期」は、希望進路の実現のために自己の能力を磨く。このような中高で一貫した教育を行うことにより、将来、豊かな人間性を備え、進んで社会に貢献できる生徒になってほしいと考えています。

　たとえば、中3向けに、「職業講話」というものがあります。これは、さまざまな分野の社会人のかたがたを本校にお招きし、職業や業界についての講義を受けるというものです。

　進学指導では、中3から、高校の進路指導部の先生による大学進学や大学入試についての講演会指導を受けています。

2011年度末に中高一貫校の新校舎完成

【Q】御校をめざすみなさんへメッセージをお願いします。

【柴田先生】 2011年度（平成23年度）末には、併設型中高一貫教育校として、中学校と高校が交流しながらともに学ぶことができる新校舎が完成しました。

　新校舎は望遠鏡が設置されている天体ドームや、自然エネルギーを活用した工夫がなされています。恵まれた教育環境のなかで、大泉の新たな歴史が積み上げられています。

　入学者選抜の適性検査が2015年度（平成27年度）から共同作成になりました。本校では共同作成問題の適性検査Ⅰ・Ⅱに加えて、独自問題の適性検査Ⅲを実施しました。今春に出題した問題はホームページに掲載しています。幸いにして、適性検査Ⅲが加えられたにもかかわらず、優秀な生徒さんたちが大泉で学びたいと入学して来てくれています。

　本校は、積極的な姿勢でなにかに取り組んでみたいという目標がある生徒さんや、しっかり勉強して、自分のよいところを伸ばしていきたいという生徒さんに入学してほしいと考えてます。また、開校して7年目なので、充実した学校生活を送りながら、いろいろなことにチャレンジして新たな大泉の文化をみなさんと創造していけたらと思います。

　本校は、みなさんの可能性を必ず伸ばしていきます。志の高いみなさんの入学を心から待っています。

東京都立大泉高等学校附属中学校

募集区分　一般枠

入学者選抜方法　適性検査Ⅰ（45分）、適性検査Ⅱ（45分）、適性検査Ⅲ（45分）、報告書

　ひろこさんは、**図3**のような角材を８４ｃｍの長さにして、中心から１０ｃｍごとに**図4**のようなフックを下向きに付け、角材の中心には**図5**のようなチェーンを付けた**図6**のようなつるす収納を作りました。

　道具は、**図6**の中心から左右にそれぞれ、①から④の位置に合計で８か所につるせるようにしました。

図3　角材

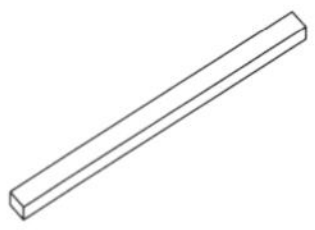

図4　フック

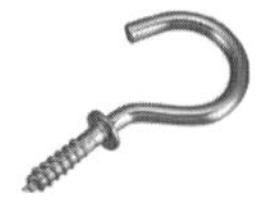

図5　チェーン

図6

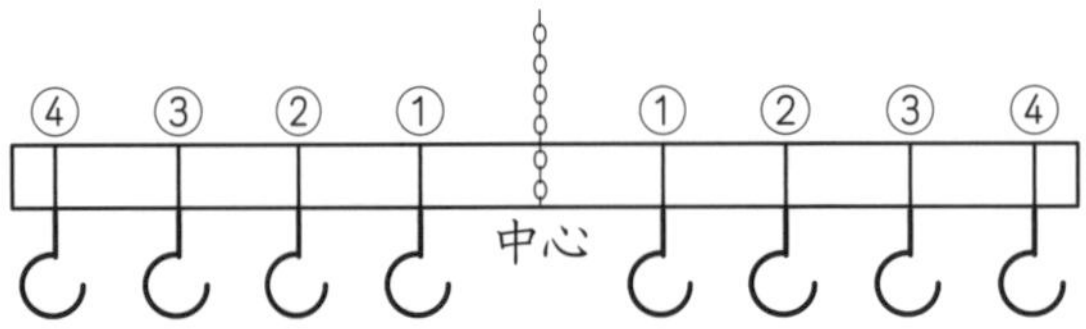

〔問題２〕 **表1**は、ひろこさんがつりさげようとした台所の道具とその重さである。
　ひろこさんが作った収納が水平になるように全ての道具をつりさげるにはどのようにすればよいか。
　２とおり考えて解答らんのわくの中に下の例にならって記号を書きなさい。ただし、１か所のフックに複数の道具をつりさげることができるものとする。

（例）　フックにアとイをつりさげる場合

表1　台所の道具とその重さ

記号	道具	重さ（g）
ア	さいばし	10
イ	計量スプーン	20
ウ	フライ返し	40
エ	おたま	80
オ	木べら	160
カ	あわ立て器	320

基礎知識が身についているか

　小学校で学んだことがしっかりと身についているか。さらに、その知識をアウトプットできるかをみています。

条件を基に論理的考察力をみる

　与えられた課題を理解して整理し、筋道を立てて考え、解決する力をみています。問題文を読み取る力も必要です。

2016年度　東京都立大泉高等学校附属中学校　適性検査Ⅲ（独自問題）より

1　**たかし**君は、**ひろし**君、**あきら**君、**かずや**君と科学館へ行きました。そこには、シーソーを使って体重くらべをするコーナーがありました。

図１　１回目のシーソーの結果

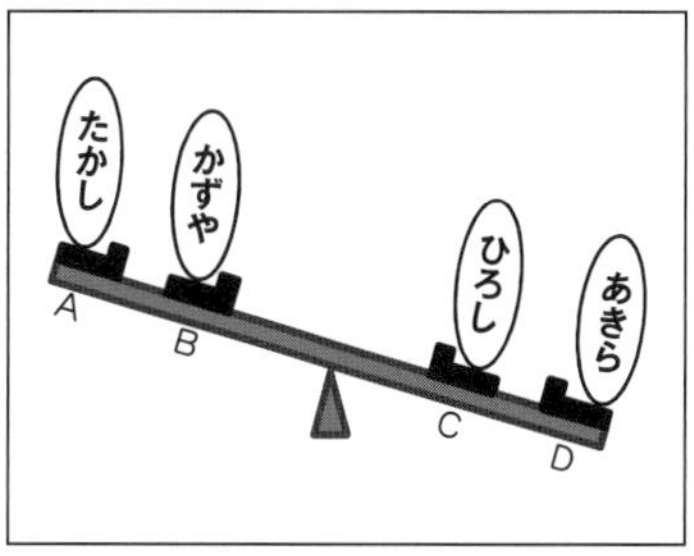

指導員：ここではシーソーを使って体重くらべをしています。
たかし：シーソーでどうやって体重くらべをするのかな。
指導員：このシーソーのすわる場所は、Ａ、Ｂ、Ｃ、Ｄの４か所ありますが、ＡとＤ、ＢとＣは、それぞれ中心からのきょりが同じです。また、だれも乗っていないときは水平につりあいます。
ひろし：おもしろそう。やってみようよ。

シーソーのＡの場所にたかし君、Ｂにかずや君、Ｃにひろし君、Ｄにあきら君が乗りました。すると、シーソーは**図１**のように右側にかたむきました。

たかし：僕《ぼく》の体重が一番重たいのに、持ち上がっているよ。
ひろし：本当だ、どうしてだろう。
指導員：不思議ですね。でもシーソーにはあと１回だけ乗るだけで、みんなを体重の重い順に並《なら》べることができますよ。
あきら：あと１回で本当に分かるのかな。
かずや：みんなで考えてみようよ。

〔問題１〕　あと１回シーソーに乗って、４人の体重を重い順に並べるためには、だれがシーソーのどの位置にすわればよいのかを説明しなさい。ただし、４人が全員乗らなくてもよい。

ひろこさんは、**図２**のようなつるす収納《しゅうのう》が台所にあるのを見て、理科の授業で習ったつりあいを思い出しました。そこで、いくつかの道具を角材につりさげたとき、支える場所が真ん中だけでも水平になるかどうかを調べる実験をすることにしました。

図２

解説

都立大泉高等学校附属中学校では、2015年度入試から独自問題として適性検査Ⅲを加えました。これにより配点も改められ、適性検査Ⅰ200点、適性検査Ⅱ300点、適性検査Ⅲ300点、報告書200点、合わせて1000点満点での合否判断となりました。

共同作成問題を採用した適性検査Ⅰは、ふたつの文章を読んで問われていることに作文で答えるものでした。内容は読書に関する考察で、最大の文字数を要求された〔問題３〕は440字まででまとめるものでした。同じく共同作成問題の適性検査Ⅱは、大問３つがそれぞれ算数、社会、理科の問題でした。大泉の独自問題となった適性検査Ⅲは、大問①は「つりあい」を題材に、その基本的な仕組みの理解、また数理的な処理をする力をみる問題でした。大問②は平面図形と立体図形の複合問題で、対象の図形や立体図形について創造力を試しながら、作図したり面積を求める問題でした。難易度はうしろにいくほど高く、高度な空間把握力を試すなどの姿勢は、近年の大泉高附属中の特徴です。

東京

千代田区立 九段《くだん》中等教育学校

■中等教育学校 ■2006年開校

教育目標は「豊かな心 知の創造」体験を重視した本物から学ぶ教育

将来の日本を担う真のリーダー育成をめざす九段中等教育学校。千代田区の教育財産をいかした「九段自立プラン」や、海外研修旅行をはじめ、さまざまな教育プログラムが実施されています。

石崎《いしざき》 規生《のりお》 校長先生

学校プロフィール

開　　校…2006年4月

所 在 地…東京都千代田区九段北2-2-1

T E L…03-3263-7190

U R L…http://www.kudan.ed.jp/

アクセス…地下鉄東西線・半蔵門線・都営新宿線「九段下」徒歩3分、JR総武線・地下鉄東西線・有楽町線・南北線・都営大江戸線「飯田橋」徒歩10分

生 徒 数…前期課程 男子239名、女子239名
後期課程 男子221名、女子221名

中高一貫１期生…2012年３月卒業

高校募集…なし

２期制／週６日制／50分授業

入学情報（前年度）

・募集人員…（千代田区民）
男子40名、女子40名 計80名
（千代田区民以外の都民）
男子40名、女子40名 計80名

・選抜方法…報告書、適性検査（1、2、3）

政治・経済・文化の中心 千代田区の中高一貫校

【Q】御校設立の目標についてお聞かせください。

【石崎先生】千代田区立九段中等教育学校は、2006年（平成18年）に千代田区立九段中学校と東京都立九段高等学校の伝統を引き継いで開校された中高一貫校です。

東京都千代田区は、日本の政治・経済・文化の中心に位置しており、また、数々の教育財産を有しています。

本校は、こうした恵まれた教育環境を活用し、未来の人材育成の一翼を担いたいという目標のもとに設立されました。

【Q】教育目標として掲げる「豊かな心　知の創造」とはどのようなものでしょうか。

【石崎先生】本校のめざす「豊かな心」とは、自分に対する心として自律心やあきらめない心、相手に対する心として優しさや思いやりの心、社会に対する心として公共心や社会に貢献する心、人として大切な心として感謝の心や素直

に感動できる心を意味しています。

「知の創造」とは、基礎的・基本的な知識や技能の習得を基盤に、「思考力・判断力・表現力」を高めるだけでなく、それらを活用して主体的・協働的に学ぶことで「課題発見能力・問題解決能力」を育むことをめざしています。

中等教育学校である本校の特徴のひとつは、6年間を同じ仲間で過ごすことにあります。学校行事や部活動はもちろん、授業をはじめとする学びの場面でも、仲間とともに活動する時間が多くなっています。そうしたなかで、ときには思うようにいかないことがあっても、お互いに優しさや思いやりの心を大切にし、助けあい励ましあいながら6年間を過ごした仲間が、卒業後も生涯にわたって最も大切な財産になるものと思います。

また、本校の建学の精神に「次世代のリーダー育成」がありますが、本校が求めるリーダー像は高い志を持って社会に貢献する人、社会をけん引する役割を果たす人です。そのためには、「リーダーになること」を目的とするのではなく、「リーダーになってなにをするか」を考えてほしいと思っています。

そうした意味で、「豊かな心」を真っ先に掲げる本校の教育は、大学に進学することだけをめざすのではなく、「大学の先にある将来」を見通したものとなっており、その志を実現するための「知の創造」を育むものとなっています。

文系・理系にとらわれず幅広く学ぶカリキュラム

【Q】カリキュラムについてご説明ください。

【石崎先生】 本校のカリキュラムの特徴は、文系・理系の枠にとらわれず、全教科を学習するところにあります。

5年次までは全員が同じ科目を学びます。そして、6年次からは週20時間の選択講座が用意され、各々の進路志望に沿った内容を学ぶことができます。大学受験科目の学習に特化するのではなく、幅広く学ぶことで知性と感性を磨き、豊かな創造力を培うことがめざされているのです。

本校のカリキュラムにはさまざまな工夫が凝らされています。1～2年次の2年間では、基礎基本を重視した学習を中心に発展的な

特色ある カリキュラム紹介

1 グローバルコミュニケーションの育成をめざす英語教育の取り組み

英語科では、Global Communication（伝えたいことを英語で正確に伝えられる力）の育成をめざす英語教育を行っています。

前期課程では、とくに音声教育が大切にされ、内容の理解も文法の学習もまず音声から指導されています。週に1回はEA（English Activity）というネイティブスピーカーといっしょの授業があります。

後期課程でも、音声教育を大切にしている点は変わりません。教科書の音読が重視され、内容を英語で発表する活動も継続されています。それに加えて、英文の多読、速読、精読など、さまざまな読解の授業が行われます。

また、放課後の「イングリッシュサロン」はALT（Assistant Language Teacher）が2名いて、生徒が自由に英語だけで会話を楽しむことができる場所です。

行事では、「英語合宿」が2年生で行われ、福島県のブリティッシュヒルズに行き、合宿中は英語だけの生活になります。また、2年生の20名と3年生の全員がオーストラリアで海外研修を行います。

2 「総合的な学習の時間」に行われる課題探求学習「九段自立プラン」

「総合的な学習の時間」を活用し「九段自立プラン」という課題探求学習が行われています。

1～3年の前期課程では、環境・共生・国際理解がテーマです。1年で取り組む「都市の環境」では、課題解決の手法や学び方、発表方法の基礎が身につけられます。2年の「自己と社会」では、高齢者・障害者の日常生活を体験したり、自らの計画に基づいて職場体験をしたりします。2・3年生で行う「国際理解」では、千代田区内にある大使館を訪問し、国際社会への視野を広げることがめざされます。

4～6年の後期課程では、奉仕と卒業研究に取り組みます。4年生の「奉仕」は、生徒一人ひとりが自分で奉仕活動体験を企画し、実施することを経験します。こうした「九段自立プラン」のまとめとして、5～6年では、個人でテーマ設定から課題探究学習、レポートの執筆、そして発表まで行います。

内容も取り入れ、生徒が主体的に学習に取り組むような授業展開となっています。

高校の内容は5年次まででほぼ修了となり、6年次からは選択講座へ移ります。この選択講座は、国公立大（文系・理系）・私立大（文系・理系）志望に分かれています。

【Q】御校でのふだんの学習や特色のある取り組みについて、具体的に教えてください。

【石崎先生】 授業は、平日は50分6時間授業、土曜日は50分4時間授業です。

また、数学・英語では1クラス20人程度の少人数による習熟度別指導を実施しています。そのほかの多くの教科でも、少人数指導やティームティーチング（複数教員による授業）を取り入れ、それぞれの学習進度に対応したきめ細かな指導が実施されています。

夏休みには、3～6年生まで、希望制の特別講座が開講されます。1・2年生は7月に2泊3日の勉強合宿があり、長時間勉強に没頭する体験をとおして学習習慣のさらなる定着をめざします。

そのほかにも特色ある取り組みが多数あります。毎朝8時から20分間行われる「おはようスタディ」もそのひとつです。

これは、外国人留学生がさまざまな話題を英語で話す「イングリッシュシャワー」（全学年）と、「朝読書」（1～3年の前期課程）、「朝学習」（4～6年の後期課程）を組み合わせて実施しています。

独自のキャリア教育「九段自立プラン」

【Q】「九段自立プラン」とはどのようなものですか。

【石崎先生】「九段自立プラン」は、総合的な学習の時間を使って行われるプログラムです。

主体的に学び行動する力や、将来の生き方を考える力を養っています。学年ごとに設定されたテーマのもとで、課題探究学習に取り組みます。

千代田区内および近隣の企業や団体、大学、大使館などの協力により、社会の第一線で活躍するかたがたによるさまざまな「本物体験」が用意され、ここでも「努力・感動・意欲のスパイラル」が生まれています。千代田区という立地をいかした本校独自のキャリア教育です。

年間行事

おもな学校行事（予定）	
4月	入学式　ホームルーム合宿（1年）
5月	体育祭
6月	関西研修旅行（5年）
7月	勉強合宿（1年・2年）
8月	特別講座（3～6年） オーストラリア海外派遣（2年選抜） 至大荘行事（4年）
9月	音楽鑑賞教室（1年）　九段祭
10月	後期始業式 大学学部学科模擬講義（4年）
11月	オーストラリア海外研修（3年）
12月	英語合宿（2年）
1月	区連合作品展（前期課程）
2月	クロスカントリーレース
3月	雅楽教室（1年）学習発表会　卒業式

　また、プランの一環として、1～3年では、日本の伝統文化を学ぶ「江戸っ子塾」も実施しています。華道、書道、囲碁、将棋など、多彩な分野の専門家を講師として学びます。なかにはけん玉や寄席文字、助六太鼓など、学校のカリキュラムとしてはめずらしい講座もあります。

　こうした取り組みは、国際理解学習へもつながります。本校では前期課程でオーストラリア研修旅行を実施しています。まずは2年次に選抜生徒20名が語学研修を経験し、3年次には全員が参加します。前期課程のうちに海外を経験することで、日本と外国のちがいやそれぞれのよさを体験できますし、他国の文化・習慣を尊重する心が育てられます。

　また、自分のことや考えをもっと英語で伝えたいという気持ちが高まります。こうした経験は生徒の視野を広げるとともに、さらなる学習意欲を生みます。

【Q】道路を挟んでふたつの校舎が隣接していますね。どのように使われているのでしょうか。

【石崎先生】 九段校舎と富士見校舎のふたつの校舎があります。九段校舎では1～4年生までが学び、富士見校舎では5・6年生が学んでいます。

　部活動や特別活動は九段校舎で行うことが基本となっており、その際には5・6年生も九段校舎へ移動します。

　施設・設備面でも充実しています。温水プールがあるので、海での遠泳を行う「至大荘行事」という4年次の宿泊行事「至大荘行事」へ向けて、年間をとおした水泳指導が可能です。また、九段校舎の屋上には天文台があり、5階には理科教室が6部屋あります。

【Q】最後に、御校を志望するみなさんへメッセージをお願いいたします。

【石崎先生】 本校の教育プログラムはかなりボリュームがあります。それを気に入ってくれて、あきらめないでがんばれる生徒に入学してほしいと思います。

　1～6年生までの6学年が生活するキャンパスには、幅広い年齢層のある兄弟姉妹がいるようなアットホームな学校生活があります。そうした環境のなかで、思いっきりあなたらしい感動体験をしてください。

千代田区立九段中等教育学校

募集区分　区分A（千代田区内在住）区分B（千代田区外の都内在住）

入学者選抜方法　適性検査1（45分）、適性検査2（45分）、適性検査3（45分）、報告書、志願者カード

問1

［1］［0］［0］［×］［2］［+］［5］［0］［×］［3］［=］の順番で電卓のボタンをおしたとき、350と表示されない理由を、計算の順序がわかるように説明しなさい。

〔あおい〕　メモリーボタンを使って計算してみましょう。［MC］をおしてメモリーに記憶されている数字を0にしてから、次の順番でボタンをおしてみてください。

［1］［0］［0］［×］［2］［M+］［5］［0］［×］［3］［M+］［MR］

〔ゆうま〕　350と表示されました。

〔あおい〕　メモリーに、はじめは0が記憶されています。［1］［0］［0］［×］［2］［M+］の順にボタンをおしたとき、電卓に表示された200がメモリーに記憶されている数に足されて、新しく記憶されます。

〔ゆうま〕　このときメモリーには、0＋200で200が記憶されたということですね。

〔あおい〕　そのとおりです。続けて［5］［0］［×］［3］［M+］の順にボタンをおしたとき、電卓に表示された150がメモリーに記憶された数にさらに足されて記憶されます。

〔ゆうま〕　このときメモリーには、200＋150で350が記憶されたということですね。

〔あおい〕　最後に［MR］をおすと、メモリーに記憶されている数である350が電卓に表示されます。

〔ゆうま〕　計算の途中《とちゅう》でメモをしたり、覚えておいたりする必要がないので便利ですね。

問2

電卓で2÷4＋5×7－6×4を正しく計算するためには、どのような順番でボタンをおせばよいですか。次の条件にしたがって答えなさい。

【条件】

・次のボタンのみ、使うことができる。

［1］［2］［3］［4］［5］［6］［7］［8］［9］［×］［÷］［MR］［M−］［M+］

・解答らんの［　］の図の中に、使うボタンを、左から右へおす順番に1つずつ書き入れる。

・ボタンをおす回数は、15回以下とする。

文章や表を読み解く力を試す

会話などから必要な要素を正確に読み取る問題です。電卓のボタンが意味するところを理解して考察し、処理する力をみます。

資料の読み取りと計算力を試す

会話にある電卓の特性を読み取り、計算や解答をするうえでの条件についても問題文をしっかりと理解する必要があります。

2016年度　千代田区立九段中等教育学校　適性検査３　より

3　ゆうまくんが、姉のあおいさんと、電卓《でんたく》を使っています。

［資料１］電卓

〔ゆうま〕　電卓には、MC MR M− M+ のように、あまり使わないボタンがあります。これらのボタンはどのようなときに使うのでしょうか。

〔あおい〕　使い方がわかると便利ですよ。電卓には、メモリーといって一時的に数を記憶《きおく》させておく場所があるのです。これらのボタンは、メモリーを使うためのボタンなのです。

［資料２］メモリーボタンの種類

MC	メモリーに記憶させた数を０にする。
MR	メモリーに記憶させた数を電卓に表示する。
M−	電卓に表示されている数をメモリーに記憶させた数から引く。
M+	電卓に表示されている数をメモリーに記憶させた数に足す。

〔ゆうま〕　具体的な使い方を教えてください。

〔あおい〕　例えば、１本100円のえん筆を２本、１個50円の消しゴムを３個買ったとします。合計でいくらになるか、電卓で計算してください。

〔ゆうま〕　100×2＋50×3と計算すればいいのだから、次の順番でボタンをおせばよいはずです。

1 0 0 × 2 ＋ 5 0 × 3 ＝

あれ、750と表示されました。合計は350円のはずなのに、どうしてちがう答えが出てきたのでしょう。

解説

千代田区立九段中等教育学校の適性検査は１、２、３があります。小学校で学習した基礎的な内容をベースに、たんに教科の知識量を見るのではなく、下段の４項目で表せるような、学習活動への適応能力、問題解決への意欲や自己の将来展望、時事への興味・関心を試すのが基本です。適性検査１は読解と作文、適性検査２、３は、算数、理科、社会の融合問題です。

「基本」とは言うものの、作文表現や、教科を横断した融合問題は毎年ユニークな問題が並びます。問題量も多く、過去問で慣れておかないとかなりむずかしく感じるものでしょう。この春、適性検査２の大問①は放送による聞き取り問題ではありませんでした。なお、九段中は都立中の入試問題とは一線を画し、すべて独自問題で、問題用紙はすべてカラー印刷です。

【九段中等教育がみる４項】①文学的文章や説明的文章などについて理解し、表現する力を見る。　②数量や図形の意味を的確にとらえ、多面的にものを見たり、考えたりする力を見る。　③日常生活に関連する課題を発見し、広い視野から分析し、解決する力を見る。　④自己の興味・関心、能力・適性を理解し、将来の生活や生き方を考える力を見る。

東京

東京都立 小石川《こいしかわ》中等教育学校

■中等教育学校　■2006年開校

教育理念「立志・開拓・創作」のもと 知的好奇心を刺激し個性と能力を伸ばす

奈良本《ならもと》　俊夫《としお》　校長先生

府立第五中学校の流れを受け継いだ小石川高等学校を母体とする小石川中等教育学校。98年の伝統を誇る教育理念のもと、小石川教養主義、理数教育、国際理解教育を３本柱とした特色あるカリキュラムを実践しています。

府立五中からつづく98年の伝統が自慢

【Q】御校開校の経緯をお教えください。

【奈良本先生】 ２００６年（平成18年）に、都立高校改革推進計画のもと、小石川高等学校を母体として開校しました。

小石川高校は、１９１８年（大正７年）創立の府立五中から連なる歴史と伝統を有する高校です。本校は、府立五中からの教育理念である「立志・開拓・創作」の精神を受け継ぐかたちで開校しました。府立五中の創立から今年で98年、その間この精神は変わらずに一貫しています。

中等教育学校としては、２００6年の開校から11年目をむかえ、今春には5期生が卒業しました。

【Q】その府立五中からつづいている教育理念「立志・開拓・創作」についてお話しください。

【奈良本先生】「立志・開拓・創作」とは、「自ら志を立て、自分が進む道を自ら切り拓き、新しい文化を創り出す」という意味です。自

学校プロフィール

開　　校…2006年4月

所 在 地…東京都文京区本駒込2-29-29

T E L…03-3946-7171

U R L…http://www.koishikawachuto-e.metro.tokyo.jp/

アクセス…都営三田線「千石」徒歩3分、JR山手線・都営三田線「巣鴨」徒歩10分、JR山手線・地下鉄南北線「駒込」徒歩13分

生 徒 数…前期課程 男子255名、女子225名　後期課程 男子240名、女子230名

1 期 生…2012年3月卒業

高校募集…なし

3学期制／週5日制／45分授業

入学情報（前年度）

・募集人員…（特別枠）5名以内　（一般枠）男女各80名から特別枠募集での入学者を引いた数

・選抜方法…（特別枠）報告書、作文、個人面接　（一般枠）報告書、適性検査Ⅰ･Ⅱ･Ⅲ

分がどのように能力を発揮し、なにを目的として生きていくかという目標を立てることが「立志」です。そして、その志のもとに自ら進む道を、前人未踏の険しい道のりであっても、自分の力で切り拓いていくことが「開拓」であり、そこから新しいものを「創りだそう」とすることが「創作」です。

この教育理念をどうやって具体的に実現させていくかということで、小石川では3つの特色ある教育を実践しています。「小石川教養主義」「理数教育」「国際理解教育」の3つです。教育理念をもとにこれらの3つの教育を行うことで、生徒一人ひとりの確かな学力を育み、卒業後の進路実現へと結びつけていきます。

【Q】「小石川教養主義」とはどういったものですか。

【奈良本先生】 府立五中以来大切にされてきたリベラル・アーツ教育のことを、本校では「小石川教養主義」と呼んでいます。

本校のカリキュラムは、高校段階にあたる後期課程においても、理系・文系に分けることはしていません。生徒は5年生までは全員が全教科共通のカリキュラムを履修します。これは、広く深い知識に裏づけられた教養を育むことを重視しているからです。

本校では授業第一主義を貫いています。45分授業を7時間、週に34時間の授業を行っています。このほかに第2外国語を8時間目に受講することもできます。

また、本校では、各学年が週1時間から2時間、「小石川フィロソフィー」という探究活動に取り組みます。1年生は探究活動に必要な言語活動について学び、2年生は統計処理の分析について学びます。3年生、4年生では、多様な講座のなかから興味のある講座を選んで受講し、自ら設定したテーマに基づいて探究活動を行い、最終的には論文にまとめます。5年生では、海外修学旅行で現地校との交流を行う際に、自分の研究を英語で発表します。現在は1年生から5年生まで行っていますが、数年後には、6年生でも実施する予定です。

【Q】6年生のカリキュラムはどのようになっていますか。

【奈良本先生】 5年生まで全員が共通の科目を履修しますが、6年生は自分の進路を考えていく学年

特色ある カリキュラム紹介

1 6年間かけて取り組む「小石川フィロソフィー」と学校全体で取り組む「SSH教育」

小石川では、生徒の探求心や課題解決力を伸ばすことを目的として、各学年で「小石川フィロソフィー」という課題探求活動を行っています。1年生は自分の考えを言葉で表現する力などをきたえ、2年生では統計処理の基礎を学びます。3年生では探究活動の基礎を学び、4年生で各自研究に取り組み、論文にまとめます。5年生では海外の学校との交流において英語で研究交流をする機会があります。

小石川のSSHは、一部の教員や生徒だけではなく、学校全体で取り組んでいることが特徴です。上記の「小石川フィロソフィー」のほか、大学教授や専門家を招いて平日の放課後に年10回以上行われている「サイエンスカフェ」、放課後や土曜日に理科の実験室を生徒の自主的な研究活動の場として解放したり、夏休みに校外で行う地学実習などの「オープンラボ」は、希望する生徒が自由に参加できます。また、国内外で自然科学をはじめとする各分野で活躍しているかたを招いて行う「小石川セミナー」（講演会）は、全校生徒を対象として年3、4回実施しています。

「海外理数系授業参加プログラム」は、夏休みに2週間、4年生の希望者10名がオーストラリアの高校で国際バカロレアディプロマの授業に参加します。

2 幅広い教養と豊かな感性および高い語学力を身につける「国際理解教育」

2年生の「国内語学研修」、3年生の「海外語学研修」に向けて、2年生では、週1時間「言語文化」の時間があり、英語での日常会話、異文化理解、スキットコンテストなどに取り組みます。3年生、4年生では、週1時間「国際理解」の時間があり、社会科と英語科のふたつの側面からアプローチして、さまざまな国の文化を学びます。海外の学校の生徒が小石川を訪れ、学校交流を行う機会が年に数回ありますが、その際には、おもに4年生、5年生がバディとしていっしょに授業を受けたり、ランチを食べたり、ディスカッションをするなどの国際交流を行っています。

また、4年生、5年生では、8時間目に第2外国語（中国語、フランス語、ドイツ語）を自由選択科目として、週1時間開講しています。例年、4年生では6割以上の生徒が履修、習得をしています。

ですので、大幅な自由選択科目として、「特別選択講座」を用意しています。

こちらも本校独自のもので、多様な講座を設けています。生徒は、自分の希望する進路に応じて選択講座を選ぶことで、効率のよい学習ができるのです。

【Q】「理数教育」の内容についてお話しください。

【奈良本先生】「理数教育」を重視しているのも府立五中から受け継いだ伝統です。その理念がいまでも根づいており、現在では、小石川高校につづいて小石川中等教育学校も文部科学省からSSH（スーパーサイエンスハイクール）に指定され、10年間の継続指定となっています。

学校全体で理数教育に取り組んでおり、日本学術会議や大学、研究所などと連携し、年間10回以上開催されるサイエンス・カフェや実験室を開放して生徒が自主的に学べる環境を提供するオープンラボ、土曜日を利用して全校生徒が大学教授や専門家から先端科学の話を聞く小石川セミナー、ポーランド科学アカデミー主催の「高校生国際物理学論文コンテスト」をはじめとした国内・国外の科学コンテストへの挑戦など、さまざまな取り組みが実施されています。

本校独自の取り組みも多いので、これから公立中高一貫校を受けたいと思っている人にとっては、とても魅力的な要素ではないかと思います。

【Q】「国際理解教育」も3本柱のひとつですね。

【奈良本先生】多様な取り組みをとおして、異文化を理解しグローバルな視点でものごとを考えることのできる人材を育てることが、本校の国際理解教育です。

また、英語をコミュニケーション・ツールとして用いることができるレベルにまで高める、充実した英語教育を行っています。

全員参加の体験型学習が多く、2年生では、国内語学研修を実施しています。2泊3日の日程で、8人にひとりネイティブの講師がついた英語漬けの日々を過ごします。

3年生では、オーストラリアで2週間の海外語学研修を体験します。ホームステイをしながら現地の学校へ通うのですが、ホームステイはひとつの家庭に対して生徒がひとりとしています。日本語を

年間行事

おもな学校行事（予定）

4月	入学式　オリエンテーション 校外学習（1〜6年）
5月	
6月	教育実習生進路講話（4・5年） 移動教室（1年）
7月	小石川セミナー①　夏期講習 奉仕体験活動（4年）
8月	海外語学研修（3年）夏期講習
9月	行事週間（芸能祭・体育祭・創作展）
10月	宿泊防災訓練（4年）
11月	国内語学研修（2年） 小石川セミナー② SSH生徒研究発表会　職場体験（2年）
12月	
1月	
2月	海外修学旅行（5年） 合唱発表会（1〜3年）
3月	小石川セミナー③

話す相手がいない環境で過ごすことで、英語を積極的に使う体験をすることがねらいです。現地の高校では、理科の授業を受けるという貴重な体験もできます。海外語学研修は、英語力が身につくことはもちろん、異文化理解にもつながり、この経験を経て人間的にもひとまわり大きく成長することができるのです。

　5年生ではシンガポールへの海外修学旅行があります。そのほか、留学生の受け入れや英検取得への取り組みなど、充実した国際理解教育を実践しています。

3つの行事を行う小石川の行事週間

【Q】9月にある行事週間が有名です。詳しくご説明ください。

【奈良本先生】本校には、9月に「芸能祭」・「体育祭」・「創作展」の三大行事を約1週間で行う期間があり、行事週間と呼んでいます。

　まずは舞台発表を中心とした「芸能祭」があります。文化系の部活動の発表の場となっていますが、有志の参加者も多いのが特徴で、参加グループをオーディションで選ぶほどさかんです。2015年度（平成27年度）は日比谷公会堂で行いました。

　芸能祭につづいて、「体育祭」を行います。そして最後が「創作展」というクラスの展示発表会を行います。3年生以上はほとんどが演劇発表を行うのが伝統となっています。とくに最高学年である6年生の演劇は、内容はもちろん大道具などの舞台美術もレベルの高いものとなっています。

　1週間に大きな行事を3つ行うので、とても大きなエネルギーを使います。行事の運営は基本的に生徒たちが主体となって行っており、自ら志を立て、創作し、新しい文化をつくりだすという流れが伝統となっています。

【Q】最後に、どのような生徒さんに入学してほしいですか。

【奈良本先生】やはり、知的好奇心の強いお子さんに来てほしいという思いが一番にあります。

　本校では、生徒の好奇心を大切に育む環境が整備されていますので、「これはどうなっているのかな？」「ほんとうにそうなのかな？」といろいろな角度からものごとに興味を持って考えることのできる人がいいですね。

東京都立小石川中等教育学校

募集区分 海外帰国・在京外国人生徒枠／一般枠

入学者選抜方法 【特別枠】作文（45分）、面接（25分程度）、報告書 【一般枠】適性検査Ⅰ（45分）、適性検査Ⅱ（45分）、適性検査Ⅲ（45分）、報告書、志願理由書

よしこさんとくみこさんが遊んでいる積み木を使って、お父さんが立体Aを作りました。

くみこ：お父さんが作った立体Aは、おもしろい形をしているね。
お父さん：この立体Aは三つの段《だん》を重ねてできた立体だよ。立体Aの上から1段目《だんめ》、2段目、3段目と数えよう。
よしこ：1段目は、三角柱1個、2段目は、立方体1個と三角柱2個、3段目は、立方体3個と三角柱3個だね。それぞれの段が大きさのちがう三角柱になっているね。
お父さん：その通りだよ。底面の辺に注目すると、2段目は1段目の2倍、3段目は1段目の3倍になっている。4段目以降《いこう》も同じルールで考えて、もっと大きい立体を作ってみようか。
くみこ：もっと大きい立体を作りたい。でも、どれくらい積み木が必要なのかしら。

図2

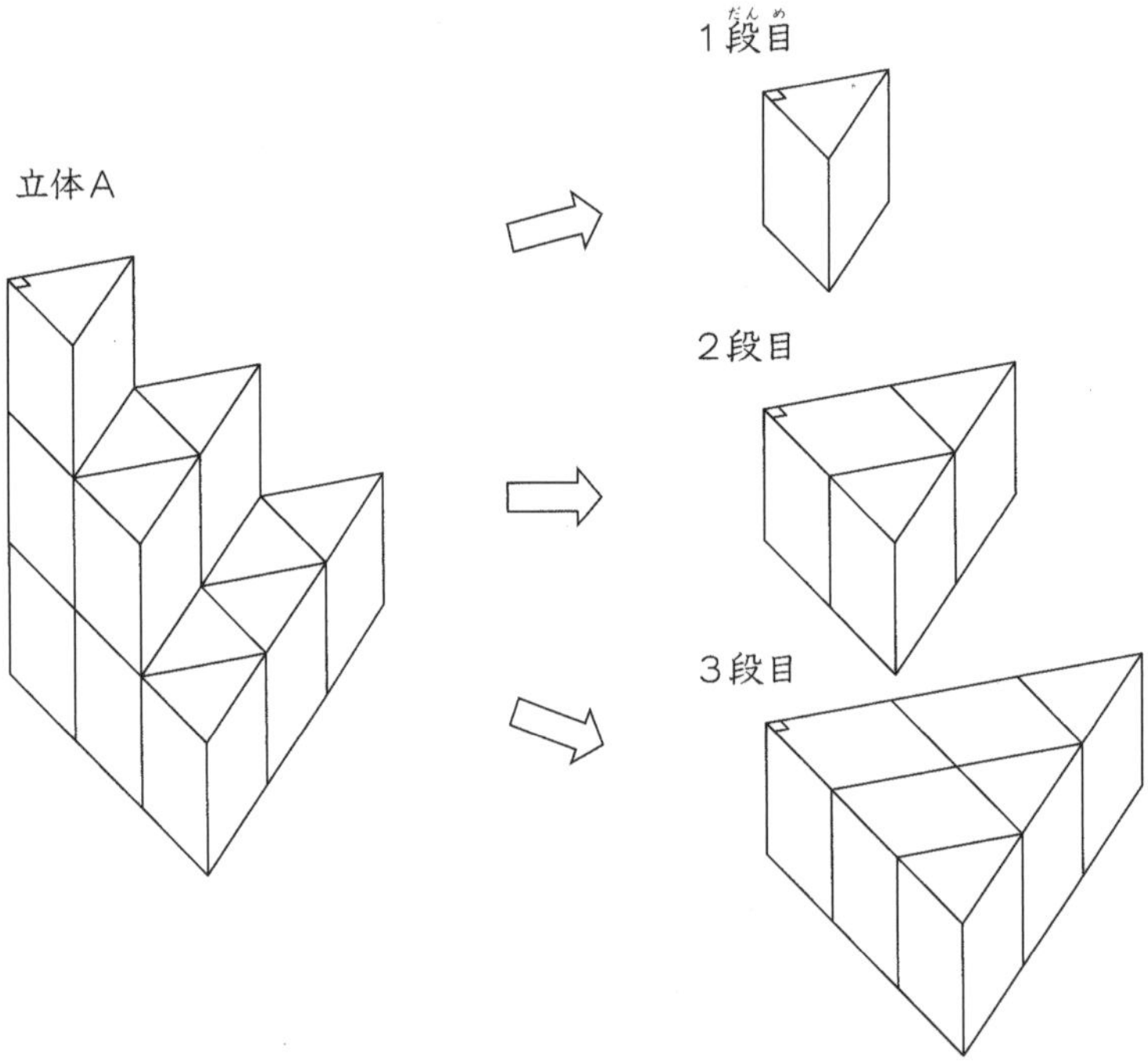

〔問題2〕 (1) 5段目を作るためには、立方体と三角柱はそれぞれ何個必要ですか。
(2) 1段目から10段目までを重ねてできる立体には、立方体と三角柱を何個ずつ使えばよいか答えなさい。また、そのように考えた理由も説明しなさい。

身につけた知識で課題解決

問題文の意味をとらえ、これまで身につけてきた知識や経験をもとにして、課題を分析し解決する力をみます。

分析力や思考力、解決力を試す

身近な事象から生まれた課題に対し、日ごろの観察力から生まれる分析力や思考力が試され、課題を解決する力も要求されます。

2016年度　東京都立小石川中等教育学校　適性検査Ⅲ（独自問題）より

2　**よしこ**さんが妹の**くみこ**さんと積み木で遊んでいるところに**お父さん**が帰ってきました。

お父さん：ただいま。
よしこ、くみこ：お父さん、お帰りなさい。
お父さん：何をしているのかな。
く み こ：お姉ちゃんと積み木で遊んでいるの。
お父さん：楽しそうだな。どんな積み木なのかな。
よ し こ：積み木は二種類あって、立方体と三角柱があるの。その三角柱を二つ使うと、立方体が作れるよ。
お父さん：それでは、三角柱の展開図《てんかいず》は分かるかな。
よ し こ：三角柱の展開図ね。学校で習ったから分かるよ。

よしこさんとくみこさんが遊んでいる積み木の説明
立方体の積み木は、一辺が６ｃｍである。三角柱の積み木は、高さが６ｃｍで、二つ使うと、立方体の積み木と同じ大きさ、形を作ることができる。

〔問題１〕　よしこさんとくみこさんが遊んでいる三角柱の積み木の展開図をかきなさい。ただし、展開図では、面と面は辺でつながるようにし、点でつながらないようにすること。また、**図１**の長方形を参考にして、同じ長さの辺には同じ記号（○、●など）を付けること。

図１

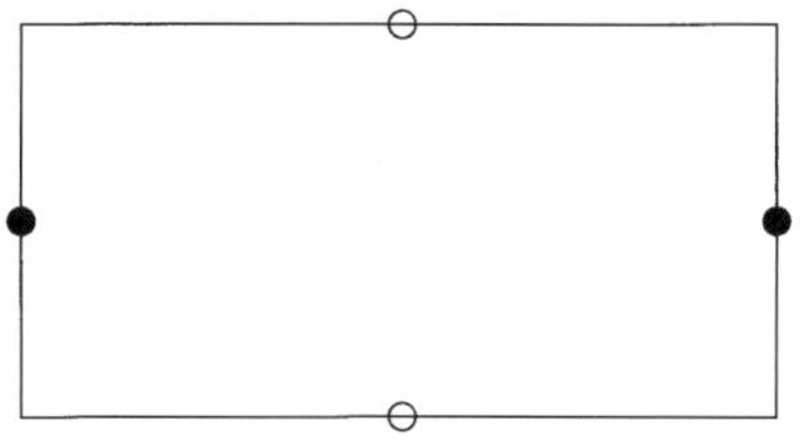

解説

都立小石川中等教育学校の入学者選抜「一般枠」では、報告書と適性検査Ⅰ・Ⅱのほかに適性検査Ⅲが課されます。報告書（400点満点）は換算して200点満点に、適性検査Ⅰ・Ⅱ・Ⅲは、それぞれ100点満点を倍に換算して各200点満点の計600点満点とし、総合成績は報告書の点数と合わせ800点満点で評価します。詳細は9月に発表される予定です。

適性検査Ⅰでは、文章を熟読し、それを自己の経験などに照らしあわせて、深く考え、文章に表現する力をみます。

適性検査Ⅱの大問３つのうち2が小石川の独自問題で、ほかは共同作成問題でした。独自問題の2は「日本の小売業」を題材とした問題で、計算力が必要な小石川らしい出題となっていました。

適性検査Ⅲは独自問題で、大問1は「もののすべりやすさ」の問題でした。算数で解く円と割合の計算問題以外は、理科実験への興味関心が問われる問題でした。大問2は「規則性と展開図」に関する問題です。条件のとおりに工作用紙に線を書き足すなど、規則性の理解が試される問題でした。解答にいたった理由も説明せねばなりませんでした。

東京都立 立川国際《たちかわこくさい》中等教育学校

■中等教育学校　■2008年開校

国際理解教育を推進し グローバルリーダーを育成

信岡《のぶおか》　新吾《しんご》 校長先生

都立の中高一貫校のなかで唯一「国際」という名称を冠する立川国際中等教育学校。さまざまなバックグラウンドを持つ生徒が集う学び舎で、真の国際理解教育が日々行われています。

都立中高一貫校唯一の「国際」中等教育学校

【Q】御校の教育目標・理念について教えてください。

【信岡先生】「国際社会に貢献できるリーダーとなるために必要な学業を修め、人格を陶冶《とうや》する」ことを教育目標としています。そして、これを実現するために、生徒一人ひとりが、国際社会に生きる自覚を持ち、自ら志を立て未来を切り開いていく「立志の精神」と、自らの考えを明確に持ち、それを表現する能力とともに異なる文化を理解し尊重する「共生の行動力」を身につけ、主体性を発揮するなかで、達成感や連帯感など「感動の共有」ができる教育を理念としています。

【Q】学校はどのような雰囲気なのでしょうか。

【信岡先生】本校は「国際」という名前がつくように、毎年30名の海外帰国生徒・在京外国人生徒を受け入れています。アメリカ・ロシア・中国など、現在は6学年で33の国と地域から集まっていま

学校プロフィール

開　　校…2008年4月
所 在 地…東京都立川市曙町3-29-37
T E L…042-524-3903
U R L…http://www.tachikawachuto-e.metro.tokyo.jp/
アクセス…JR中央線「立川」・多摩都市モノレール線「立川北」バス
生 徒 数…前期課程 男子223名、女子252名
後期課程 男子208名、女子243名
1 期 生…2014年3月卒業
高校募集…なし
3学期制／週5日制（月2回程度土曜授業実施）／50分授業

入学情報（前年度）

・募集人員…（一般枠）男子65名、女子65名　計130名
（海外帰国・在京外国人生徒枠）　男女合計30名
・選抜方法…（一般枠）報告書、適性検査Ⅰ・Ⅱ
（海外帰国・在京外国人生徒枠）成績証明書等、面接、作文〈※面接、作文は日本語または英語による〉

す。これらの生徒は、一般枠130人の生徒と区別はせずに、混成クラスにしています。これが他の学校にはない特色です。

いろいろな国や地域での生活経験がある子どもたちが日常的にいる環境です。本校の生徒たちは、生活習慣や価値観、判断基準がそれぞれちがうなかでいっしょに生活しているので、異文化への理解、異なることに対する理解に非常に長けています。中学1年という早い年代から、こうした環境で過ごせることは非常に大切だと実感しています。

教養主義を掲げ総合力をつける教育課程

【Q】御校のカリキュラムを教えてください。

【信岡先生】 3学期制で50分授業を毎日6時間行っています。週5日制ですが、土曜日は土曜授業を前・後期課程ともに月2回程度実施しています。

教育課程としては、6年間を3ステージに分け、1～2年を「BUILD」、3～4年を「CHALLENGE」、5～6年を「CREATE」と名づけています。

「BUILD」の2年間は、まずしっかりとした基礎学力と自律した生活習慣を身につけることがメインになります。本校は6年一貫教育ですから、高校受験や、高校に入ってから中学校の復習をする必要がありません。ですから、1～2年で基礎学力と生活習慣を身につけることで、「CHALLENGE」(3～4年)の時期に、学習のスピードを飛躍的にあげることができます。そして、同時に高度化していく学習内容にも挑戦していくことができるのです。

この4年間で得たものを土台として、「CREATE」の時期に進路、そして社会にでてからの自分を創造していきます。

教養主義も立川国際の特徴のひとつです。総合力が求められる現代社会の要求に応えるため、生徒全員に幅広く高度な教養を身につけさせることをめざしています。必履修の科目を多く設定し、5年生までは文系・理系というコース分けは行わず広く学びます。6年生から文理に分かれ、それぞれの進路に沿って選べる選択科目を用意しています。

習熟度別授業や少人数制授業も

特色ある カリキュラム紹介

1 「国際」として充実した英語教育、国際理解教育

国際社会で活躍するために必要な英語力を生徒全員が身につけられるようにと、チームティーチングや習熟度別の授業が展開されるなど、さまざまな工夫がなされるほか、多くの行事が用意されています。

まさに英語漬けの日々になるのが、２年生が全員参加する英語合宿です。立川国際の生徒たちは入学してから１年間、充実した英語の授業を受けていきます。そうした授業をとおして英語の基礎をしっかり身につけ、身につけた力を実際に試す機会としてこの英語合宿が設定されています。朝から晩まで、小グループに分かれて外国人インストラクターとともに2泊3日を過ごす有意義なプログラムとなっています。

また、学校では夏休みに前期生の希望者を対象として、「イングリッシュサマーセミナー」が行われます。これは４日間学校に通い、1日6時間はすべて英語の授業を受けるというものです。小グループに分かれ、テーマを決めてプレゼンテーションやディベートを行います。

そして、５年生では全員が６泊７日のオーストラリア海外研修旅行に行きます。現地で４泊５日のホームステイを行い、ホストファミリーと過ごしながら現地の高校に通うというもので、こちらも英語合宿同様英語漬けの５日間を過ごします。最終日には班別行動でテーマごとの研修課題にも取り組み、現地の大学も訪問します。

また、2013年度（平成25年度）から東京外大と高大連携の協定を結びました。出張講義や外国人留学生との交流などをはじめ、これまで以上に国際交流がさかんに行われるようになりました。

2 日本文化を知り、理解する校外学習・研修旅行

自国の文化を知らなければ、海外の文化を理解したり、尊重したりすることはできません。

そのために、３年生では校外学習で鎌倉を訪れ、自国文化のすばらしさに触れます。また、10月には国内研修旅行で奈良・京都を訪れ、日本の歴史や文化への理解をさらに深めます。こうした体験をもとに、５年生の海外研修旅行でのプレゼンテーションにつなげていきます。

効果的に取り入れています。

数学と英語では、全学年で習熟度別少人数授業を実施しています。これにより、入学時から基礎・基本を大切にする授業を実施するとともに、数学や英語が得意な生徒たちにさらに高度な学習を提供する環境を整えています。

また、これまで日本の学習指導要領で学んできていない帰国生や在京外国人枠の入学生のために、学習上の悩みや困難を感じている点などについて、定期的に先生に相談できる場を用意しています。

【Q】体育祭や文化祭の雰囲気はどうですか。

【信岡先生】 体育祭も文化祭も中高合同で行っています。体育祭での応援合戦を全学年で行ったり、運営面で全学年一体となって取り組んだりと、縦割りで異年齢の集団が協力しあっている姿は中高一貫教育校でしか見られないものです。

２０１６年度（平成28年度）は校外の広い立川市営陸上競技場で実施し、生徒たちも伸びのびと競技に参加していました。

文化祭はクラスでの発表がメインになり、９月に２日間かけて行います。こちらは両日とも一般公開しています。

進学先の視野には海外の大学も

【Q】進路指導などはどのように行われていますか。

【信岡先生】 キャリア教育は１年生から６年間をかけて体系的に行っています。

１年生で職業調べ、２年生で職場体験などを行うことで、勤労観や職業観を深め、自己の特性や必要とされる能力を伸ばす姿勢を養います。

自分の将来像を意識し、４年生から大学のオープンキャンパスに行き、５年で大学教授等による模擬授業を受けたりすることで、自分が将来なにになりたくて、そのためにはどこで学べばよいかを考え、大学や学部を具体的に決めていきます。本校には自分の夢を見つけるための行事が多くあり、指導する教員もそろっているので、しっかりとした指導ができています。

また、大学受験対策として、夏休みには、夏期講習を６週間実施しています。６年生だけで63講座を開講します。どんな講座を開く

年間行事

おもな学校行事（予定）	
4月	入学式　対面式　校外学習 HR合宿（1年）
5月	体育祭
6月	英語検定　英語合宿（2年）
7月	海外研修旅行（5年）
8月	イングリッシュサマーセミナー（1～3年） 夏期講習
9月	文化祭
10月	国内研修旅行（3年）　英語検定 生徒総会　職場体験（2年）
11月	進路講演会（3年）
12月	国際理解教育
1月	英語発表会　芸術鑑賞教室
2月	合唱祭
3月	卒業式

かは、4月に会議を行い、6年生一人ひとりの学習状況を分析、確認し、共通認識を持って生徒たちに必要な講座を各教科で設定します。したがって、非常にバラエティに富んだものになっています。「これほど夏期講習が充実しているとは思わなかった」「受験に対するモチベーションがあがった」と言ってくれる生徒もいるほどです。

【Q】生徒さんによく話されているのはどんなことでしょうか。

【信岡先生】進学というのは、自分の学力でどこに行くかを選ぶのではなく、いちばん大事なのは、自分が将来なにになりたいかを明確に持つことだと伝えています。そこから、どこでなにを学ぶか、を考えていくのです。

偏差値が高い、希望者が多い大学というのは、それだけの内容や価値があるということです。大学を選ぶときに、明日試験があるのであれば、いまの学力でしか選べませんが、試験がまださきにあるのであれば、上限を決めずにとことん上をめざしてほしいですね。

さらに、本校には卒業後に海外大学に直接進学したいという希望を持っている生徒もいます。そうした希望に応えるため、昨年度2年生（7期生）から海外大学進学のための選択教科を週3時間設置し、今年は3年生でも3時間設置しています。今後、年次進行で後期課程にも学校設定教科・科目を設置して、海外大学進学希望者に対応していきます。

【Q】適性検査で重視するのはどんなところでしょうか。

【信岡先生】適性検査は学力試験ではありませんので、問題を読み取って、考え、それをどう表現するか、というところを見ています。海外帰国・在京外国人生徒枠募集は別のテストで作文と面接だけです。

どちらも課題に対して自分の考えをまとめて書く練習をすることで、論理的に考え、伝えることができるようになると思います。

【Q】御校を志望する受検生に向けてのメッセージをお願いします。

【信岡先生】本校は、6学年という異年齢集団で、多様な価値観を持った生徒たちといっしょに学校生活ができ、将来の選択肢がグローバルに広がる学校です。

募集区分　海外帰国・在京外国人生徒枠／一般枠

入学者選抜方法　【海外帰国・在京外国人生徒枠】面接（20分程度）、作文（45分、日本語または英語による）、成績証明書等　【一般枠】適性検査Ⅰ（45分）、適性検査Ⅱ（45分）、報告書

〔問題１〕 カード（**図１**）の説明文に書かれている３代将軍が、写真の建物に下線部①のような特ちょうを取り入れたことと同じ理由で行ったことは何か。また、年表（**表１**）の イ と エ の時代の戦乱が、カード（**図１**）の説明文の下線部②の戦乱とはちがう根きょになる点を書きなさい。

なお、「同じ理由で行ったこと」「根きょになる点」は、年表（**表１**）中のできごとの内容を用いて説明しなさい。

表１

年	できごと	
７９４年	平安京に都がうつる。	
〔１０世紀ころ〕	寝殿造《しんでんづくり》が貴族《きぞく》の屋しきの特ちょうとして広まる。	ア
１０１６年	藤原道長《ふじわらのみちなが》が摂政《せっしょう》となり、政治を動かす権力《けんりょく》をもった。	
１１９２年	源 頼朝《みなもとのよりとも》が将軍となり、鎌倉《かまくら》で武家政権《ぶけせいけん》を開く。	
１２１９年	３代将軍 源 実朝《みなもとのさねとも》が暗殺され、源氏《げんじ》の将軍が途絶《とだ》える。	イ
１２２１年	幕府《ばくふ》と朝廷《ちょうてい》が戦う承久《じょうきゅう》の乱《らん》が京都で起きる。	
１３３８年	足利尊氏《あしかがたかうじ》が将軍となり、京都で武家政権を開く。	
１３９４年	３代将軍足利義満《あしかがよしみつ》が朝廷を意識して貴族と同等な高い地位につく。	
１４６７年	将軍のあとつぎ問題から、将軍の家来が京都で応仁《おうにん》の乱《らん》を起こす。	ウ
１５７３年	室町幕府《むろまちばくふ》がほろびる。	
１５９０年	豊臣秀吉《とよとみひでよし》が全国を統一する。	
１６００年	徳川家康《とくがわいえやす》が美濃国《みののくに》（現在の岐阜《ぎふ》県）でおきた関ヶ原《せきがはら》の戦いに勝利する。	エ
１６０３年	徳川家康が将軍となり、江戸《えど》で武家政権を開く。	

資料を読み取り理解する

会話文や資料で問題がきちんと説明されています。まず、それをしっかりと読み取って理解し分析する力が必要です。

出題の条件に沿って考える

初めてだされた「歴史」の問題。出題にはいくつもの条件がしめされているので、その条件に沿って考えることが重要です。

2016年度 東京都立立川国際中等教育学校　適性検査Ⅱ（共同作成問題）より

2　**太郎《たろう》**君と**花子**さんは、日本の世界遺産《せかいいさん》について調べ学習の準備をしています。

太　郎：昨年７月、新たに「明治日本の産業革命遺産《さんぎょうかくめいいさん》　製鉄・製鋼《せいこう》・造船・石炭産業」が登録されて、日本は世界遺産が１９件になったんだよ。

花　子：日本の世界遺産には、文化遺産と自然遺産があるようね。

太　郎：それならば、文化遺産と自然遺産を１件ずつ取り上げて調べてみようよ。

花　子：そうね。でも、文化遺産は１５件もあるけれど、どれを調べたらいいかしら。

太　郎：昨日、兄さんが京都の修学旅行から帰ってきたんだ。京都は、古い歴史をもっていて、文化遺産に登録されている建物がたくさんあると言っていたよ。

花　子：京都ならば、社会の授業でも学習したわね。どのように調べたらよいか、先生に相談してみましょう。

太郎君と花子さんは**先生**に相談に行きました。すると、先生は、太郎君と花子さんに京都にある文化遺産の建物について、写真と説明が書かれたカード（**図１**）と年表（**表１**）を見せてくれました。

図１

Photo by ©Tomo.Yun (http://www.yunphoto.net)

写真の建物は、この時代の３代将軍《しょうぐん》によって創建《そうけん》されました。①武士の世の中でありながら、１階部分には寝殿造《しんでんづくり》の形式が取り入れられました。現在の建物は、当時のままのつくりで、後に建てなおされたものです。

また、この３代将軍の政権《せいけん》は将軍の勢力が一番強いときでした。しかし、その後、②将軍につかえる武士同士の争いから大きな戦乱《せんらん》となり、京都は焼け野原になってしまいました。

先　生：この写真は、京都にあるお寺の建物で文化遺産として登録されています。写真の右には、この建物の特ちょうと、建てられた時代についての説明が書かれています。

太　郎：年表（**表１**）と見比べると、この時代は ウ の時代ですね。

先　生：そのとおりです。

【編集部・注】 上記の写真（金閣寺）は、著作権の関係で、実際の入試問題で使用された写真を使用することができないため、編集部がよく似た写真を選んで掲載しています。

解説

都立立川国際中等教育学校・一般枠では、報告書320点を200点に換算、適性検査Ⅰを300点に換算、適性検査Ⅱを500点に換算して、総合得点1000点で判定します。ただし、詳細は9月に公表されます。

適性検査ではほかの都立中高一貫校と比較して、より読解力を重視しているように見えます。まず、日本語を理解できなければ外国語にも対応できないとの考えなのでしょう。このため、立川国際の独自問題の採用は、長文を読解し、要約したり作文で答える適性検査Ⅰとなりました。

その適性検査Ⅰはかなり長い長文読解で、外国人と意識せずに外国人と接した筆者の文章を読み、部分要約と作文でした。作文は460字～500字でした。長文の主張を読み取り、生じた自分の考えを作文で表現する力が問われています。

適性検査Ⅱは、共同作成問題が全問採用されました。資料を読み取って答えていく問題でしたが、解答するためにはそれぞれ細かい条件が多くしめされていますので、条件を整理し考えを進めていく力が求められました。

東京都立 白鷗《はくおう》高等学校附属中学校

■併設型　■2005年開校

善本《よしもと》　久子《ひさこ》 校長先生

伝統からグローバルな未来へ 世界で活躍するリーダーを育成

「辞書は友達、予習は命」を合言葉に確かな学力を育成する東京都立白鷗高等学校附属中学校。日本の伝統・文化理解教育、国際理解教育など、さまざまな体験をつうじて優秀な人材を育てています。

128年の歴史を持つ 教育界のパイオニア

【Q】御校の沿革と教育理念についてお聞かせください。

【善本先生】東京都立白鷗高等学校は、1888年（明治21年）に東京初の府立高等女学校として開校されたのを始まりとします。その後、学制改革にともない、白鷗高等学校と改称し、男女共学校となり、2005年（平成17年）には都立で初となる中高一貫教育校として附属中学校が開校しました。128年の歴史を重ねた伝統ある学校です。

教育理念には、創立以来「開拓精神」を掲げ、「確かな学力の育成」を基本としながら「日本の伝統・文化理解教育」「国際理解教育」を推進してきました。こうした教育により「世界で活躍するリーダーの育成」をめざしています。

今年は新たに東京都教育委員会から「日本人としてのアイデンティティーの育成や英語教育などに重点を置いたさらなる展開を図る学校」に指定されました。これに

学校プロフィール

開　校	2005年4年
所在地	（東校舎） 東京都台東区元浅草3-12-12 （西校舎） 東京都台東区元浅草1-6-22
ＴＥＬ	03-5830-1731
ＵＲＬ	http://hakuo.ed.jp/
アクセス	都営大江戸線・つくばエクスプレス「新御徒町」徒歩7分、都営大江戸線「蔵前」・地下鉄銀座線「田原町」徒歩8分、都営浅草線「蔵前」徒歩12分
生徒数	男子234名、女子243名
1期生	2011年3月卒業
高校募集	あり

3学期制／週6日制／50分授業

入学情報（前年度）

・募集人員…男子80名、女子80名 計160名

・選抜方法（前年度）…（特別枠）報告書、面接、実技検査〈区分B 囲碁・将棋等〉（一般枠）報告書、適性検査Ⅰ・Ⅱ

ともない2018年度（平成30年度）から帰国生や外国人生徒を受け入れます。現在も特別枠で入学した英検2級以上を持つ英語の得意な生徒がいますが、今後さらに国際色豊かな環境となる予定です。

　これからも、教育理念が表すように、教育界のパイオニアでありつづけたいと思っています。

【Q】学習指導についてお聞かせください。

【善本先生】本校には「辞書は友達、予習は命」という合言葉があります。辞書を活用することは、能動的に学ぶ姿勢の表れであり、かならず予習をして授業にのぞむことは、主体的に授業に参加していくことにつながります。

　日々の授業を第一に、教員は情熱を持って指導にあたり、生徒にしっかりと勉強させる学校です。生徒もチャイムが鳴ったらすぐに授業を始められるようにチャイム着席運動をするなど、中1から真剣に授業に取り組んでいます。

　宿題も多いので大変ですが、先日、高3の生徒が「中1・中2のころ、宿題が多くて大変で、これになんの意味があるんだろうと思っていたけど、いまはそれが自分の力になっていることを実感しています」と話してくれました。

　教育の特徴としては、少人数授業、習熟度別授業を多数行い、国語・数学・英語で先取り学習を取り入れています。理数教育も重視しており、理科では実験を多く実施することで、自分で考える力を育み、外部の大会にも積極的に挑戦させています。

体験学習を重視し　バランスのとれた人材へ

【Q】日本の伝統・文化理解教育についてお話しください。

【善本先生】世界へ羽ばたくリーダーとなるためには、自分の国のことをきちんと知り、それを自分の言葉で話せるようにならなければなりません。そのために、日本の伝統・文化に触れる機会を多く用意しています。

　授業では、中1で地域の工房を訪ねて伝統工芸を体験したり、高2では「日本文化概論」という独自の科目を設置しています。これは将棋・囲碁・茶道・華道・書道・日本の生活文化・日本音楽史のなかから個々に選んで学べる科目で、将棋や囲碁はプロ棋士、茶

特色ある カリキュラム紹介

1 国公立大学受験に対応できるカリキュラムを提供

白鷗高校のカリキュラムは、基本的には6教科7科目の国公立大学受験に対応できる内容となっています。土曜日も4時間授業を実施しています。

また、中学校では週2回、15時15分～40分までの25分間の「白鷗タイム」があります。これは火曜日と金曜日の6時間目のあとに組みこまれており、読書指導や学習の補充にあてられています。

授業では発展的な内容を多く含む学習内容を取り入れています。数学と英語では習熟度別授業を実施し、きめ細かい指導を行います。さらに指名数学補習や指名英語補習もあります。

こうした成果が中高一貫教育校卒業生の高い国公立大学合格率に表れています。

2 中高をつうじて育てるプレゼンテーション能力

白鷗では、開校以来、プレゼンテーション能力の育成に力を入れています。

中1では「宿泊体験学習」として、夏季休業中に2泊3日で議論やプレゼンテーションの方法について学びます。中2・中3は、「プレゼンテーション」の授業が週1時間あります。ALTとのチームティーチングによる指導で、中1の合宿で学んだことをいかしながら、簡単な英語を使ったプレゼンテーションやディベートなどにも挑戦します。

高校では、高2・高3で「PIE（プレゼンテーション・イン・イングリッシュ）」という授業が週1時間用意されています。中学とは異なり、完全に英語でのプレゼンテーションを学ぶ授業です。テーマを決め原稿を書くと、ALTが個別に添削を行ってから発表にのぞむので、英語できちんとした文章を書く力も育てられます。

こうした取り組みにより、生徒はプレゼンテーション能力はもちろん、今後大学入試で求められる思考力や、表現力といった力も身につけていくことができるのです。

道や華道、書道も専門家から指導を受けます。

音楽室にひとり1丁の三味線が用意されていることや、作法や茶道などで使用できる和室が完備されているのも特徴のひとつです。

部活動でも、和太鼓部・長唄三味線部・百人一首部が活発に活動しています。

また本校は、古きよき江戸情緒を色濃く残す「上野・浅草地区」のほぼ中間に位置しています。地元の「鳥越祭」で神輿を担がせていただいたり、伝統衣裳を着て「浅草流鏑馬《やぶさめ》」に参加させていただいたりと、地域のかたがたにもよくしていただいています。

【Q】国際理解教育についてお聞かせください。

【善本先生】 英語の授業では、ネイティブ講師を活用し、話す・書く・聞く・読むの4技能すべての能力向上をはかります。今年からは、中3までに7割が英検準2級を取得するという目標を立て、さらに力を入れて指導しています。

ただし、英語はあくまでツールです。ネイティブと同じように発音できることをめざすのではなく、英語を使って異文化の人にも自分の考えをきちんと伝えられるようになってほしい、という思いで指導しています。

海外の文化に触れる機会としては、オーストラリアへの海外短期留学を実施しています。夏季休業中に中3・高1の希望者が約50名、2週間ホームステイで現地の生活を体験します。また、高2の修学旅行では台湾へ行きます。

英語力を身につけ日本文化を理解した国際人として世界に羽ばたくリーダーを育んでいます。

【Q】ほかにはどのような教育を行っていますか。

【善本先生】 体験学習として、東京大を中3が訪問し、本校のOBの東京大生に案内してもらったり、農村で3日間農作業をする勤労体験学習、学校近隣の事業所で職業を体験する職場体験などを行っています。

また、今年度は「トランスフォーマ・コネクション」に参加しています。これは今年オリンピック・パラリンピックが行われるブラジルと世界17カ国の高校生の相互交流を行うという、国をあげたプログラムです。ビデオレターの交換や自国の文化を紹介するものを送

年間行事

おもな学校行事（予定）

4月	入学式
5月	校外学習（中1〜中3） 体育祭
6月	校外学習（中1） 面談週間
7月	スポーツ大会 宿泊行事（中1） 農村勤労体験（中2）
8月	海外短期留学（中3・高1希望者） 勉強合宿（高2）
9月	白鷗祭（文化祭）
10月	修学旅行（中3・高2）
11月	校外学習（中1） 職場体験（中2）
12月	スキー教室（高1希望者）
1月	百人一首大会 芸術鑑賞会（中1〜高2） 校外学習
2月	合唱コンクール 校外学習
3月	スポーツ大会（中1〜高2） 卒業式

りあっています。この活動に関連して、パラリンピックの競技体験もしました。4年後を見据え、今後オリンピック・パラリンピック教育をリードする学校になっていきたいと思っています。

勉強一辺倒ではなく、こうしたさまざまな体験をさせて、頭脳と心と身体のバランスがとれた人材を育てたいと思っています。

生徒の成長をうながす 東と西のふたつの校舎

【Q】ふたつある校舎についてお聞かせください。

【善本先生】 中1・中2が東校舎、中3〜高3が西校舎で学んでいます。東校舎の存在は本校を支える重要な要素となっています。なぜなら、小学校を卒業して間もない新入生に、2年間伸びのびとした環境を用意できるからです。校庭、図書館、実験室などの施設もそろっており、それらを活用して、生活習慣の体得、あるべき学習姿勢の涵養《かんよう》がなされています。中2は中3がいないぶん、中1に先輩としての姿を見せなければとしっかりしますし、この2年間で学びの基礎を身につけることができます。平日の自宅学習は平均2時間を確保できていますし、先日は、健康診断の待ち時間にも、自主的に勉強する姿が見られました。

一方、中3は高校生と同じ西校舎で学ぶことで高校の雰囲気を感じられ、少し早めにおとなになっていきます。教室も2フロアに分け、高1もしくは高2と同じフロアにしているので、ふだんから高校生が学校生活をどのように送っているかを見ることができます。

ふたつの離れた校舎で、成長段階に応じた教育活動を展開し、それが有効に機能しているのは、本校の大きな特色だと思います。

【Q】最後に御校を志望する受検生へメッセージをお願いします。

【善本先生】 生徒たちには、国籍や民族、宗教など、そういったちがいに対して柔軟な考え方ができる、多様性を尊重できるしなやかな心を持ってほしいです。知らないものを知りたいと思ったり、自分と異なる世界をおもしろいと感じたりすることは学びの原点です。本校では、教育理念である「開拓精神」を持った、だれも経験してこなかった未知なることに挑戦できる生徒を育てていきます。

太　郎：本当だ。堰の形がちがっているね。でも、改良工事した形だと土砂が下流に流れていきませんか。

先　生：この堰は、一定の土砂は流れていくけれど、一度に大量の土砂が流れることを防いでいます。そして、この改良により**表2**のように自然環境について変化が起きているんですよ。

表2　各区間で発見された*カラフトマスの数の変化

	①堰Aと堰Bの間	②堰Bと堰Cの間	③堰Cと白イ川合流点の間
2009(平成21)年	31	0	0
2010(平成22)年	9	54	0
2011(平成23)年	16	141	207

（「平成２５年度世界遺産保全緊急対策事業（河川工作物改良の効果検証）報告書」より作成）

*の付いた言葉の説明

*カラフトマス　…　サケに似た魚。産卵《さんらん》の時期になると海から川をのぼって産卵する。

〔問題３〕　先生が**図4**にある堰の改良によって自然環境に変化が起きていると言っていますが、どのような変化が起きたのかを、**表2**の各年のカラフトマスの総数に着目し、数値《すうち》を挙げて説明しなさい。計算でわりきれない場合は、小数第二位を四捨五入《ししゃごにゅう》して小数第一位までの数値で表しなさい。

読解力を駆使して疑問を解決する

課題となった会話と、資料や写真を読み取って理解し、与えられた条件のもとに判断して思考し、表現する力をみています。

問題を解決し表現する力

会話文と表の数値、問題文を吟味して「なぜ」を考え、その結論を他者にわかりやすく伝える表現力をみています。

募集区分　特別枠・一般枠

入学者選抜方法　【特別枠】〈区分A〉面接（15分程度）報告書　〈区分B〉実技検査（45分）、面接（15分程度）、報告書　【一般枠】適性検査Ⅰ（45分）、適性検査Ⅱ（45分）、報告書、志願理由書

2016年度　東京都立白鷗高等学校附属中学校　適性検査Ⅱ（共同作成問題）より

次に太郎君と花子さんは、自然遺産では知床《しれとこ》について調べることにしました。すると、知床は条件付きで自然遺産に登録されたことが分かりました。

図3　赤イ川に造られた堰

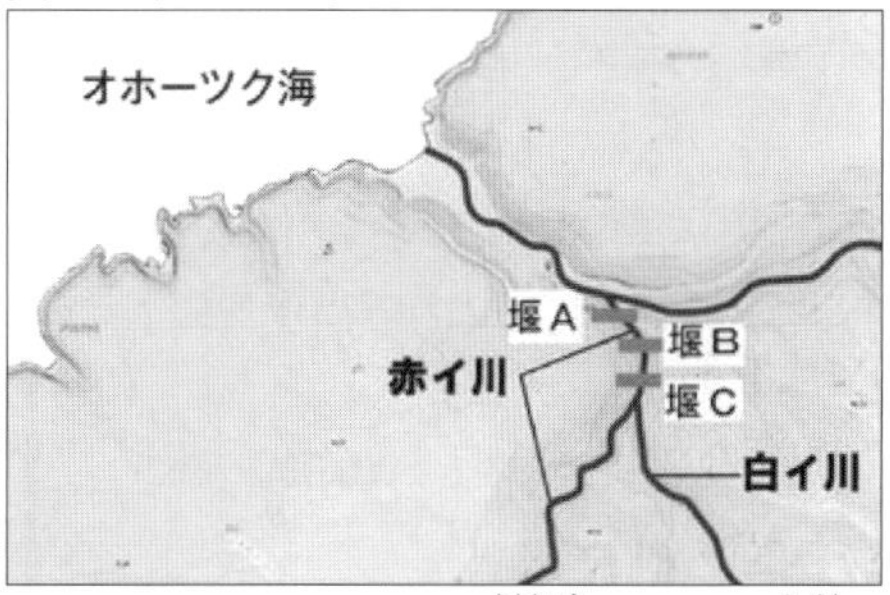

（「平成２５年度世界遺産保全緊急《きんきゅう》対策事業（河川《かせん》工作物改良の効果検証）報告書」より作成）

太　郎：知床半島では、これまでに何度か台風や大雨で山がくずれて土砂《どしゃ》が流れ、住宅《じゅうたく》や道路は大きなひ害を受けているんだ。だから、知床半島内を流れる赤イ川の流域《りゅういき》では、１９８０（昭和５５）年前後に山がくずれるひ害を受けてその対策《たいさく》として、一度に大量の土砂が下流へ流れることを防ぐ堰《せき》が造られたんだ。（**図3**）堰というのは、水の流れを止めたり、調節したりするために、川などに造る仕切りのことをいうんだ。

花　子：ところがね。２００４（平成１６）年に世界遺産を決める委員会から、知床が自然遺産に登録されるには、自然環境保護《しぜんかんきょうほご》のためにこの堰を改良する必要があると言われたの。

先　生：そうなんです。**図4**の写真を見てください。このように改良することを約束して、知床は翌年《よくねん》に自然遺産に登録されたのです。

図4　赤イ川にある堰の様子

堰Bの様子	堰Cの様子	
１９８０(昭和５５)年　完成	１９８４(昭和５９)年　完成	イメージ
		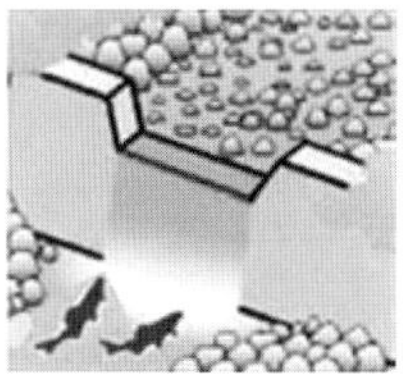
⬇	⬇	⬇
２００９(平成２１)年　改良工事	２０１０(平成２２)年　改良工事	イメージ
		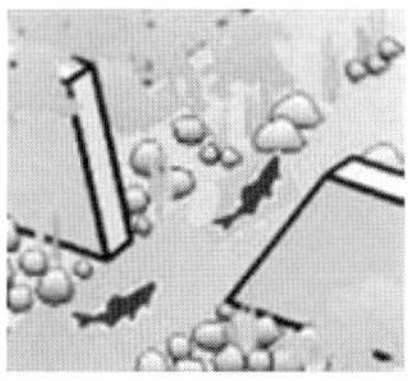

（「知床世界自然遺産地域内で改良した河川工作物の評価」より作成）

解説

都立白鷗高等学校附属中学校の入学者選抜では、適性検査Ⅰは100点満点を換算して300点満点に、適性検査Ⅱは100点満点を換算して400点満点とします。報告書は320点満点を点数化後、300点満点に換算、合わせて1000点満点の総合得点で合否を判断しています。来年度については正式には9月に発表されます。

独自問題の適性検査Ⅰでは、課題を発見し、それを解決する方法について自分の考えや意見を正しく表現し、的確に文章にまとめる力をみます。文字量は100字以内が2問、450字以内が1問でした。

共同作成問題の適性検査Ⅱでは、思考力、判断力、表現力をいかして、問題を解決する総合的な力をみます。

2016年度の出題では、適性検査Ⅰは文章を読んで、国語の読解力が試されることに加えて、身近にある道具について自分の経験をまじえて他者にわかるように文章を組み立てる表現力が問われています。

適性検査Ⅱ（共同作成問題）は算・社・理、3教科の融合問題で、考える姿勢を持たない受検生にはつらい出題です。

東京都立 富士《ふ》《じ》高等学校附属中学校

■併設型 ■2010年開校

「文武両道」「文理両眼」をモットーに 理数アカデミー校の指定を受ける

今年度、東京都教育委員会より中高6学年を対象に、理数アカデミー校の指定を受けて新たなスタートを切った東京都立富士高等学校・附属中学校。認知の網を可能な限り広げるため、5教科すべてを学び、国公立大学をめざす学校です。

上野《うえの》 勝敏《かつとし》 校長先生

礼儀作法を重んじた子女教育から始まる

【Q】御校の沿革についてお話しください。

【上野先生】 2010年（平成22年）に東京都立富士高等学校の併設型中高一貫教育校として開校しました。高校は、1919年（大正8年）に府立の第五高等女学校として、現在の新宿歌舞伎町の旧コマ劇場跡にありました。そこから中野区の現在の校地に移転したという歴史を持っています。

日本女性の理想の教育を、自由闊達《かったつ》にやってほしい、子女教育として礼儀作法を重んじた教育を行ってほしいという願いのもとスタートしました。その後男女共学になり、地域では西・富士と並べて称され、毎年東京大に30～40名輩出していた都立の名門校として、いまも地域に愛されています。

【Q】教育目標をお教えください。

【上野先生】「文武両道」「自主・自律」を校訓として、「知性と教養を深める」「品性と感性を磨く」「リーダーシップを高める」の3

学校プロフィール

開　校…2010年4月

所在地…東京都中野区弥生町5-21-1

TEL…03-3382-0601

URL…http://www.fuji-fuzoku-c.metro.tokyo.jp/

アクセス…地下鉄丸ノ内線「中野富士見町」徒歩1分

生徒数…男子170名、女子189名

1期生…2016年3月卒業

高校募集…あり

2学期制／週5日制（土曜授業 年18回）／50分授業

入学情報　（前年度）

・募集人員…男子60名、女子60名 計120名

・選抜方法…報告書、適性検査Ⅰ・Ⅱ・Ⅲ

つを教育目標に掲げてきました。

そしてこれに「文理両眼」を加えて、知性教養が高く、品性と感性を兼ね備えた国際社会のリーダーになり得る人材の育成をめざしています。

理数アカデミー校指定を受けて、従来の目標とする学校像であった「国際化に対応する教育を重視する学校」、「体験・情報・科学学習で探究力を育てる学校」、「学力・体力向上と進路実現を図る学校」、「創造的な活動で自主自律を育てる学校」という4つをかなえていきたいと思います。

【Q】ふだん、校長先生から生徒のみなさんに伝えていることはありますか。

【上野先生】 創立の理念どおり、礼儀作法については厳しく教えています。礼儀とは人権教育の基本です。本校の礼法は、「三心礼法」と呼んでおり、「尊重する心」「感謝する心」「協力する心」の3つの心を、きちんと心のなかで唱えて3秒間かけてしっかり礼をする。礼をしたあとにあいさつをする。授業の前に礼をしてから「お願いします」。終わりましたら、「ありがとうございました」。そういうあいさつをかならずするように指導を行っています。

そのような内面の指導を重視して、学力向上のための指導をしています。

【Q】入学したばかりの生徒さんが学校になじめるように、なにか工夫をされていますか。

【上野先生】 中学の学習に慣れることが、いちばん重要な課題だと思っています。授業の取り組み方、ノートの取り方、予習・復習や定期考査の学習の方法などきめ細かい指導プログラムを準備しています。

早く友だちに慣れるという意味では、夏休みの2泊3日の八ヶ岳自然探究教室はとてもいい行事だと思います。

自然探究活動など、数多くの体験をとおして集団生活をすることで、仲間づくりや団結力も生まれ、そして課題発見能力などを啓発しています。

多読やプレゼンなどで英語力を強化

【Q】どういうかたちで英語教育を行っていますか。

【上野先生】 英語の特徴は、土曜日に多読の授業に取り組んでいるこ

特色ある カリキュラム紹介

1 リーダーシップが取れる人間を育成 そのためには文系・理系ともに学ぶ

理数アカデミー校・富士では、世の中のリーダーシップを取るという観点から、５教科すべてを学ぶことを重視しています。そのため、カリキュラムは国公立大進学に向けたものになっており、偏りのない勉強ができるように組まれています。

また、英語力の育成に力が入れられ、中2で英検３級、中３で英検準２級、中学段階からTOEIC Bridgeに挑戦しています。

夏季休業中には１日３時間、３日間の少人数（20人）による英語の講座があります。

教員と外国人講師で既習事項の定着をはかることはもちろんのこと、外国人講師との会話をつうじたコミュニケーション能力の育成にも熱心です。その際、学校の教材とは別に、専用のテキストを用意しています。中3では2泊3日で語学研修を行います。ふだん行うことのできないプログラムをとおして、ネイティブによる学習を体験できる環境をつくっています。

2 理数アカデミーの中核となる探究未来学

富士では、知性と教養を深めるために、基礎基本の定着に加え、大学との連携をとおして探究心を高めます。

大学との連携による最先端の科学学習は、生徒の興味・関心をよりいっそう引きだし、探究心を高めることにつながります。

東京都教育委員会より理数アカデミー校に指定され、理系分野に興味を持ち、関心を高める生徒を増やす取り組みを行っています。高校生のみならず、中学生も科学の甲子園に出場させる準備をしています。

生徒は興味関心を持ったことからテーマを設定し、その課題を追求し解決する課題探究学習を行います。中3、高２と２度発表を行い、大学の先生などの講師による指導や助言をとおして論文を作成します。

生徒の取り組む課題探究学習は社会貢献ひいては未来を創造する学習（未来学）であり、さらに、この未来学は将来の社会を創造できる人材を育成する学習であることを生徒に意識させています。

とです。これは、赤ちゃんが自然に言葉を覚えていく過程と同じように、映像と言葉をいっしょに無理なく記憶できるシステムです。

ですから、多読の教材は絵本から始まり、簡単な単語や会話から覚えていく授業となっています。

中学校段階で6万語の多読を達成させたいと考えています。

なかには、1年で9万語を読破した生徒もおり、保護者にも体験してもらい大変好評でした。中学校段階で2200語、中高をつうじて4000語の獲得をめざしています。

また、英語は3年間習熟度別授業を実施し、夏季休業中のネイティブ講師との集中英語講座や、中2での語学研修旅行（ブリティッシュヒルズ）もあります。最終的には英語でプレゼンテーションができることをめざしています。

高校での海外語学研修も目玉のひとつです。高1・高2で希望制によるオーストラリア短期語学研修、高2で台湾修学旅行を行います。研修後には英文レポートを作成、発表します。また、日本に滞在している外国人留学生との交流も行っています。

さらに、高1・高2で選択科目として、ドイツ語・フランス語・中国語を履修できます。

今後、理数アカデミーの取り組みのひとつとして中3で希望者によるアメリカ研修も実施します。

学力向上をめざす 富士メイクアップ方式

【Q】このほかに取り組んでいることはありますか。

【上野先生】「富士メイクアップ」という学力向上をねらいとした考査と学び直しのシステムがあります。これは、テストを、評価のためだけではなく、学力向上につながる教育の機会と位置づけて活用する取り組みです。

本校では、つぎのような年間スケジュールとなっており、7回の考査が実施されています。

・第1回　定期考査
・第2回　定期考査
　夏季休業中に学び直し
・第3回　総合考査
　前期の成績
・第4回　定期考査
・第5回　定期考査
　冬季休業中に学び直し
・第6回　総合考査

年間行事

おもな学校行事（予定）	
4月	入学式　対面式
5月	農業探究教室（中2）
6月	体育祭　キャリアセミナー（中2） 東大教授による講義（中3） 東大研究所訪問・実験体験（中3）
7月	七夕飾り　レシテーションコンテスト 八ヶ岳自然探究教室（中1） 職場探究学習（中2）
8月	短期集中英語講座（中1〜中3）
9月	文化祭　農業探究教室（中2）
10月	環境セミナー（横浜国立大との連携・中1）　修学旅行（奈良・京都）
11月	芸術鑑賞教室
12月	エコプロダクツ見学（中1）　キャリアセミナー（中2）　宿泊語学研修（中2）
1月	キャリアセミナー（中3）　百人一首
2月	合唱祭　キャリアセミナー（中1）
3月	探究学習発表会（中3）

・第7回　定期考査
後期の成績

　このように、短いサイクルで学び直しをさせて、総合考査で実力養成をはかります。5教科で実施される総合考査の結果は、前後期の成績に反映されます。考査後には先生がたによる学力分析会や学力推移調査（全国版中高一貫校の模擬テスト）の分析を行い、教員の指導力の向上と生徒の学力向上につなげています。

　そのほか、週2回放課後の時間を使って行われる「富士サポートシステム」という学習進度が遅れている生徒に対する補習・講習も充実しています。

　また、幅広く進路を実現するため高2まで文理に分けず、広い教養を身につけていきます。

　高校生は、「富士アカデミー」という、数学・英語で希望制による発展的な学習を行い、高い目標を掲げて取り組んでいます。

【Q】進路指導についてお聞かせください。

【上野先生】 6年間の進路シラバスに沿って、キャリア教育を実践し、生徒の進路実現をするようにきめ細かく指導しています。また具体例として、FINEシステムをすべての教員が活用しています。これにより生徒一人ひとりの課題が把握でき、学習時間や学習方法のアドバイスを行っています。

　この春卒業した1期生は、東京大2名の合格も果たしました。

【Q】適性検査についてお教えください。

【上野先生】 基本的には読書習慣が大切です。いろいろな新聞のコラムや論説文などを読んで、それに対して自分の考えをまとめる練習も大事ですね。過去問や計算問題、時事問題にも取り組んだ方がいいと思います。

【Q】どのような生徒さんに入学してもらいたいですか。

【上野先生】 本校は理数アカデミー校のほかにも、スポーツ特別強化校でもあります。なぎなたや剣道や陸上は全国大会に出場していますし、元Jリーガーのプロコーチによるサッカー部指導など、部活動にも力を入れています。学習にも部活動にも、高い目標を掲げて、難関国公立大学への合格に向かって一生懸命に取り組もうと思っている生徒さんにぜひ入学していただきたいと思います。

図5

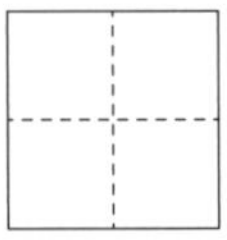

図6

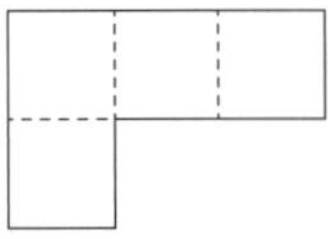

図7

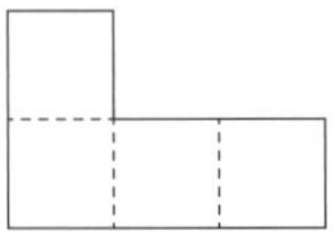

やよい：４区画になると、つなぎ方の種類が増えてもっと複雑になるから、**図6**と**図7**のような場合も、つなぎ方としては１種類と考えようよ。今度は、８mのロープが必要なつなぎ方と、１０mのロープが必要なつなぎ方があるね。

おじいさん：そうだね。４区画の場合は全部で５種類のつなぎ方があるけれど、５区画使うときは、どうなるかな。
例えば、**図8**、**図9**のようなつなぎ方があるよね。でも、他にももっとたくさんのつなぎ方が考えられるよ。

図8

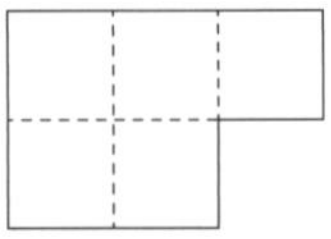

図9

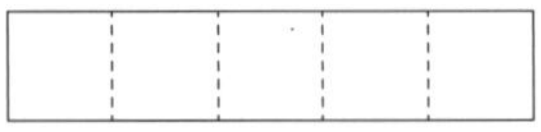

やよい：いろいろなつなぎ方がありそうで面白《おもしろ》いね。

〔問題１〕　広場の一部分の、縦《たて》５m、横３mの長方形の区画を、一つのお店が５区画を使うつなぎ方で三つのお店に区切る方法を考えます。５区画ずつの三つのお店が全てちがうつなぎ方になるように区切りなさい。ただし、今は、お店とお店の間の通路は考えないものとします。また、解答用紙の１ますの縦横の長さは、それぞれ１mと考えます。

やよい：５区画を囲もうとすると、１０mのロープが必要なつなぎ方と、１２mのロープが必要なつなぎ方の２種類があるね。

おじいさん：６区画を囲もうとすると、必要なロープの長さは３種類考えられるよ。

やよい：難《むずか》しいね。**図10**のようなつなぎ方だと１０mだね。
また、**図11**のようなつなぎ方だと１４mのロープが必要だね。

図10

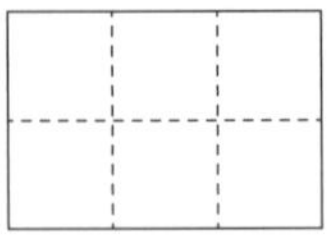

図11

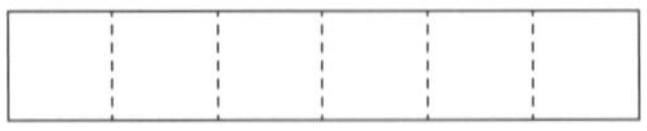

〔問題２〕　６区画を囲もうとするときに必要なロープの長さで、１０m、１４m以外の長さを答えなさい。また、そのときの区画のつなぎ方を解答用紙の図に実線（ ―― ）で示しなさい。ただし、解答用紙の１ますの縦横の長さは、それぞれ１mとします。

会話文と資料を読み解く

算数を得意とするならむずかしくはありません。計算は不要ですが、条件をうまく考察し、分析しなければなりません。

問題を解決する力をみる

正方形６個の外周を考える問題です。さまざまなかたちを想像しながら、すばやい計算能力を発揮する必要があります。

募集区分　一般枠

入学者選抜方法　適性検査Ⅰ（45分）、適性検査Ⅱ（45分）、適性検査Ⅲ（30分）、報告書

2016年度　東京都立富士高等学校附属中学校　適性検査Ⅲ（独自問題）より

1　**やよい**さんは、夏休みに**おじいさん**と**おばあさん**の家にとまりに行きました。やよいさんがおじいさんとおばあさんの家に着いたとき、おじいさんはお客さんと今年《ことし》のお祭りでの広場の使い方について話していました。興味をもったやよいさんは、お客さんが帰った後に、おじいさんにたずねました。

や　よ　い：おじいさん、今年のお祭りでは、広場は、どのような形に区切るの。

おじいさん：今年は、去年よりお店を出したい人が少なかったから、広場を１辺が１ｍの正方形の区画に区切って、一人６区画まで使えるようにしたんだよ。私《わたし》には、割《わ》り当ての場所がはっきり分かるように、くいを打って、ロープで周りを囲う仕事があるんだ。

や　よ　い：正方形の区画をいくつかつなげて使うんだね。

おじいさん：そうなんだ。でも、一つのお店は二か所以上にならないように、区画が縦《たて》や横につながっていて、１本のロープでくくれるような形で使ってもらうようにしているんだよ。例えば、２区画を使うときには、**図1**、**図2**の二つのつなぎ方があるね。

図1

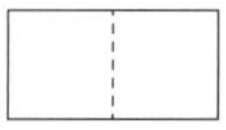

図2

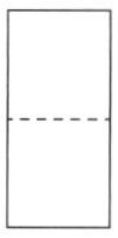

や　よ　い：区画が増えるといろいろなつなぎ方が考えられるけれど、複雑になるから向きを変えて同じ形にできるものについては、同じつなぎ方と考えようよ。

おじいさん：そうだね。そうすると、２区画の場合のつなぎ方は１種類になるね。そして、３区画の場合は、**図3**、**図4**の２種類のつなぎ方になるね。

図3

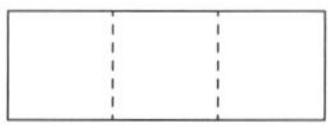

図4

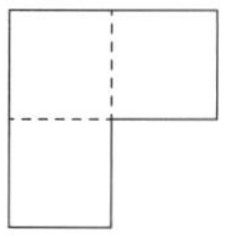

や　よ　い：２区画使うときは、６ｍのロープで囲えるし、３区画使うときの２種類のつなぎ方は、どちらも８ｍのロープで囲えるね。

おじいさん：そうだね。４区画使おうとすると、もっといろいろなつなぎ方になるよ。**図5**、**図6**、**図7**のようなつなぎ方が考えられるね。

解説

都立富士高等学校附属中学校では、2015年度入試から独自問題として適性検査Ⅲを加えたため、配点も改め、適性検査Ⅰ200点、適性検査Ⅱ400点、適性検査Ⅲ200点、報告書200点、合わせて1000点満点で評価することになりました。2016年度もこれにならいましたが、2017年度についての正式な発表は9月になります。

共同作成問題の適性検査Ⅰでは文章を深く読み取り、内容を適切に把握し、自分の考えや感じたことを表現する力をみます。同じく共同作成問題の適性検査Ⅱでは、資料などをもとに、課題を見つけたり、課題を解決したりする力をみるとともに、わかりやすく説明する力も試されます。その際、必要な漢字が正しく書かれているかどうかもポイントです。また論理的な表現力、たとえば、文章の主述がしっかりしているかなども評価の対象となります。

独自作成の問題となった適性検査Ⅲは、課題を見つけ解決する力をみるとされていますが、算数の力がなければ容易ではありません。2016年度の問題は、2015年度に増して高い計算能力が問われ、得点するのは厳しかったと思われます。

東京

東京都立三鷹《みたか》中等教育学校

■中等教育学校　■2010年開校

「思いやりを持った社会的リーダー」を育成

幅広い見識を身につけ、限界までチャレンジし努力する生徒を育てている三鷹中等教育学校。学校独自で「人生設計学」と名づけたキャリア教育を展開し、日本の伝統文化を世界に発信できるグローバル人材の育成も実践しています。

仙田《せんだ》　直人《なおと》 校長先生

学校プロフィール

開　　校…2010年4月

所 在 地…東京都三鷹市新川6-21-21

T E L…0422-46-4181

U R L…http://www.mitakachuto-e.metro.tokyo.jp/

アクセス…JR中央線「三鷹」「吉祥寺」・京王線「調布」「仙川」バス

生 徒 数…前期課程 男子223名、女子256名
後期課程 男子229名、女子244名

1 期 生…2016年3月卒業

高校募集…なし

3学期制／週5日制（土曜授業 年18回）／50分授業

入学情報（前年度）

・募集人員…男子80名、女子80名 計160名

・選抜方法…報告書、適性検査Ⅰ・Ⅱ

高い目標を持って努力する生徒を育成

【Q】三鷹中等教育学校の教育方針とはどのような内容ですか。教育目標や基本理念についてもお聞かせください。

【仙田先生】母体校である三鷹高等学校の教育目標にある「気力を起こして、わが身をためそう」の標語をふまえ、中等教育学校では限界までチャレンジする、自主的に意欲的に勉強する、高い目標を持って最後まで努力する生徒を育成します。

基本理念である「思いやりを持った社会的リーダーの育成」は、ボランティア活動への積極的参加などにより、他者を理解する気持ちをつねに持って国際社会で活躍する生徒の育成をめざすものです。

そのためには、すべての教科を意欲的に学習し、幅広い教養を身につけることが必要です。

また、将来については高い志を持ちつづけるようつねに言っています。自分で高い目標を設定し、

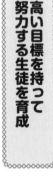

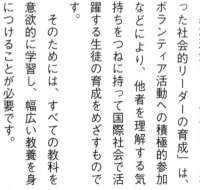

少し背伸びをしてでも、最後までチャレンジしてほしいと思っています。6年間という長い期間を過ごすなかで、どうしても最初に決めた目標が揺らいでしまうことがあります。

　しかし、最後まで目標を落とさずがんばることが自己実現につながると考えています。

三鷹独自の「人生設計学」

【Q】御校独自の取り組みである、「人生設計学」について詳しく教えてください。

【仙田先生】「人生設計学」では、どこの大学に入りたいかという目先の目標ではなく、自分は将来、どういう仕事に就《つ》きたいのか、大学をでてどんなことをやっていきたいのかを考えます。

　つまり、「大学のさきにある人としての生き方、在《あ》り方」を見据えるのです。

　そして、将来の目標を達成するためには、どういう大学へ進学するのがよいかを自分で考えていきます。したがって、大学に入ることだけを目的にして進路を選ぶことがないように指導しています。

　そのため、6年間を2年単位で3つのステージに分け、1・2年時には職場見学や職場体験を実施します。生徒には「この体験をふまえて、どのような社会的リーダーになるか」をテーマに論文を書かせ、職業観・勤労観の育成をはかっています。

　3・4年次には大学や研究室訪問を実施し、自分がどのような分野に興味関心があるかを考えます。

　そして、5・6年次でその学びをとおして自己実現をはかれる大学選択について考えます。

　各ステージでは、論文の作成や発表会を取り入れ、プレゼンテーション能力やコミュニケーション能力も培います。これが本校の「人生設計学」です。

【Q】御校オリジナルの3つの科目「文化科学」・「文化一般」・「自然科学」についてご説明をお願いします。

【仙田先生】これは本校が独自に設定した科目で、高い見識を得ることができる学習活動です。

　「文化科学」では、プレゼンテーション能力を伸ばす実践を行っています。生徒たちが自分がすす

特色ある カリキュラム紹介

1 教科・科目にこだわらない特色ある教育活動「文化科学」、「文化一般」、「自然科学」

ひとつの教科に限定せず、横断的にかかわりのある教科・科目に対し、「文化科学Ⅰ（国語）・Ⅱ（公民）」、「文化一般」、「自然科学Ⅰ（数学）・Ⅱ（理科）」という授業が設定されています。

前期課程の１年生では「文化科学Ⅰ（国語）」と「文化一般（芸術）」を学びます。「文化科学Ⅰ（国語）」では読解力、表現力、コミュニケーション能力の基礎を養い、日常生活や読書活動を材料にスピーチを行います。「文化一般」は、音楽や美術にこだわらない芸術についての基礎的な技能・表現力を学び、情操教育を行います。

また、２・３年生では「自然科学Ⅰ・Ⅱ」を、４年生では「文化科学Ⅱ」を学びます。

2 大学のさきにある人としての生き方・在り方を考える「人生設計学」

三鷹中が独自に行っている特徴的な総合学習が人生設計学です。これは、思いやり・人間愛を育む教育、キャリア教育、課題学習の３つの柱からなり、見学や体験、講演を聞くなどし、将来の目標や学ぶ意識を引きだしていく授業です。

学年に応じてステージが分かれ、それぞれのステージごとに３つの柱に沿ったプログラムが用意されています。たとえば、「思いやり・人間愛を育む教育」では１年生でホームルーム合宿、２年生で農業体験を行います。キャリア教育の面では、職場体験などがあります。

三鷹中等教育学校の近隣には天文台や大学、その他研究機関などが多くあり、それらの機関と連携しながら、本物を見て、触れ、体験して大学や社会を知っていきます。各ステージごとにまとめの論文を作成し、発表することでプレゼンテーション能力も養っていきます。大学に入ることをゴールにするのではなく、そのさきにある人と人との生き方、あり方を６年間で探求していき、個々の進路の実現に結びつけます。

める本をプレゼンし、評価しあう書評合戦や活発な討論を展開するディベートなどを行います。

本校は「言語能力向上拠点校」として、朝読書など読書活動に力を入れており、その成果発表の場ともなっています。

「文化一般」は、芸術についての基礎的な技能や表現力を身につけることで、感受性豊かな情操を育みます。

「自然科学」は、数学分野、理科分野に分かれており、数学分野では、論理的に考え、筋道を立てて説明できる表現力を育成するため、「算額コンクール」に挑戦させています。理科分野では、実験・観察やフィールドワークを取り入れ、自然に関する興味・関心を高めます。

「三鷹スタンダード」で目標設定

【Q】習熟度別授業などは行っていますか。

【仙田先生】 １年生から数学と英語で2クラスを3クラスに展開して行っています。そして学期ごとのテストが終わったところでクラス替えをします。

本校では、学力の保障が欠かせません。そのためには、学校が目標とする学力の水準を定め、それに対して生徒の到達度がどこにあるのかを明示することが必要だと考え、「三鷹スタンダード」を策定しました。

「三鷹スタンダード」とは、３段階に設定した学習到達度のことで、学年・クラス・生徒個々の到達度を明らかにし、それを分析することで、弱点を補強するとともに、強みをさらに伸ばす指導が可能となります。

目標水準を設定し、現在の到達度がわかると、教員たちも生徒に対して個に応じた指導ができます。

また、生徒・保護者にとっても目標がわかりやすく、進路選択にも役立つと考えています。

【Q】英検合格者数が大きく伸びていますね。

【仙田先生】 ３年次で2級・準2級合格者が全体の6～7割います。年度末にはプレゼンテーションデイも開催し、「読む」「書く」「聞く」「話す」の4技能を伸ばす英語教育を行っています。

そして、英語をツールとして、

年間行事

おもな学校行事（予定）	
4月	入学式　対面式
5月	農業体験（2年）　遠足（3～6年） 校外学習（1年）
6月	合唱祭　宿泊防災訓練（4年）
7月	夏季補習週間（1～3・5年） 勉強合宿（4年）
8月	部活動合宿
9月	文化祭　体育祭
10月	海外修学旅行（5年）
11月	職場見学（1年）　職場体験（2年） 関西修学旅行（3年）
12月	勉強合宿（5年） 校内留学（1・2年）
1月	センター試験データリサーチ
2月	適性検査
3月	卒業式　校内留学（1・2年） 海外ボランティア研修（3・4年）

海外の生徒を招いての国際交流やアメリカ・シアトルでの海外ボランティア研修なども導入し、国際理解教育を推進しています。

国際的な視野を持つためには、いろいろな人とコミュニケーションをとることが必要です。そのため、毎年3カ国以上の国の生徒を受け入れています。

そして、後期課程で実施する海外への修学旅行に結びつけています。

今後は「東京・グローバル10」の指定校として日本の伝統文化も理解し、そのよさを世界に発信できる「胸は祖国におき、眼は世界にそそぐ」人材の育成を重視していきたいと思います。

【Q】学校施設についてお教えください。

【仙田先生】 2012年度（平成24年）には、新校舎と武道場、駐輪場、天窓がついた図書室などが完成し、2013年（平成25年）の8月にはグラウンドの改修工事も終わり、9月に校舎落成記念式典を実施しました。

土曜授業のある日は、すべて授業公開をしています。この新しいさまざまな施設を活用している生徒の姿を、ぜひ一度見に来てください。

【Q】5校連携とはどういったものですか。

【仙田先生】 東京都でいちばん新しくできた都立中高一貫校である富士高等学校附属中、大泉高等学校附属中、南多摩中等教育学校と三鷹中等教育学校の4校に、立川国際中等教育学校を加えた5校で、百人一首合戦やスピーチコンテスト、バスケットボール大会などで連携事業を行っています。

今後は、都立中高一貫校10校の取り組みになればと考えています。

【Q】御校を志望する生徒さんに向けてメッセージをお願いします。

【仙田先生】 適性検査に関しては、だされた問題に対して、正対した意見を述べられるようになってください。また、自分でまとめられる力、幅広く考えることができる力をつけて挑んでもらいたいです。

そして、思いやりを持ったリーダーとしてがんばっていきたいという志を持った生徒さんには、ぜひ受検してもらいたいです。

東京都立三鷹中等教育学校

募集区分 一般枠

入学者選抜方法 適性検査Ⅰ（45分）、適性検査Ⅱ（45分）、報告書

太　郎：1日にテレビを見る平均時間を比べると、ぼくが調査した学年では1年生の方が5年生より5分長いけど、花子さんが調査した学年では6年生の方が2年生より5分長いね。

花　子：そうすると、1、2年生の低学年と5、6年生の高学年で考えたとき、低学年も高学年も1日にテレビを見る平均時間は全く変わらないのかしら。

〔問題2〕　花子さんは「1、2年生の低学年と5、6年生の高学年で考えたとき、低学年も高学年も1日にテレビを見る平均時間は全く変わらないのかしら」と言っていますが、**表1**、**表2**にある結果をもとにして考えたとき、下の**ア**～**ウ**のうち正しいものを一つ選び、記号で答えなさい。また、それを選んだ理由を、計算式を利用して説明しなさい。

ア　低学年の方が高学年よりも1日にテレビを見る平均時間が長い。
イ　高学年の方が低学年よりも1日にテレビを見る平均時間が長い。
ウ　低学年も高学年も1日にテレビを見る平均時間は全く変わらない。

課題や資料を正しく分析する

会話文の意味を正しく理解し、必要な条件を読み取って、組み合わせをつくれるか。算数の力が試されています。

論理的思考力が試される

「平均」をテーマにして数理的に考察する力、筋道を立てて判断する力など、論理的な思考力が試されています。

2016年度　東京都立三鷹中等教育学校　適性検査Ⅱ（独自問題）より

1　**太郎**《たろう》君、**花子**さんのクラスでは、学習発表会に向けて生活習慣をテーマにした調べ学習を行うことになりました。

先　生：全部で八つあるテーマの中から、興味のあるテーマを一つ選んで、グループを８組作りましょう。

クラスのみんなは、それぞれ興味のあるテーマを一つ選び、８組のグループに分かれました。

先　生：４人と５人と６人のグループだけになりましたね。

〔問題１〕　このクラスには全部で４０人の児童がいます。４人、５人、６人のグループがそれぞれ何組できるか答えなさい。

太郎君と花子さんは、テレビを見る時間について調べ、まとめようとしています。

太　郎：花子さんはふだん１日にテレビをどれくらい見ているの。
花　子：４０分くらいかな。太郎君はどう。
太　郎：同じくらいかな。他のみんなはどのくらい見ているのだろう。

太郎君と花子さんの二人は１日にテレビを見る時間がどのくらいなのかを、学年ごとに調査して、まとめることにしました。

太　郎：ぼくは１年生７５人と５年生５０人に調査することができたよ。花子さんはどう。
花　子：私《わたし》は２年生５０人と６年生７５人に調査することができたわ。それぞれの結果をまとめてみましょう。

太郎君と花子さんが調査した結果が**表１**と**表２**になりました。

表１　太郎君が調査した学年の結果

	調査した人数	１日にテレビを見る平均時間
１年生	７５人	６５分
５年生	５０人	６０分

表２　花子さんが調査した学年の結果

	調査した人数	１日にテレビを見る平均時間
２年生	５０人	４０分
６年生	７５人	４５分

解説

都立三鷹中等教育学校では、適性検査Ⅰ・Ⅱと報告書の成績を換算して合否を決めます。
適性検査Ⅰは100点満点を換算して300点満点とします。適性検査Ⅱも100点満点ですが換算して500点満点とします。報告書は640点満点を200点満点に換算します。合計の満点1000点の総合成績で合否を判断します。適性検査Ⅱの比重が大きくその半分を占めるわけです。ただし、詳細は9月に発表されますので、かならず確認してください。
独自作成問題の適性検査Ⅰでは、文章を深く読み取り、さらに、自分の考えをわかりやすく伝える表現力をみます。文章を読む問題が2問だされ、それぞれ記述式で答えます。自分の考えを交える記述は最大180字となっています。読解文が長いのも特徴となっています。
適性検査Ⅱでは、国・算・社・理の考え方を組み合わせた出題で、課題や資料の内容を正しく分析し、論理的に思考・判断し、問題を解決していく力をみます。大問①が独自作成問題、大問②③は共同作成問題です。

東京都立 南多摩《みなみたま》中等教育学校

■中等教育学校 ■2010年開校

「心・知・体」の調和のとれた人間教育

2010年（平成22年）に開校し、今春1期生が卒業した南多摩中等教育学校。人間力を大切にした教育や「理数イノベーション校」「英語教育推進校」の指定を受けた理科や英語での独自の取り組みが魅力的です。

永森《ながもり》 比人美《ひとみ》 校長先生

1期生が卒業し今後に期待が集まる

【Q】御校の沿革と教育目標についてお教えください。

【永森先生】東京都立南多摩中等教育学校は、東京都立南多摩高等学校を母体として、2010年（平成22年）にスタートしました。多摩地区を代表する公立中高一貫校として地域のかたがたにも大切にしていただいています。

高校は100年を超える伝統があり、先日の同窓会では、18歳から80歳代まで、70名以上のかたが集まりました。このように卒業生にも大事にされている学校です。

教育目標には「心を拓く」「知を極める」「体を育む」の3つの言葉を掲げ、「心・知・体の調和」から生まれる「人間力」を大切にした教育を行っています。

この春には初めての卒業生をだしました。1期生は学校の期待によく応えてくれ、東京大や医学部を含む難関国公立大へ9名が合格しました。この結果をふまえ2期

学校プロフィール

開　校…2010年4月

所在地…東京都八王子市明神町4-20-1

T E L…042-656-7030

U R L…http://www.minamitamachuto-e.metro.tokyo.jp/

アクセス…京王線「京王八王子」徒歩3分、JR中央線「八王子」徒歩12分

生徒数…前期課程 男子226名、女子252名
後期課程 男子217名、女子234名

1期生…2016年3月卒業

高校募集…なし

3学期制／週5日制（土曜授業年18回）／50分授業

入学情報（前年度）

・募集人員…男子80名、女子80名 計160名

・選抜方法…報告書、適性検査Ⅰ・Ⅱ

生にも期待を寄せています。

現在本校は充実期に入っていると感じるので、今後学校がどのように成長していくのか楽しみにしてください。

【Q】御校の6年一貫教育の特徴をお話しください。

【永森先生】中高の6年間を3期に分け、1・2年を「基礎・基本期」、3・4年を「充実伸張期」、5・6年を「応用達成期」として、発達段階に応じた教育活動を展開しています。

前期課程においては、各教科の基礎基本の習得と、意欲的に学習へのぞむ姿勢や、学習習慣を身につけることを重視しています。また、発展的な学習を行うとともに、総合的な学習の時間ではフィールドワークを実施し、思考力、判断力、表現力といった力を育んでいきます。高校受験はありませんが、3年生の8月には接続テストを行います。中学生として身につけるべき基本的な内容を習得しているかを確認し、基準に達していない場合は、2学期にしっかりと補っていきます。

後期課程の4・5年生は共通履修で学び、キャリア教育などの活動をとおし、自分に合った進路を見つけていきます。6年生では、文系・理系に分かれた選択科目を設定し、進路実現に向け、最大限に学力を伸ばすことを目的に、より高度な学習に取り組みます。

進度は速いですが、6年一貫教育として組まれたプログラムであり、けっして無理な先取り学習を行うわけではありません。高校受験がないぶんのゆとりをいかし、基礎力の定着と発展的な学習に時間を費やしています。

長期休業や放課後に多くの補習・補講が開かれます。このほかに、卒業生をチューターとして迎え、放課後に自学自習の支援を行う制度があります。個の学習到達度に合わせたサポートを行っています。

理科・英語を筆頭に 独自の取り組みを展開

【Q】御校は昨年度から「理数イノベーション校」に、今年度からは「英語教育推進校」に指定されていますが、どのようなプログラムがありますか。

【永森先生】たとえば、理科では、実験・観察を多く取り入れ、科学的にものごとを見たり考えたりす

特色ある カリキュラム紹介

1 気づき（課題発見力）を大切にする フィールドワーク

「なんだろう」と考え仮説を立て、検証していくという学びの授業です。

1年生で八王子の街を中心とした地域学習をスタートします。そして、2年生でものづくりや伝統工芸の取材・研究、3年生では科学的検証活動を行います。

4・5年生になると、1〜3年生の経験をいかし、研究テーマごとに分かれた少人数による分野別ゼミ研究で、より専門的な内容にチャレンジします。大学、企業、研究所などと連携し、各自が研究成果をリポートにまとめ、オリジナルの論文を発表します。

11月には、各学年で発表を行います。優秀な研究内容は、体育館で発表します。

フィールドワークでは「気づき（課題発見力）」を大切にしながら、探究活動をとおしてものごとを多角的に眺める視点を育成しています。つまり「コミュニケーション力」を基盤にした「情報収集力」と「分析力」を育成し、「クリティカル思考」や「創造的思考」を身につけていくのです。

る力、実験結果を適切に処理する力、論理的に説明する力を育成しています。前期課程では、1教室に2名の教員がつき、基礎から発展的な内容まで学びます。授業以外にも磯や星の観察を行ったり、東京大の研究室や自然科学研究所などを訪れ、科学的な思考力を育成しています。そうした取り組みを行っているためか、科学部の活動も活発で、物理・化学・生物・地学の4班に分かれてさまざまなことに取り組んでいます。

英語教育では、2クラスを3展開した授業を行い、コミュニケーション能力にすぐれた生徒を育成しています。授業や放課後の強化講座などでALT（外国語指導助手）やJET（語学指導等を行う外国人青年）を活用するとともに、4年の夏休みにはオーストラリアへの研修旅行も実施し、生きた英語に触れる機会を多く設けています。研修旅行は希望制ですが、ほぼ全員が参加しています。今後はオーストラリアの学校と姉妹校提携を結び、日常的に交流します。また、英語教育推進校としての取り組みも始めています。

本校は、それぞれの指定を受ける前から独自の取り組みを実施してきましたので、指定を機に、その成果を外部に発信していけたらと考えています。

ただ、理数系や英語系に特化した人材を輩出していくのではなく、人間力を大切に、国際社会の幅広い分野で活躍できる人材を育てていきたいと思っています。

【Q】ほかの科目ではどのような取り組みを行っていますか。

【永森先生】 国語では、さまざまなジャンルや種類の文章に触れ、「読むこと」から「書くこと」「聞くこと」「話すこと」へと学びを広げています。話しあい活動などの体験をとおして確かな言葉の力を身につけるとともに、新聞の読み比べなどでひとつのことがらに対して複数の視点から考えていけるように指導しています。

数学では、3年生の前半で中学で学習すべき内容を終え、発展的な学びに移ります。さらに5年生の後半からは生徒の適性・進路希望に応じた学習を実施し、少人数授業を取り入れてきめ細かく指導していきます。

社会は、前期課程でも原則として地理・歴史・公民の3分野を意

年間行事

おもな学校行事（予定）	
4月	入学式 対面式
5月	体育祭（1～6年）
6月	合唱祭（1～6年）
7月	研究室訪問（3年） 海外研修旅行（4年） 芸術鑑賞教室（4～6年）
8月	部活動合宿　接続テスト（3年）
9月	文化祭（1～6年）
10月	関西研修旅行（2年）
11月	フィールドワーク成果発表会
12月	
1月	百人一首大会
2月	マラソン大会
3月	

識した授業を展開し、後期課程とのつながりを重視した学習を進めています。

生徒の可能性を伸ばし 夢がかなう大学へ

【Q】キャリア教育はどのようなことを行いますか。

【永森先生】前期課程では職業観や、将来どのように社会に役に立っていくかを知るために、2年生で職場体験などを行います。

　後期課程では、フィールドワークなどでやりたいことが見えてきたときに、どういう学校であれば夢がかなうのか、そのためにはどの学部学科に行くべきかを知るために、今後大学と連携していけたらと考え、いままさに研究中です。

　けっして行ける行けないではなく、どの大学に行けば自分のやりたいことができるのかという視点で将来を考え、生徒ががんばれる仕組みをつくっています。

【Q】学校行事や部活動についてお話しください。

【永森先生】学校行事も充実しており、体育祭、文化祭、合唱祭は異年齢との交流を重視しています。先輩たちとひとつのものをつくりあげる喜びを味わいながら行事に取り組んでいます。

　現在、前期課程の部活動は文化部が6つ、運動部が11あり、9割を超える生徒が入部しています。全国レベルの大会やコンクールに出場している部もあります。

【Q】最後に読者にメッセージをお願いいたします。

【永森先生】本校では人間教育に力を入れており、まっすぐな生徒がとても多いです。男女問わず仲がよく、生徒たちはまるで兄弟姉妹のように過ごしています。そして、学びあい高めあう、そんな生徒同士の切磋琢磨を大切にしている学校です。生徒は教員を信頼し、教員もその信頼に応えようと、質の高い教育を展開しています。気力、体力ともに充実していて、ねばり強くなにごとにも一生懸命取り組める生徒さんでしたら、本校でその可能性をじゅうぶんに伸ばしていけるでしょう。

　適性検査では、分析、考察する力や、課題に対して前向きに思考して判断、表現する力をみます。本校の教育に興味がある生徒さんは、たとえ塾に通っていなくても果敢に挑戦してみてください。

東京都立南多摩中等教育学校

募集区分　一般枠
入学者選抜方法　適性検査Ⅰ（45分）、適性検査Ⅱ（45分）、報告書

図1

	1ます目	2ます目	3ます目	4ます目	5ます目	6ます目	7ます目	8ます目	9ます目	10ます目	11ます目	12ます目	13ます目	14ます目	15ます目	16ます目
走り出す前	C		B			A										
1回目の移動後				C		B	A									
2回目の移動後						C	B	A								

〔問題1〕　車A、車B、車Cともに**図1**の「走り出す前」のます目の位置からスタートし、車Bは1回の移動で3ます、車Cも1回の移動で3ます進むものとします。
　このとき、ゴールするまでに何回の移動が必要か求めなさい。
　また、このときと同じ回数の移動でゴールできるような、車Bと車Cの1回の移動で進むますの数の組み合わせを一つ答えなさい。ただし、車Bと車Cの1回の移動で進むますの数が両方とも3である場合を除《のぞ》きます。

花　子：渋滞では、車が止まってしまい前の車が進んで間が空かないと進めないこともありました。
先　生：それでは、**〔ルール〕**①から③に次の**〔ルール〕**④を加えて問題を考えてみましょう。

> **〔ルール〕**④　前の車に追い付いた車は、追い付いた回の次の回の移動のときには、1回進むことができないとする。

〔問題2〕　車A、車B、車Cともに**図1**の「走り出す前」のます目の位置からスタートして、ゴールするまでを考えます。
　車Bと車Cそれぞれが1回の移動で進むますの数の組み合わせを一つ自分で決めて、そのときの車Bと車Cのそれぞれが1ます目から10ます目の間で進むことができなかった回数の合計を答えなさい。ただし、車Bと車Cの1回の移動で進むますの数が両方とも1である場合を除きます。

資料を分析し考察する力をみる

ルールと条件に従い作業を行って、的確に解答を導きだす力をみます。この入試では得点しておかなければならない問題です。

論理的に処理する力をみる

「渋滞」をテーマにして作業を進める問題です。資料から情報を読み取り、課題に対して論理的に思考・判断する力をみます。

2016年度　東京都立南多摩中等教育学校　適性検査問題Ⅱ（共同作成問題）より

1　**花子**さん、**先生**、**太郎**《たろう》君の３人が教室で話をしています。

花　子：お正月に車で出かけたときに道路が渋滞《じゅうたい》していましたが、渋滞はどうして起こるのですか。

先　生：信号が無い高速道路でも、前の車がブレーキをふんだり、速さが異《こと》なる車があったりすると渋滞が起こることがあります。

太　郎：どういうことですか。

先　生：それでは、渋滞について次のような場合を考えてみましょう。
図１のように、車が左から右へ進む道路に見立てたますが１６個並《なら》んでいます。最初、車Ａ、車Ｂ、車Ｃは、それぞれ「走り出す前」のます目の位置に止まっていて、同時に動き出すことをスタートとします。

太　郎：車Ａが先頭、車Ｂが真ん中、車Ｃが一番後ろという順番ですね。

先　生：そうですね。車Ａ、車Ｂ、車Ｃは、同時にますを進み、そのときのルールは次の三つとします。

〔ルール〕① スタートしたら車Ａ、車Ｂ、車Ｃは１回の移動でそれぞれ決まったますの数を進む。
１回の移動で、車Ａは常に１ます進み、車Ｂと車Ｃのそれぞれが進むますの数は、最大で３ますとする。
② 後ろの車は、前の車を追いこすことはできない。
後ろの車は、決まったますの数を進んでいなくても、前の車が進んだます目の一つ後ろのます目までしか進めない。
後ろの車は、決まったますの数を進んでいてもいなくても、移動後に一つ前のます目に前の車がいることを前の車に追い付いたということにする。
③ 全ての車が１０ます目を通過して、１１ます目以降《いこう》に来ることをゴールとする。

太　郎：１回の移動で進むますの数が決まっているとは、どういうことですか。

先　生：例えば車Ｂは１回の移動で３ます、車Ｃも１回の移動で３ます進むものとしましょう。

太　郎：ということは、１回目の移動で車Ａは６ます目から７ます目に進み、車Ｂは３ます目から３ます進んで６ます目に来て車Ａに追い付き、車Ｃは１ます目から３ます進んで４ます目に来るのですね。

花　子：そうすると、２回目の移動で、車Ａは８ます目に進むけれど、車Ｂは７ます目までしか進めないわね。車Ｃは車Ｂに追い付いたので、６ます目までしか進めないということになるわ。

解説

都立南多摩中等教育学校では、適性検査Ⅰ・Ⅱと報告書の換算が複雑です。
適性検査Ⅰは100点満点、適性検査Ⅱは100点満点を換算して200点満点、これを合わせて300点満点とし、さらに合わせて800点満点に換算します。報告書は320点満点ですが換算して200点満点とし、総合成績は、これらを合わせて1000点満点で評価しています。ただし、来年度の詳細は９月に発表されます。
独自問題の適性検査Ⅰでは、与えられた文章等を深く読み取り、課題に対して自己の経験や体験に基づき、自らの考えや意見を明確かつ論理的に表現する力をみます。いつも作文の字数が多い〔問題2〕は、今回は400～500字以内の作文でした。
共同作成問題の適性検査Ⅱでは、具体的資料を深く読み取り、分析・考察する力や、課題に対して思考・判断し的確に処理する力をみます。また、身近な地域で見ることができる事象に対して興味・関心を持ち、自然や社会現象に対して調査し考察する力もみます。

東京

東京都立 武蔵《むさし》高等学校附属中学校

■併設型　■2008年開校

中高一貫の6年間で育てる 国際社会に貢献できる知性豊かなリーダー

伝統ある都立武蔵高等学校の附属校として、2008年（平成20年）に産声をあげた武蔵高等学校附属中学校は、中高一貫の6年間を有効に使ったカリキュラムと進路指導で未来のリーダーを育てます。

高橋《たかはし》　豊《ゆたか》 校長先生

学校プロフィール

開　　校…2008年4月
所 在 地…東京都武蔵野市境4-13-28
T E L…0422-51-4554
U R L…http://www.musashi-fuzoku-c.metro.tokyo.jp/
アクセス…JR中央線・西武多摩川線「武蔵境」徒歩10分、西武新宿線「田無」・西武池袋線「ひばりヶ丘」バス
生 徒 数…男子190名、女子168名
1 期 生…2014年3月卒業
高校募集…あり
3学期制／週5日制／50分授業
入学情報（前年度）
・募集人員…男子60名、女子60名 計120名
・選抜方法…報告書、適性検査Ⅰ・Ⅱ・Ⅲ

幅広い教養教育で未来のリーダーを育成

【Q】御校の沿革および、教育理念についてお話しください。

【高橋先生】東京都立武蔵高等学校に附属中学校が設置されたのが2008年度（平成20年度）です。今年、3期生が卒業しました。

教育理念として、幅広い教養教育の上に問題解決能力を育成するということを掲げています。

そして、都立武蔵高の理念を継承するかたちで「豊かな知性と感性」「健康な心と体」「向上進取の精神」の3つの教育目標があります。

こういった教育理念、目標のもとで、「国際社会に貢献できる知性豊かなリーダー」を育てていきたいと考えています。

【Q】御校のカリキュラムの特徴をお教えください。

【高橋先生】本校は併設型ですので、都立武蔵高と連動して年間行事を組んでいます。また、中・高ともに発展的学習を取り入れていて、上位学年の内容を先取りで学

習します。たとえば数学などでは、高2の2学期でおおむね2年の内容を終え、3学期から高3の分野や問題演習に入ります。

授業では、将来の難関大学進学にも対応した教養教育を進め、実践的で発展的な内容を多く取り入れるとともに、地球規模の環境問題や社会問題を考える「地球学」という講座を設定しています。

また、高校では、「人間と社会」の授業などで、自分の得意分野をいかした社会貢献活動を展開しています。

【Q】1学年の人数は120名ですが、クラス編成はどうなっていますか。

【高橋先生】 中学は120名を40名ずつの3クラスに分け、男女はおおむね半々となっています。高校からは2クラスぶんの生徒が新たに加わります。そして高1の段階では中入生と高入生は別々のクラス編成で、高2から同じクラスとしています。これは、中入生の学習進度が早いため、高入生のカリキュラムを別にし、数学を増単位するなどして1年で同じ進度に合わせるためです。

さらに高3から類系制で選択科目を設定し、理系の大学・学部を志望する生徒は理系科目を多く選び、文系の大学・学部を志望する生徒は文系科目を多く選ぶというかたちで分かれていきます。

【Q】習熟度別授業や補習、土曜授業などは行われていますか。

【高橋先生】 3学年とも国語の一部と数学、英語で1クラスを2展開した少人数・習熟度別授業を実施しています。

補習は考査や小テストのあとなどに行いますが、毎朝始業前の10分間は朝学習・朝読書を行っています。その時間に自分に必要な学習ポイントをチェックしたり、選んだ本を読んだりしています。

また、本校では「学習ポートフォリオ」というものを使い、これに基づいた各単元ごとの水準を教師が各生徒にしめしています。定期考査でクリアできなかった場合には、課題や補講などで、学習のつまずきをできるだけ速やかに補充指導しています。

土曜日は隔週で授業がありますが、ふたつの使い方があります。ひとつは平日に行事などが入り、授業がなくなった場合の補充として使う場合。もうひとつが土曜講

特色ある カリキュラム紹介

1 教材はさまざま 環境問題や社会問題を学ぶ「地球学」

都立武蔵中のユニークな取り組みのひとつに「地球学」があります。総合的な学習の時間を使い3年間で体系的に行われるもので、自然・人間・社会にかかわる内容を総合的にあつかい、さまざまな問題への解決法などを学びます。対象は「地球」に関することなので、森羅万象いろいろなことがらがテーマです。

中1では基礎講座として講義形式が中心となりますが、中2ではグループ研究になり、ディベート形式の学習に取り組むこともあります。中3ではこれまでの学習をふまえて個人で研究テーマを設定し学習します。たとえば、近隣の雑木林で生物観察をしたり、身近にいる魚の解剖など、ほんとうにいろいろなものごとを教材にして学んでいきます。

中3までにたくさんの知識を得て、高校からはそれをふまえて、自分はなにができるのかを考え、実践していきます。

中3の3月にはこれまでの集大成として地球学発表会を実施します。

2 勉強の習慣づけや大学入試対策 節目で行われる勉強合宿

都立武蔵中には中1のサマーキャンプを筆頭に、さまざまな合宿があります。これらの合宿をとおして生徒は学習習慣を身につけ、生徒同士のきずなを深め、大学入試へ向けた学力を養成していきます。

中1のサマーキャンプでは、体験学習や、キャンプファイヤーなどが行われ、自然のなかでクラスの友好を深めます。中2では農家に宿泊して田植えなどの農作業体験をする「結い」農業体験学習があります。中3の修学旅行では、京都・奈良の文化遺産に触れ、伝統文化を学びます。また、班別行動の計画を立て、実践することで自主自律の態度を養います。

高1ではスプリングセミナーがあり、ここでは高入生と打ち解けあい、さらに高校からの学習についての習慣をつける場が用意されています。

高2のウィンターセミナーは3泊4日で行われます。これは難関大対策の学習で、この合宿中に自分の限界まで挑戦することで真の学力を伸ばすことが目的です。

習です。土曜講習は午前中4時間で、生徒は全員参加します。高校の教師が中学生に教えるなどいろいろなかたちがあり、特設単元を設定して中学で学んでいることを発展させたものとなっています。

また、夏休みには国・数・英の夏期講習を組んでいます。

それまでの学習の補習的なものと発展的なものの両方があり、さらに希望制と指名制の講習があります。

中3生には、中だるみを防ぐ目的で、夏休みに課題テストも兼ねて外部の模擬試験を行っています。高校から入ってくる生徒がどのくらいのレベルの問題を乗り越えてきているかということを実感してもらうのと、学年としてどのあたりの学習が足りないかをチェックして、後期でその部分をフォローしていくためというふたつの意味があります。

キャリアデザインは6年を3段階に分ける

【Q】進路・進学指導についてお教えください。

【高橋先生】 本校としては、授業や行事などすべてがキャリア教育につながっていると考えているのですが、具体的な進路指導としては、6年間を「基礎力養成期」（中1・中2）、「充実期」（中3・高1）、「発展期」（高2・高3）の3つに分けてキャリアデザインを行っていきます。

まず「基礎力養成期」から「進路ポートフォリオ」を作成し、6年間さまざまな機会に活用していきます。

また、職業調べ、職場体験、「結い」農業体験、キャンパス訪問など、自分の興味・関心はどこにあるかを知ることをおもな目的としています。

「充実期」は、蓄積されたポートフォリオを使いながら、大学教授や企業人、卒業生などを招く進路講演会、大学へのキャンパス訪問などをつうじて自分の得意分野を見つけたり大学や学部を知ったりします。

そして「発展期」では、それまでの4年間をもとに、進路を選び取っていきます。

専門の講師による進路ガイダンスや模擬試験とその分析会、勉強合宿（ウィンターセミナー）、大学入試センター試験対策などを頻

年間行事

おもな学校行事（予定）

4月	入学式　新入生オリエンテーション
5月	「結い」農業体験（中2）
6月	音楽祭
7月	サマーキャンプ（中1） キャンパス訪問（中3）
8月	
9月	文化祭・体育祭
10月	修学旅行（中3）
11月	職場体験（中2）社会科見学（中1）
12月	
1月	漢字検定
2月	マラソン大会
3月	卒業式　地球学発表会（中3）

繁に行い、生徒が希望する進路を選び取れるようバックアップしていきます。

近年、国公立大や難関私立大への合格実績が大きく伸びているのは、こういった取り組みの成果だと思います。

中・高合同の3大行事 部活動も非常にさかん

【Q】学校行事や部活動についてお話しください。

【高橋先生】 本校には「武蔵祭」と呼ばれる3大行事があり、第1は音楽祭です。中・高合同で、中1は全員で校歌を歌い、中2からはクラス対抗で歌います。中学生は高校生が歌うのを聞いて感心していますね。総合優勝は中・高合わせたなかから決まります。

第2が文化祭です。中学は学習成果の発表を行っています。中1はサマーキャンプ、中2は「結い」農業体験の発表で、中3では修学旅行の事前学習や職場体験の発表をしたり、演劇同好会のようなかたちで参加したりと多彩です。

第3が体育祭です。中・高いっしょに行い、中学生の種目は中学生の体育祭実行委員が、高校生の種目は高校生の実行委員が考えます。高校生と中学生が相談しながらつくりあげていますね。

部活動も非常にさかんで、兼部を含めて中・高ともに加入率が100%を超えています。他校の中学生は中3の夏休みぐらいで引退だと思いますが、本校は併設ですので、中3の後半からは長期体験入部として高校の方で部活動をすることができます。

【Q】最後に受検生に向けて、適性検査についてのアドバイスと、メッセージをお願いします。

【高橋先生】 適性検査というのは、小学校での日常の学習をもとにして、そのうえで、図表などの資料から読み取ったことを自分の考えとして筋道立てて表現する問題が多いので、まず小学校の勉強を大切にしましょう。そして、日常で図表などの資料を見たときに、そこから自分の考えを書いて表現してみましょう。

好奇心旺盛《おうせい》で人や世の中のことを考えようとする生徒さんに来ていただきたいですね。さきほどの適性検査の部分でも触れましたが、ふだんからいろいろなことを考える習慣をつけてみてください。

東京都立武蔵高等学校附属中学校

募集区分 一般枠

入学者選抜方法 適性検査Ⅰ（45分）、適性試験Ⅱ（45分）、適性試験Ⅲ（45分）、報告書

なつよ：１０℃の水を氷の８倍の重さだけ加えたら、完全にとけてほぼ０℃になったわ。

はるき：氷がとけて水になったとき、１０℃の水も冷やされて０℃の水になったんだね。

なつよ：２０℃の水なら４倍、４０℃の水なら２倍の重さの水でとけたわね。

あきお：２０℃の水を８倍の重さだけ加えたら、温度は何℃になるのかな。

先　生：氷をとかすのに２０℃の水が４倍の重さだけ必要ですね。そのときに０℃の水はどのくらいできるのかな。

ふゆみ：０℃の水はもとの氷の５倍の重さだけできます。

先　生：そうですね。５倍の重さの０℃の水と、４倍の重さの２０℃の水がさらに混ざるのだから、１０℃よりは少し低い温度になりそうですね。

はるき：先生、温度のちがう水は、同じ重さだけ混ぜたときに二つの平均の温度になるのですね。

先　生：そのとおりです。

なつよ：道路の氷を水でとかすとしたら、とかして０℃の水にしても、流れていく間に他の氷で冷やされて、またすぐに固まってしまいそうね。

あきお：そうだね。氷がとけたときの温度が１０℃になるようにしたいね。

〔問題２〕　あきお君は、「氷がとけたときの温度が１０℃になるようにしたいね。」と言っています。０℃の氷が５００ｇあるとき、２０℃または４０℃の水を加えて氷をとかし、１０℃の水をつくることにします。あなたなら、何℃の水を何ｇ加えますか。また、なぜそのように考えたのかを言葉と式を使って説明しなさい。

なつよ：氷をとかすには、かなりたくさんの水がいるのね。

ふゆみ：熱い湯でとかせば水の量は少なくてすむけれど、やけどをしてはいけないし、熱い湯をつくるためにはたくさんのエネルギーが必要になるから、熱い湯でとかすのもよい方法とは言えないわね。

あきお：太陽のエネルギーを利用するのはどうかな。

なつよ：そうね。何もしなくても太陽のエネルギーで氷はとけるけれど、黒い炭のかけらをまけば、そこだけ早くとけると聞いたことがあるわ。

はるき：なるほど。白い布でできた服より黒い布でできた服は太陽のエネルギーを吸収《きゅうしゅう》するのであたたかくなるというからね。

ふゆみ：では、白い布より黒い布の方があたたかくなるのを実験で確かめてみましょう。

はるき：正確に比かくするためには、使う器具や条件は同じにしないといけないね。

〔問題３〕　ふゆみさんは、「では、白い布より黒い布の方があたたかくなるのを実験で確かめてみましょう。」と言っています。あなただったら、白い布より黒い布の方があたたかくなるのを、どのような実験で証明しますか。あなたが考えた実験の手順を①②③……の番号を使って箇条《かじょう》書きで書きなさい。ただし、使用する器具や条件を具体的に示して書きなさい。

数理的に分析する力をみる

適性検査Ⅲは私立中学の算数の問題と見まがうような問題ですが、身近な事象の観察力や表現力が問われます。

問題を解決する力をみる

会話文を読みとり、科学的考察を行います。条件をしっかり満たす手順を考え具体的にしめすことが要求されます。

2016年度　東京都立武蔵高等学校附属中学校　適性検査Ⅲ　（独自問題）より

2　**はるき**君、**なつよ**さん、**あきお**君、**ふゆみ**さんの４人は、学校に登校する途中《とちゅう》、とけた雪が氷になっているのをみつけました。

なつよ：氷に水をかければとけるかしら。
あきお：水をかけたら、かけた水もこおってしまうかもしれないよ。
はるき：お湯をかけるか、たくさんの水をかけなければとけないだろうね。
ふゆみ：本当かしら。放課後に理科室で氷をとかす実験をしてみましょう。

４人は放課後、理科室で、先生といっしょに実験を行うことにしました。

はるき：先生が氷とお湯と、まわりの温度の影響《えいきょう》を受けにくい容器を用意してくれたよ。
先　生：やけどをしないように、お湯は４０℃にさましてあります。
なつよ：氷にどれくらいの水やお湯を加えたらとけるか調べてみましょうよ。
ふゆみ：氷の体積ははかりにくいから重さではかった方がいいかもしれないわ。
はるき：そうだね。水は氷になると体積が大きくなるから体積で比べない方がいいと思うよ。
なつよ：たしかにそうね。
あきお：では、氷も水も重さではかることにしよう。

〔問題１〕　はるき君は、「水は氷になると体積が大きくなるから体積で比べない方がいいと思うよ。」といっています。水が氷になると体積が大きくなることがよく分かる具体例を、あなたが見たり聞いたりしたことの中から一つ書きなさい。

はるき：氷の温度は中心部分も０℃なのかな。
先　生：よく冷やした氷の中心部分は０℃より低い温度の場合もありますが、とけかかっている小さな氷を用意したので、氷の温度は中心部分もほぼ０℃と考えていいでしょう。
ふゆみ：０℃の水というのもあるのですよね。
先　生：０℃以下の氷が温められて０℃になると氷がとけはじめます。氷がとけた直後にできた水は０℃になっています。
あきお：では、氷の何倍の重さの水を加えれば氷が完全にとけるのか調べてみるよ。水の温度は、１０℃、２０℃、４０℃にしよう。
なつよ：氷がとけたかどうかを観察するだけでなく、温度もはかってみましょう。
はるき：では、まわりの温度の影響を受けにくい容器を使って実験するよ。

４人が先生といっしょに実験を行ったところ、**表１**のような結果になりました。

表１　０℃の氷に水を加えた実験の結果

加えた水の温度	加えた水の重さ	混ぜた後の様子と温度
１０℃	氷の重さの８倍	完全にとけてほぼ０℃になった
２０℃	氷の重さの４倍	完全にとけてほぼ０℃になった
４０℃	氷の重さの２倍	完全にとけてほぼ０℃になった

解説

都立武蔵高等学校附属中学校の入学者選抜では、報告書と適性検査Ⅰ・Ⅱのほかに適性検査Ⅲが課されるのが特徴です。適性検査と報告書の評価比率は3：1です。適性検査はいずれも100点満点ですが、それぞれ4倍し1200点満点、報告書は400点満点です。総合成績は1600点満点で選抜します。来年度の詳細は9月に発表されます。

共同作成問題の適性検査Ⅰではふたつの平易な文章を深く読み取る力をみる読解問題と、自己の体験に基づいて論理的な文章を440字以内でつくる力をみる作文です。

適性検査Ⅱでは資料を分析し考察する力、資料の読み取りに基づいた論理的な思考力、表現力などをみます。適性検査Ⅱは、大問1と3が共同作成問題、2が独自問題でした。その2はグラフの読み取りや割合の計算問題でした。

武蔵高等学校附属中独特の適性検査Ⅲではリーダーとして必要な計画する力、問題を解決する力、数理的に分析し課題を見出す力などをみるとしていますが、適性検査Ⅲは算数と理科の視点を試されるといってよいでしょう。

東京都立両国《りょうごく》高等学校附属中学校

■併設型　■2006年開校

「自律自修」を教育方針に掲げ 国際社会で活躍できるリーダーを育成

鯨岡《くじらおか》　廣隆《ひろたか》 校長先生

伝統である「自律自修」を教育方針に、質の高い教育活動を展開しています。東京東部地区のみならず、都立を代表する進学校として、高い学力、広く深い教養・知性を育む両国高等学校附属中学校です。

自らを厳しく律し 自ら進んで学ぶ

【Q】御校の沿革ならびに中学校創立の経緯をお話しください。

【鯨岡先生】東京都立両国高等学校は、東京府立第三中学校として1901年（明治34年）に設立され、2006年（平成18年）に中学校が開校しました。創立から110周年を超え、東京東部地区を代表する歴史と伝統ある進学校としてレベルの高い教育を実践しております。

3学期制・週5日制で授業時間は50分。附属中学校の生徒数は1学年3クラス、120名となっており、中学生はそのまま両国高等学校へ進学します。高校からは新たに2クラスぶんの約80名を募集し、5クラスとなります。

中入生と高入生のクラス分けは行っていません。これは、お互い刺激しあって切磋琢磨することで、よりいっそう学力や意欲を高めることがねらいにあるからです。

【Q】教育方針の「自律自修」とはどういったものでしょうか。

学校プロフィール

開　校…2006年4月

所在地…東京都墨田区江東橋1-7-14

TEL…03-3631-1878

URL…http://www.ryogoku-fuzoku-c.metro.tokyo.jp/

アクセス…JR総武線・横須賀線・地下鉄半蔵門線「錦糸町」徒歩5分、都営新宿線「住吉」・「菊川」徒歩10分

生徒数…男子170名、女子190名

1期生…2012年3月卒業

高校募集…あり

3学期制／週5日制（土曜授業 年20回）／50分授業

入学情報（前年度）

・募集人員…男子60名、女子60名 計120名

・選抜方法…報告書、適性検査Ⅰ・Ⅱ・Ⅲ

【鯨岡先生】「自律自修」とは、「自らを厳しく律し、自ら進んで学ぶ」という、自立した若者を育成するための教育方針です。

また、2006年の中学校開設時に、中高一貫教育を両国で行うにあたり、高校で掲げている「自律自修」を中学生にもわかりやすく伝えるために「自ら考え、自ら学ぶ生徒」「高い志と使命感を持った生徒」「健康で明朗な生徒」の3つに置き換え紹介しています。

【Q】御校はどのような雰囲気の学校ですか。

【鯨岡先生】本校の中学生は、創造力にあふれ、しなやかな感性を持っていると感じます。中学生と高校生ではまったく異なった雰囲気があります。授業の反応も、中学生は伸びやかで元気がよい印象ですが、高校生は受験をめざして自分自身を高めていくという明確な目標がありますので、落ちついた真剣な雰囲気を感じます。こうしたちがいを見ていると、「6年間でいかに生徒の伸びやかな個性を育て、そのさきの進路希望実現へつなげるか」という部分に本校の使命があると思っています。

【Q】教科のカリキュラムについて具体的にお話しください。

【鯨岡先生】東京都の中高一貫教育は、社会貢献や使命感、倫理観、つまり社会のリーダーになるような人材を育成するために、総合的な学力を培い、教養教育を行うことがコンセプトにあります。

それに基づき本校では、「言語能力の育成」、それから「英語によるコミュニケーション能力の育成」、「理数教育の充実」を基本構想としています。

まず、「言語能力の育成」です。本校では、国語だけにとどまらずすべての教科をつうじて言語能力を高める取り組みを行っています。具体的には、「読む・書く・聞く・話す」能力のバランスの取れた伸長をめざし、授業のなかでディベートやプレゼンテーションなど発表の場を多く設定し、自分の意見を表現して相手に伝える能力を磨く機会を設けます。

「英語によるコミュニケーション能力の育成」については、生徒のなかには、読み書きはできても英会話は苦手という場合があります。社会では話せる英語が求められていますので、英語をコミュニケーションの手段とし、国際社会

特色ある カリキュラム紹介

1 進路を早期に分けないカリキュラムで幅広い進路選択が可能になる

両国では中1・中2を「基礎学力定着期」、中3～高2を「応用発展期」、高3を「確立期」としています。特徴的なのは「応用発展期」を3年間として、最後の「確立期」が高3の1年間になっているところです。

多くの学校は3つの期間を2年間ずつに分けていますが、両国はちがうかたちをとっています。それは、早期に進路を決定するのではなく、「確立期」に入る前になるべく多くの教科を勉強することで、将来の進路を幅広く選択できるようにしているからです。

「応用発展期」の高2の選択で、初めて文系と理系とで選択授業が少し変わってきます。それでも共通履修科目が大部分を占めています。そして高3の「確立期」になってから、進路希望により、文系と理系に分かれます。

カリキュラムでは、高1は国語・数学・英語の単位を増やしています。高2は地歴（世界史か日本史）か理科（物理か化学）を選択。高3では文系と理系に応じてさまざまな科目を選択します。

文系の私立大志望だから数学を勉強しなくてもいいということはまったくありません。基礎学力は知らず知らずについていますので、両国ではほぼ全員が大学入試センター試験を受験します。

で活躍できるリーダーの育成をめざします。ネイティブの教員による授業はもちろん、オールイングリッシュの授業、ICT（情報コミュニケーション技術）やBGMを使い全員参加型の授業で学び、実用できる英語力を中学の段階からしっかりと養います。

その集大成として、中3で9泊10日の海外語学研修（アメリカ）を実施しています。生徒は現地の大学と連携した教育プログラムに参加するとともに、ワンファミリーワンスチューデントでのホームステイをつうじて、異文化理解・異文化交流にも取り組みます。

「理数教育の充実」では、生徒の興味・関心をひくための体験学習を重視し、教科書に載っている実験・実習はすべて行っています。

数学では、数学的な見方や考え方を重視し、1クラスを2つに分けた習熟度別・少人数授業を行い、基礎・基本の確実な定着をはかっています。

独自のキャリア教育 「志学《こころざしがく》」を実施

【Q】習熟度別授業は行われていますか。

【鯨岡先生】 高校の数学と英語で実施しています。

【Q】補習や土曜授業、夏期講習などはどうされていますか。

【鯨岡先生】 まず、毎日行う朝学習は全学年で実施し、ホームルーム前の15分間にドリルなどを用いて学習を行います。

曜日によって取り組む教科が変わり、中学生では朝日新聞の社説「天声人語」を書き写すユニークなものもあります。書き写すことでより深く内容を理解させるねらいがあります。

高校では希望制で放課後に講習を実施し、土曜日は中・高ともに隔週で午前中に授業があります。

夏期講習も中・高で実施しています。夏期講習は希望制で、生徒が自分の希望する講座を選択し受講しています。中学生は基礎的な内容がおもですが、高校生は受験に向けて基礎から高いレベルのものまで用意しています。

【Q】進路・進学指導についてお話しください。

【鯨岡先生】 総合的な学習の時間を使い、「志学《こころざしがく》」という進路や生き方について意識を深める学習を行っています。その一環として、

年間行事

おもな学校行事（予定）	
4月	入学式
5月	遠足
6月	体育祭
7月	林間学校（1年）海外語学研修（3年） 外国語宿泊研修（2年）
8月	進路体験学習（3年）
9月	文化祭
10月	
11月	職場訪問(1年) 職場体験(2年)
12月	
1月	百人一首大会
2月	合唱コンクール
3月	芸術鑑賞教室　球技大会　卒業式

さまざまな方面で活躍しているかたを年間で10人程度お招きして講義をしてもらい、高校卒業後の将来を意識させています。名前の表すとおり、高い志を抱かせるプログラムが「志学」なのです。「志学」を総合学習で行い、中1で職場訪問、中2で職場体験、中3で進路体験学習を行い、将来の志や使命感を中学の3年間で育てます。

高校の進路指導では、普段の定期考査のほかに、1年間に6回の模擬試験を実施しています。外部模試を3回、両国内部で作成した実力テストを3回です。このようにきめ細かくテストが行われているので、学力の伸びやスランプなども確認しやすくなっています。また、年に数回、面接や三者面談を実施しています。

さらに、予備校や塾に行かず学校の授業や講習だけで大学受験に対応できる学力をつけさせることをめざし、授業内容の充実を目標に教員同士で授業見学や授業研究がさかんに行われています。

夢や希望を持った生徒に来てほしい

【Q】いつも生徒に話されているお言葉はありますか。

【鯨岡先生】 今後、あいさつ日本一をめざしたいと思っています。気になるところは、体力が低い生徒が多いことです。体力は人間の活動の基本です。今後、体力も日本一をめざしたいと思います。

毎朝生徒の登校時間に門の前に立って登校してくる生徒にあいさつをしています。あいさつをとおして生徒とのコミュニケーションを大切にしています。

【Q】最後に、どのような生徒さんに入学してほしいか、お話しください。

【鯨岡先生】 さまざまなことに興味関心を持ち、何事にも積極的にチャレンジしようとする意欲と情熱のある生徒さんに来ていただきたいと思っています。

本校では生徒と先生が、1時間1時間の授業に真剣に取り組んでいます。

そんな本校での勉強・学校行事・部活動などの教育活動のなかで友情を育み、先生とのきずなを深めしっかりと学び、自分を高め、将来国内外でリーダーとして活躍できる人材に育ってほしいと願っています。

東京都立両国高等学校附属中学校

募集区分　一般枠

入学者選抜方法　適性検査Ⅰ(45分)、適性検査Ⅱ(45分)、適性検査Ⅲ(30分)、報告書

みさき：**図3**を見ると、Aのますは ⑦ から判断してぬりつぶし、Bのますは ⑤ から判断してぬりつぶさないで、Cのますは ⑥ から判断してぬりつぶせばいいのかしら。

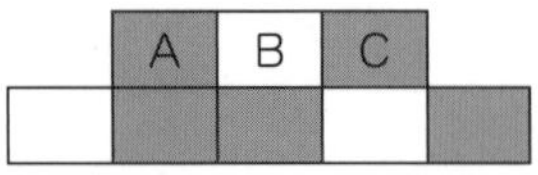

りょう：そうだよ。最後に、2段目の3ますを見て、3段目をぬるかぬらないかを判断するんだよ。

みさき：そうすると、この場合は ⑥ から判断して3段目はぬりつぶせばいいのね。

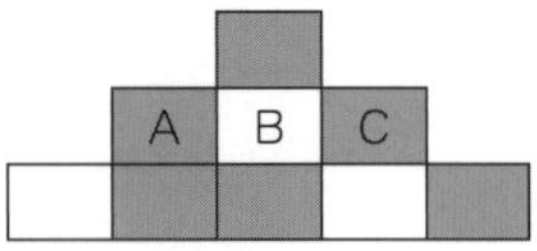

りょう：そのとおりだよ。

みさき：ルールは分かったわ。それでどんな問題なの。

りょう：3段目をぬらないような1段目と2段目のぬり方を答える問題だよ。

しばらくして、りょう君とみさきさんはそれぞれパズルの答え（**図4**）を見つけました。

図4

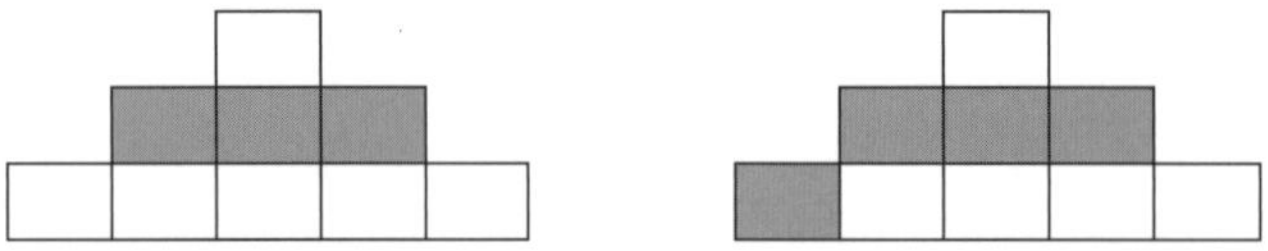

りょう君の答え　　　みさきさんの答え

みさき：<u>このパズルの答えはこの二つ以外にもありそうね。</u>もう少し考えてみましょうよ。

〔問題3〕 <u>このパズルの答えはこの二つ以外にもありそうね。</u>とありますが、3段目をぬらないような1段目と2段目のぬり方を4通り答えなさい。ただし、**図4**の2通りはのぞくものとし、ますをぬるときは、**図5**のいずれかのように答えることとします。

図5

 ますをぬりつぶす

 ますに×を書く

論理的に考える力をみる

資料を読み取り、論理的に考え、条件を整理し能率的に処理する力をみています。根気よく考える力も必要です。

課題を解決する力をみる

パズル問題といえますが、課題、条件を分析する力、その問題を解決するべく、ていねいに考える力をみています。

2016年度　東京都立両国高等学校附属中学校　適性検査Ⅲ（独自問題）より

りょう君は、みさきさんからわたされた新聞にのっていたパズルを考えています。

みさき：どんなパズルなの。

りょう：まずルールを説明するね。**図１**のように、１段目《だんめ》には５ます、２段目には３ます、１番上の３段目には１ますを積み上げた図があるんだよ。

図１

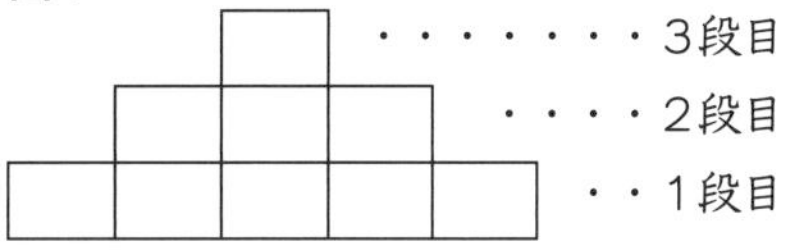

みさき：１段目から３段目までの全てのますを合わせると９ますあるということね。

りょう：そうだよ。次に１段目の５ますのうち特定のますをえん筆でぬりつぶすんだ。ぬりつぶすますの数は自由で、５ます全部ぬりつぶしてもいいし、１ますもぬらなくてもいいんだよ。

みさき：１段目をぬってみるわね。

みさきさんは、１段目を**図２**のようにぬりました。

図２

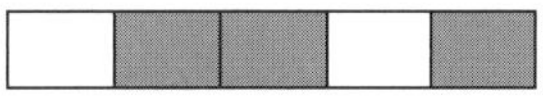

みさき：この後はどうするのかしら。

りょう：図３を見てごらん。２段目、３段目のそれぞれのますをぬるかぬらないかは、そのますの真下のますとその両側をふくめた３個のますのぬられ方の状態によって、自動的に決まるんだよ。

図３

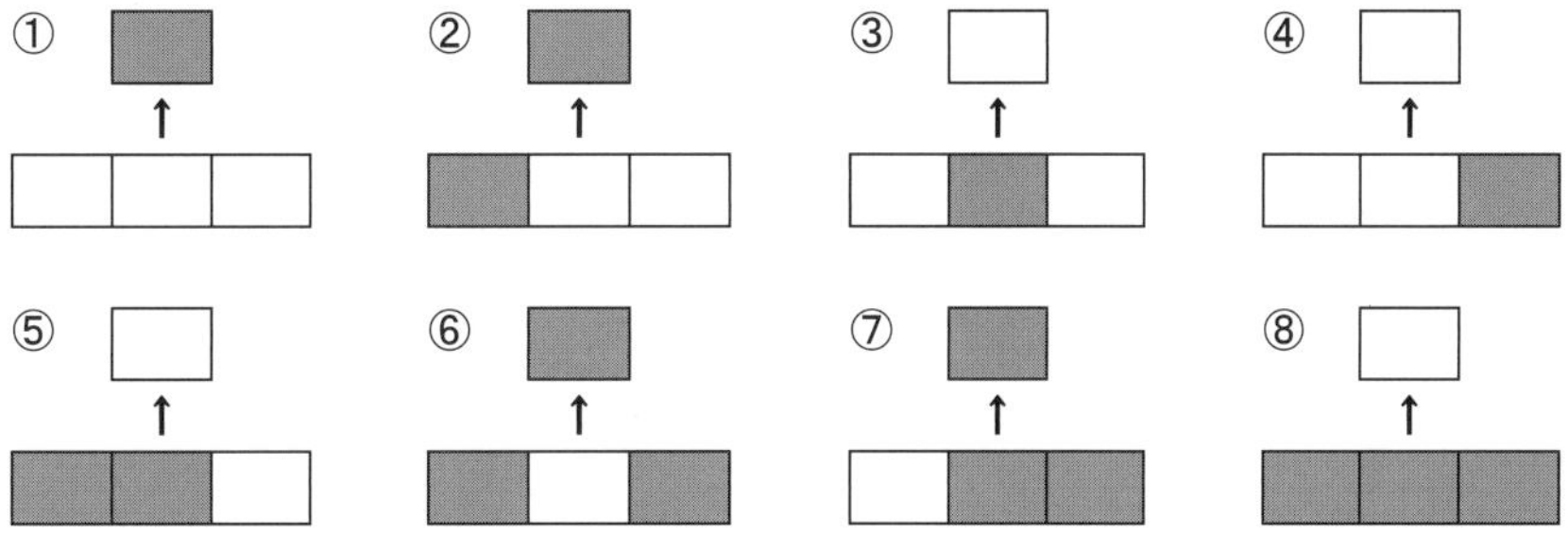

解説

2016年度、都立両国高等学校附属中学校の入学者選抜では、報告書（換算後200点）、適性検査Ⅰ（換算後300点）、適性検査Ⅱ（換算後200点）、適性検査Ⅲ（換算後300点）の総合成績1000点で評価しました。ただ、2017年度の換算式等は、正式には9月に発表されます。

適性検査Ⅰは独自問題で文章を読み取る力、自分の考えを適切に表現する能力をみます。国語の読解力がなければ、問題文を読みこむだけでも苦労させられます。すべて記述式で、最後の問題は350～400字の作文を求められます。

共同作成問題の適性検査Ⅱは、問題を分析する力、思考力、判断力、また課題を解決する総合的な力をみます。適性検査Ⅱは算数・理科・社会の3科目がバランスよく融合された出題となっています。ただ、読解力がなければ、問題そのものを読み取れません。この春から採用することになった、独自問題の適性検査Ⅲは、課題に対して科学的・数理的な分析、考察、判断、解決する力を試したいとの趣旨で作問されました。基本的な計算を能率的に処理する力も必要でした。

神奈川

神奈川県立 相模原《さがみはら》中等教育学校

■中等教育学校　■2009年開校

次世代のリーダーをめざし やりたいことを見つける場

坂本《さかもと》　和彦《かずひこ》　校長先生

2016年（平成28年）3月、相模原中等教育学校は2期生を卒業させました。中高6年間を効率的に使い、「しっかり学び、じっくり育て、ゆっくり探る」教育を展開し、次世代を担うリーダーを育成しています。

生徒のやりたいことを実現させるための6年間

【Q】御校が設立された経緯をお聞かせください。

【坂本先生】 神奈川県立相模原中等教育学校（以下、相模原）は、母体となる同県立相模大野高等学校から2009年（平成21年）に移行した中高一貫校です。

今年卒業した2期生も、1期生につづき、東京大をはじめとした国公立大に54名が進学したほか、難関私立大など幅広い進路目標を達成し、生徒一人ひとりが自らの思いを実現させました。

教員一同、生徒が将来の目標を見つけられるよう、また、諦めないで貫けるよう指導してきました。それが、こうした成果として表れたのだと思います。

相模原では、6年間をとおして、生徒の「ほんとうにやりたいこと」の実現を支援することに重きをおいています。

【Q】御校の教育目標とはどのようなものですか。

【坂本先生】 教育目標は、「人格の

学校プロフィール

開　校…2009年4月

所在地…神奈川県相模原市南区相模大野4-1-1

TEL…042-749-1279

URL…http://www.sagamihara-chuto-ss.pen-kanagawa.ed.jp/

アクセス…小田急線「相模大野」徒歩10分

生徒数…前期課程 男子240名、女子240名
後期課程 男子232名、女子236名

1期生…2015年3月卒業

高校募集…なし

2学期制／週5日制／45分授業

入学情報

・募集人員…男子80名、女子80名 計160名

・選抜方法…適性検査（Ⅰ・Ⅱ）、グループ活動による検査、調査書

完成をめざし、高い知性と豊かな人間性をそなえ、心身ともに健全な、次世代を担う人材を育成する」ことです。つまり、生徒たちが将来、次世代を担うリーダーとして活躍できるよう、導くことをめざしています。

ここで掲げるリーダーとは、一流企業の社長や、政治家だけを意味しているのではありません。相手の意見を受け入れ、自分の意見を表現し、全体をまとめ、動かしていける人のことを言います。

本校では、その実現のため、「科学・論理的思考力」「表現コミュニケーション力」「社会生活実践力」の3つを主として育てています。

これらの力を、基礎期（1・2年）・充実期（3・4年）・発展期（5・6年）という段階ごとに、しっかり学び＝〈学習〉、じっくり育て＝〈生活〉、ゆっくり探る＝〈キャリア教育〉を目標に身につけさせます。

3つのメソッドを柱に特色ある授業を展開

【Q】カリキュラムや、学習指導の特徴について具体的にお話しください。

【坂本先生】学習面では、「読書・暗唱・ドリル」「発表・質疑応答・レポート」「探究・ディベート」という3つのメソッドを柱とした授業により、力を養います。

「読書・暗唱・ドリル」は、おもに基礎期に取り入れ、学習の基礎・基本を確実に定着させます。

「発表・質疑応答・レポート」は、1年次から、パソコンで作成したパワーポイントを使った発表をさせ、質問への応答を習慣として身につけさせることから開始します。

「探究・ディベート」も、基本的に1年次から全科目に組みこんでいます。

また本校では、こうした学習に全員がついてこられるよう、基礎期から家庭学習の習慣を身につけさせることを重視しています。そのため、通常40人×4クラスのところを、基礎期は32人×5クラスで編成し、教員がしっかりと生徒一人ひとりの面倒を見られるようにしています。

生徒たちは、課題がたくさんだされるので大変だと感じるかもしれませんが、徐々にできるように

特色ある カリキュラム紹介

1 かながわ次世代教養

1年次から6年間かけて次世代のリーダーに求められる「科学･論理的思考力」、「表現コミュニケーション力」、「社会生活実践力」を体系的・継続的に学習し、自らが設定した課題を解決する探究活動を行います。

前期課程では、IT活用スキルの習得や伝統文化・歴史、地球環境というテーマについて学習を深め、グローバルな舞台でプレゼンテーションと質疑ができるための英語コミュニケーション力を3年間かけて育成します。

後期課程では、6年次で行われる研究発表会に向けて、自らがさまざまな分野における課題を設定し、探究活動を進めます。

知的好奇心を刺激し、将来にわたって学習する意欲や態度を育成し、大学での研究活動につなげています。

2 6年間で「しっかり学ぶ」

前期課程では、「読書・暗唱・ドリル」、「発表・質疑応答・レポート」、「探究・ディベート」の3つのメソッドを柱とし、基礎的な知識・技能を習得させる授業が展開されています。

たとえば、英語ではネイティブスピーカーの発音に慣れながら暗唱し、スキットなどで自分の言葉として発表する機会を設けています。自分の考えを英語で相手に伝えることで、表現する喜び、達成感が感じられる授業展開が行われているのです。

また、理科では科学研究の基礎・基本を学ぶために、実験や観察を数多く行い、知的好奇心を刺激します。

そして、結果や考察をみんなの前で発表し、質疑応答を行うことで、科学・論理的思考力を深め、後期課程の学習につなげます。

このように、相模原の生徒は、発表することや質疑に応えることなどにより、課題を解決するために必要な思考力･判断力・表現力を育成し、主体的に学ぶ意欲を養っていきます。

後期課程では、前期課程で育成した力を基に、中等教育学校における教育課程の基準特例をいかして、6年間で効率よく「学び」を深めていきます。

なっていきます。教員たちが生徒の成長度合いに合わせて、しっかり育ててあげられることが大切なのです。

カリキュラムは45分×7校時×週5日の2学期制。大きな特徴としては、4年生までは全員が同じ科目を受けることです。5年生からは若干の自由選択科目があります。

文系・理系を問わず、全員に両系統をまんべんなく学ばせる理由は、たとえば弁護士になったが医療の知識が必要になるというように、社会にでたときに自分の専門以外の幅広い知識を求められることがじゅうぶんにありえるからです。大学進学だけでなく、将来をも見据え、生徒がどの分野に行っても困らないように、幅広い分野の基礎を身につけさせることが大切なのです。

【Q】御校独自の特色ある取り組みについてお聞かせください。まず、「かながわ次世代教養」がありますね。

【坂本先生】「かながわ次世代教養」は、自らの課題を探究によって解決し、他者に適切に伝える能力の向上をはかる授業です。

他科目で身につけた力を、総合的に活用する能力を養っていきます。たとえば、伝統文化や地球環境をテーマに英語で紹介したり、プレゼンテーションしたりします。

1年次から6年次（4年次以降は「総合的な学習の時間」に含まれる）までつづき、最後の授業では、生徒全員が自分の決めたテーマの成果を発表します。

互いの採点で選出された代表者は、後日、3～5年生の前でも発表をします。

「東京ディズニーランドはなぜ人気なのか」「タイムマシーンはつくれるのか」など、テーマはさまざまです。生徒にとって、将来学びたいことを考えるきっかけにもなるでしょう。

また、理科の授業で行われる「サイエンスチャンネル」では、科学・論理的思考力を高める探究活動を実践しています。ガスバーナーに火をつけることから始め、いろいろな実験・考察・発表を行います。

やがて、生徒たちは学外の活動にも目を向け、大学が主催するイベントやコンテストなどに積極的に参加するようになります。

年間行事

おもな学校行事（予定）

4月	入学式　新入生オリエンテーション 合宿（1年生）
5月	社会見学（2〜6年生）
6月	蒼碧祭（体育部門）出張授業（1年生） 農村体験（2年生）
7月	かながわ次世代発表会（6年生）
8月	自己発見チャレンジ（4年生）
9月	蒼碧祭（文化部門）
10月	事業所見学（1年生）
11月	研修旅行（5年生）
12月	芸術祭（合唱部門）芸術祭（展示部門）
1月	マラソン大会
2月	スキー教室（1年生希望者） イングリッシュキャンプ（3年生）
3月	成果発表会　球技大会　卒業式 海外研修旅行（4年生希望者）

相模原での体験をいかし次世代を担うリーダーへ

【Q】行事など、学校生活についてはいかがでしょうか。

【坂本先生】 相模原は行事もさかんです。「蒼碧祭」は、相模大野高等学校の伝統が引き継がれ、体育部門と文化部門で構成されています。1〜6年生までが一体となって行う点も特徴です。今年は2期生の発案で、4〜6年生しか参加できない応援団のダンスの一部に前期生を参加させる見事な演出を実現させました。1期生が前期生のころに感じた、「先輩たちといっしょにダンスに参加したい」という思いを実現させたのです。相模原は、生徒たちの「自分たちでつくりあげていく」という高い意識により、発展しつづけています。

　上級生は下級生のことをとてもよく考えてくれています。ほんとうに優しい生徒たちばかり。「先輩が怖い」と言う後輩はひとりもいないのではないでしょうか。

【Q】キャリア教育へはどのように取り組まれていますか。

【坂本先生】 キャリア教育においては、体験活動が多く取り入れられています。2年次に行われる「農村体験」では、2泊3日、農家に泊まって農作業を体験し、働くことの尊さを学びます。

　また、4年次に行われる「自己発見チャレンジ」は、生徒が自分の興味・関心のある企業や大学、官公庁などの外部機関に出向き、自ら設定した課題にチャレンジするというプログラムです。

　企業で1日職業体験をしたり、大学の研究室を訪れたりするなど、多彩な体験をとおして自己を探究します。

【Q】最後に、相模原へは、どのような生徒さんに来てほしいかお聞かせください。

【坂本先生】 世の中のいろいろなことに興味を持つ子に入学してほしいですね。

　生きていれば、多くの困難に遭遇します。それでも、周囲の人と意見を交換しながら、最善の方法を考え、前に進める人間を育てていきたいと思っています。さまざまなことに関心を寄せ、積極的にチャレンジできる人が増えれば、互いに切磋琢磨していけるのではないでしょうか。

神奈川県立相模原中等教育学校

募集区分　一般枠

入学者選抜方法　適性検査Ⅰ（45分）、適性検査Ⅱ（45分）、グループ活動による検査（40分）、調査書

（1）ゆうこさんは，川崎《かわさき》・横浜《よこはま》地域，湘南《しょうなん》地域，県央地域，県西地域の4つの地域の特色をまとめることにしました。あさおさんがまとめた〔地図〕から読みとれる内容として，それぞれの地域に最もあてはまるものを，次の①～⑧の中から1つずつ選び，その番号を書きましょう。

① 南側は海に面していて，東側は山が多い。トマトや小松菜，落花生が生産されている。
② 神奈川県の水源となっているダムがある。農産物はしいたけやトマトなど，水産物はあゆがとれる。
③ 地域の中心には城があり，まわりはすべて山に囲まれている。梅や茶がさいばいされている。
④ 山が北側にあり，名所として大仏がある。キウイやみかんなどの農産物がとれる。
⑤ 三方が山に囲まれていて，だいこんなどの農産物や遠洋漁業の基地があり，まぐろが有名である。
⑥ 南側は海に面していて，北西に山がある。落花生やトマト，ねぎやいちごなどを生産している。
⑦ 東側は海に面していて，日本を代表する貿易港や県庁がある。小松菜やなしなどを生産している。
⑧ 南東側は海に面していて，西側に山や湖や温泉がある。みかんやキウイなどを生産している。

（2）ゆうこさんが4つの地域の特色をまとめたように，三浦《みうら》半島地域の特色を〔地図〕から読みとれる地形や名所と，農産物や水産物の具体例をあげながら，36字以上45字以内で書きましょう。

身近な課題で読解力も試される

比較的やさしい問題ですが、地図上での東西南北の概念や、文章を短時間に的確に読み取れるかが試されます。

例にならって字数内で表現する

三方が海に囲まれ、遠洋漁業の基地や大仏があること、大根、スイカなどの農産物についても45字以内で触れたいところです。

2016年度 神奈川県立相模原中等教育学校 適性検査問題Ⅰより（神奈川県立共通）

問１　あさおさんは，「神奈川県の各地域の特色を調べる」という課題で，『わたしたちの神奈川県』を使って，５つの地域の主な地形や名所と農産物や水産物について〔地図〕にまとめています。〔地図〕を見て，あとの（1），（2）の各問いに答えましょう。

〔地図〕神奈川県の各地域の主な地形や名所と農産物や水産物

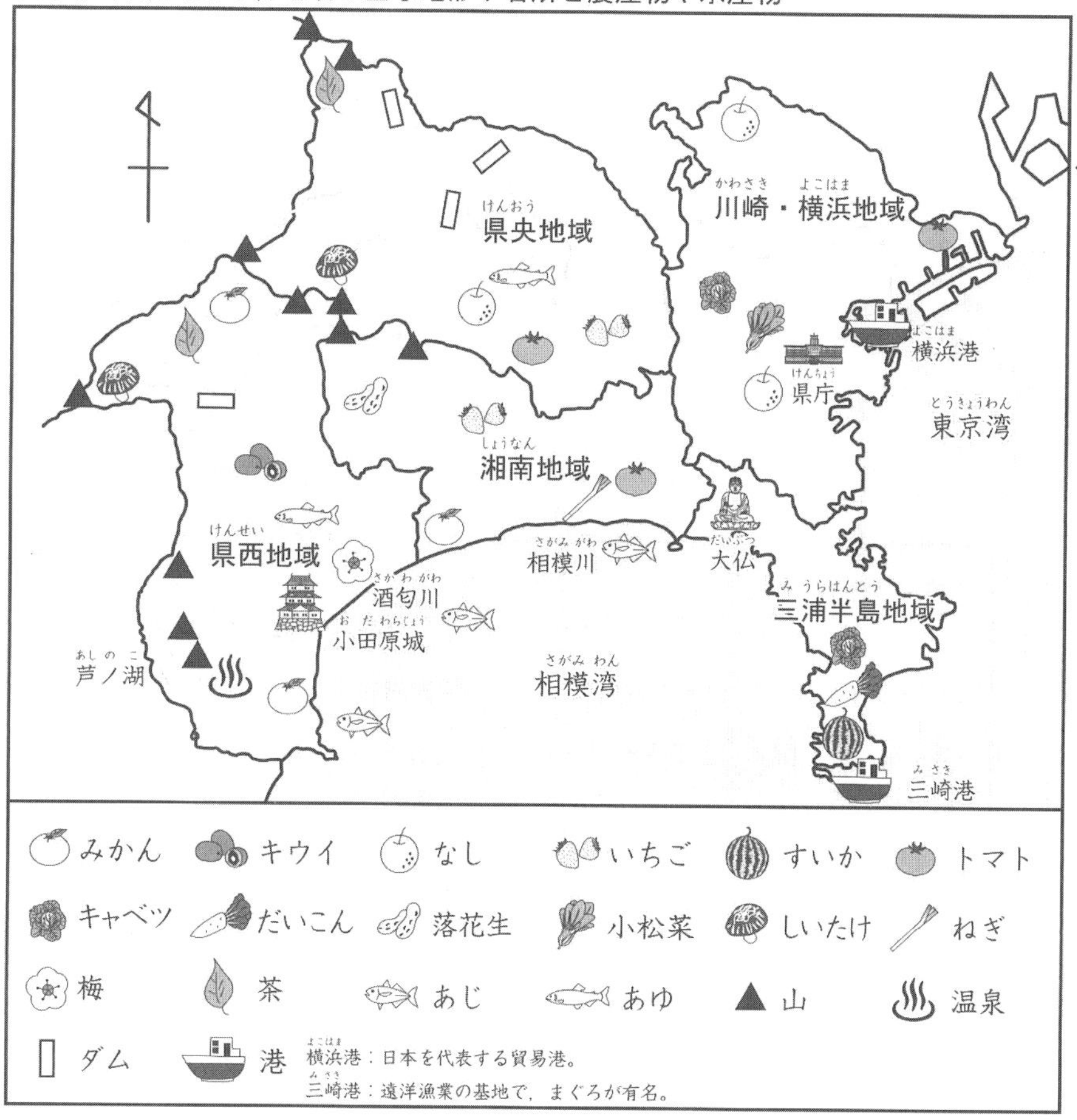

（『わたしたちの神奈川県（平成26年版）』より作成）

解説

神奈川県立の中等教育学校２校（相模原中・平塚中）は同じ問題で検査をします。適性検査Ⅰ・Ⅱでは、これからの社会に必要な力をはかるとされていて、他者の考えや発言を類推し、わかりやすく表現する力、資料を見ながら論理的に分析し、順序立てて表現、説明する力、身のまわりの事象に対する課題意識の有無などをみます。

適性検査Ⅰ・Ⅱは国・算・社・理、４教科の融合問題で、検査時間に比べてボリュームがあります。家庭にあってもふだんから新聞やニュースに触れ、問題点を読み取ったり自分の意見をまとめ、筋道立てて説明できるようにしたいものです。家庭でもさまざまな角度から話しあうような習慣をつけるとよいでしょう。

なお、以前実施していた「作文」は取りやめましたが、記述問題は必ず出題されます。

「グループ活動による検査」については、平塚中等教育学校の項（102～103ページ）をご参照ください。

神奈川県立 平塚《ひらつか》中等教育学校

■中等教育学校　■2009年開校

かながわから世界とつながる次世代のリーダーを育てる

2009年（平成21年）に神奈川県初となる公立中高一貫校として誕生した平塚中等教育学校。「かながわ次世代教養」をとおして世界へ羽ばたく人材を育てています。

落合《おちあい》　浩一《ひろかず》　校長先生

3つのLで次世代のリーダーを

【Q】御校は2009年（平成21年）4月に、神奈川県初の公立中高一貫校として開校されましたが、沿革をお教えください。

【落合先生】 本校は県立大原高等学校の敷地内に開校し、今年で8年目を迎えました。2015年（平成27年）の3月に1期生が初めての卒業生として巣立っていきました。

取り組みの柱のひとつに、「かながわ次世代教養」があります。これは総合的な学習の一貫として次世代のリーダーを育成し、神奈川（平塚）から日本や世界を支えていこうというものです。そこで「表現コミュニケーション力」「科学・論理的思考力」「社会生活実践力」という3つの力の育成・伸長を重視した教科指導を行っています。そのなかでも本校は「表現コミュニケーション力」の育成に力を入れています。

【Q】教育理念である3つのLについてお教えください。

【落合先生】 これは創立当初から

学校プロフィール

開　校…2009年4月

所在地…神奈川県平塚市大原1-13

TEL…0463-34-0320

URL…http://www.hiratsuka-chuto-ss.pen-kanagawa.ed.jp/

アクセス…JR東海道本線「平塚」バス10分徒歩7分または徒歩30分、小田急線「伊勢原」バス18分徒歩7分

生徒数…前期課程 男子240名、女子239名　後期課程 男子234名、女子230名

1期生…2015年3月卒業

高校募集…なし

2学期制／週5日制／45分授業

入学情報

・募集人員…男子80名、女子80名　計160名

・選抜方法…適性検査（Ⅰ・Ⅱ）、グループ活動による検査、調査書

の学校理念です。次世代のリーダーとなれる人材、人間性豊かで社会貢献ができる人材を育てることをめざし、そのための理念として「生きる（Live）―深い洞察と鋭い感性―」、「慈しむ（Love）―高い志と豊かな人間性―」、「学ぶ（Learn）―幅広い教養と光る知性―」という「3つのL」を掲げました。この教育理念は生徒たちにしっかりと浸透し、クラス写真を撮影するときなど、みんな自然に、Lの字の指のポーズをつくっています。

【Q】御校の教育カリキュラムについてお教えください。

【落合先生】 2学期制、45分授業で1日7時間が基本のスタイルです。後期課程は単位制になっています。6年間を3期に分け、一貫した教育を行っています。

1～2年は基礎基本を充実させる「基礎・観察期」とし、1年のみ1クラス32名の少人数編成です。3～4年は「充実・発見期」として中高一貫の特徴を大切にし、中学と高校との〝線〟を引かずに学びます。そして、5～6年は「発展・伸長期」として、将来像を描きながら、つぎの進路をめざした取り組みを行っています。

中学校段階では、学習指導要領に定められている標準時間より、週4～5時間多くの授業を行っています。その増えた4～5時間は国語・数学・英語にあて、無理なく発展的な学習を行います。教科によっては、1・2年生で高校カリキュラムの内容を勉強することもあります。しかし、たんに上級の学年の学習範囲を先取りして勉強するということではなく、中高一貫の6年間で体系的に学ぶカリキュラムとなっています。5年次段階で高校課程を修了する科目もあり、6年次では、全体的な復習と、さらに深い発展的な学習を行っていきます。

数学と英語では習熟度別授業を取り入れ、少人数で段階に応じた学習を行い、ふだんの授業で論理的思考力の育成に力を入れています。昨年から3年生以降の学年の数学と英語はすべて習熟度別で行っています。今年度からは2年生を4クラスにし、さらに習熟度別授業を充実させています。

また、朝のショートホームルームの前に、〝モーニングタイム〟という10分間の「朝の読書活動」

特色ある カリキュラム紹介

1 多彩な取り組みが注目の「かながわ次世代教養」

「かながわ次世代教養」は、「伝統文化・歴史」、「地球環境」、「英語コミュニケーション」、「IT活用」の４つの分野を、かながわの地域の特性をいかしながら体系的に学ぶことで、未知の事態や新しい状況に対応できる力を養っていくことを目的としています。

平塚中等では、この４分野を１〜６年まで週２時間ずつ学んでいきます。１年生では自分でプログラミングまでするロボットを制作。２年生では地球環境について学ぶ講演会が行われています。また、地元の相模人形芝居を体験したり、２泊３日英語だけを使って過ごすイングリッシュキャンプなど、授業だけではなく、さまざまな行事をとおして、各学年で好奇心を育み、子どもたちの世界を広げていく取り組みが行われています。そして、最終的に６年生で卒業論文にまとめていくことになります。

こうした取り組みをとおして、「かながわから日本へ そして日本から世界へ」と、世界へ羽ばたいていく新しい時代のリーダーを育てています。

2 「英語コミュニケーション」は充実した行事が目白押し

国際的に活躍できる人材育成というキーワードのもと、「英語コミュニケーション」を１年生から取り入れ、６年間をとおして英語力を磨いていきます。

１年生で自由参加のイングリッシュワークショップが行われ、２年生では全員参加の２泊３日のイングリッシュキャンプがあります。ここでの会話はすべて英語で行われます。そのほか、４・５年生を対象としたエンパワーメントプログラムでは国内において日本に来ている留学生と小グループをつくってディベートを行います。４・５年生では希望制でイギリス語学研修があります。約２週間ホームステイを行い、現地の人と交流し、日本文化を紹介します。そして、集大成として５年生でグアムでの海外研修旅行があります。

こうした６年間のさまざまなプログラムにより、英語に慣れ親しみ、英語で発信し受け取れる力を磨いていきます。これらの経験から海外の大学への進学を希望する生徒もでてきています。

神奈川

を行っています。

【Q】３つの力の育成というお話がありましたが、どのように学習に取り入れているのでしょうか。

【落合先生】 本校の学習活動では、授業や行事などに横断的に組み込み、〝キャリア教育グランドデザイン〟としてしめしています。

たとえば、「表現コミュニケーション力」の学びは、授業や特別活動など、あらゆる場面にあります。本校では１年生からグループや個人で発表する機会を多く設けています。文化祭での学習成果発表会や、弁論大会、課題研究の発表など、クラスごとに発表があり、優秀者は全校生徒の前で発表します。こうした発表を見聞きし、自分の考えをまとめて表現することの大切さを、それぞれの生徒が受けとめていると感じます。

世界にでるために日本の伝統文化を知る

【Q】「かながわから日本へ そして日本から世界へ」というスローガンがありますが、具体的にどのような活動をされていますか。

【落合先生】 国際社会で活躍するためには、英語が使えるようになるのはもちろんですが、世界にでていく人間にとって、自分の国の伝統文化を知ることは必要不可欠です。そのために、１年生では地域の伝統芸能である相模人形芝居体験、２年生で鎌倉での歴史探訪、３年生で京都・奈良の伝統文化に触れ、百人一首大会や歌舞伎見学なども実施しています。

こうした取り組みは、「かながわ次世代教養」の時間を使って事前学習を実施し、文集や新聞形式にまとめる振り返り学習を行います。

このように身近なところから日本の伝統文化を知り、４・５年生のイギリス語学研修（希望制）や、５年生全員が参加するグアム研修旅行での平和学習や国際交流活動につなげていきます。

【Q】４年生での勉強合宿についてもお教えください。

【落合先生】 これは２泊３日で行うもので、今年は４月に実施しました。中高一貫教育では高校受験という大きな山を越えることがないので、人生のひとつの緊張感をつくりだしてあげるのが目的のひとつです。〝真の学び〟を体験するために、授業を含めて１日10時

年間行事

おもな学校行事（予定）

4月	入学式 オリエンテーション合宿（1年）
5月	鎌倉歴史探訪（2年） 大学・博物館訪問（3年）
6月	翠星祭体育部門
7月	歌舞伎鑑賞（4年）職場体験（3年）七夕
8月	
9月	芸術鑑賞
10月	翠星祭文化部門
11月	かながわ探究　地域貢献デー
12月	研修旅行（3年：国内、5年：海外） イングリッシュキャンプ（2年）
1月	百人一首大会　合唱コンクール
2月	
3月	歩行大会　スポーツ交流会 イギリス語学研修（4・5年）

間の勉強に挑戦します。ふだんはなかなかこれだけ勉強できませんから、「10時間も勉強できた」という自信と達成感を身につけさせたいという意図があります。

あとは、ひとりではなく、みんなで切磋琢磨するという経験ですね。４年生で実施するのは、高校段階に入り10時間という物量的な勉強時間を乗りきり、自分の進路となる大学進学を意識させるためでもあります。

【Q】キャリア教育はどのようなことを行っていますか。

【落合先生】 授業を含め、さまざまな行事が生徒一人ひとりのキャリア教育につながっていると考えています。

わかりやすい例として、３年生で行う東京探訪では、裁判所を見学したり、教養を深めるために美術館や博物館にでかけます。また、東京大や慶應義塾大などのキャンパスを訪れ、大学のようすを学生さんにたずねたり調査したりします。ふつうの中学3年生であれば、高校受験を考えているわけですが、本校は中高一貫ですので、その期間にすでに大学のことを身近に考えるチャンスがあるわけです。

もちろん、それがすぐに将来の進路につながるわけではありませんが、大学のようすを知る（学ぶ）ことで憧れの対象となったり、大学を知るきっかけになります。多彩な取り組みを随所に配置し、体系的に継続したつながりを持った中高一貫教育を行っています。

【Q】今後どのような生徒さんに入学してほしいですか。

【落合先生】 私は日ごろ、「夢を2つ3つ持ってほしい」と話しています。入学時分は、まだ中学生なので自分でも自分のことがわからないと思いますし、夢が見つからない生徒もいるでしょう。〝夢に向かって生きる〟そのきっかけをここでつかんでほしいのです。

夢はこの学校だけで達成できるものではありませんから、将来に向かってやりたいことを追い求めて挑戦する、チャレンジャーになってほしいですね。

この学校は、成長段階に合わせた夢を見つけるための入り口が、いつでも、どこにでも転がっています。本校には6年間をとおしてそういう仕組みがあり、入学してくれた生徒たちに、そのお手伝いをしてあげたいと思っています。

募集区分　一般枠

入学者選抜方法　適性検査Ⅰ（45分）、適性検査Ⅱ（45分）、グループ活動による検査（40分）、調査書

グループで話し合いと発表の準備をする。（35分）

（2）あなたの考えと，そのように考えた理由を，1分ぐらいで発表しましょう。

（3）それぞれの発表をもとに，1年生に対して，体育館のステージで行う「図書室の利用を呼びかける発表」について考え，グループとして1つの案をつくりましょう。必要があれば，画用紙とフェルトペンを使いましょう。

（4）1つの案をつくったら，実際に役割分担を決めて，発表に向けた練習をしましょう。

第3回検査の課題

課 題　次の文章を読んで，あとの（1）～（4）に取り組みましょう。

> あなたは，神奈川県立中等教育学校の1年生の図書委員とします。県立中等教育学校の図書委員会では，さまざまな活動を行っていますが，今回，「すべての学年において図書室をより多くの人に利用してもらう取り組み」を行うことにしました。
> あなたの学年の図書委員が集まって，図書委員会での具体的な取り組みの方法を考えた結果，まず1年生の各教室を，1年生の図書委員全員でほう問して「図書室の利用を呼びかける発表」をすることになりました。発表の時間は3分，全員が必ず話すこととします。各教室をほう問して行う「図書室の利用を呼びかける発表」は，どのような内容にすればよいか具体的に計画しましょう。

（3）それぞれの発表をもとに，1年生の各教室を，1年生の図書委員全員でほう問して行う「図書室の利用を呼びかける発表」について考え，グループとして1つの案をつくりましょう。必要があれば，画用紙とフェルトペンを使いましょう。

【編集部・注】

2016年度入試では3回に分けて「グループ活動による検査」が行われましたが、最終組の「第3回検査」では、「体育館のステージで」という文言が、上記のように「1年生の各教室を、1年生の図書委員全員でほう問して」との記述に差し替えられていました。

まず自分の考えを構築する

与えられた課題に対し、まず自分の考えを構築して、はっきりと述べられるようにすることが大切です。

みんなの意見としてまとめる

グループの考え（案）としてまとめようとする意欲、みんなで話しあう進め方もみられ、リーダーシップ力も問われます。

2016年度 神奈川県立平塚中等教育学校 グループ活動による検査より（神奈川県立共通）

第１回・第２回検査の課題

課 題　次の文章を読んで，あとの（１）～（４）に取り組みましょう。

あなたは，神奈川県立中等教育学校の１年生の図書委員とします。県立中等教育学校の図書委員会では，さまざまな活動を行っていますが，今回，「すべての学年において図書室をより多くの人に利用してもらう取り組み」を行うことにしました。

あなたの学年の図書委員が集まって，図書委員会での具体的な取り組みの方法を考えた結果，まず１年生に対して，体育館のステージで「図書室の利用を呼びかける発表」をすることになりました。発表の時間は３分，全員が必ず話すこととします。体育館のステージで行う「図書室の利用を呼びかける発表」は，どのような内容にすればよいか具体的に計画しましょう。

自分の考えをまとめる。（５分）

（１）みんなに発表できるように，あなたの考えと，そのように考えた理由を，下の欄《らん》に書きましょう。

あなたの考えとその理由

○ 中等教育学校の６年間で，あなたは図書室をどのように利用していきたいと思いますか。

○ 図書室をより多くの人に利用してもらうために，あなたはどのようにすればよいと思いますか。

解説

神奈川の中等教育学校２校（相模原中・平塚中）は同じ問題で検査をします。開校当初行われていた「作文」は取りやめ、検査の日程が１日に短縮されています。これは受検生の負担を軽減するのがねらいとのことです。

作文で評価していた「学習意欲」「表現力」については、「グループ活動による検査」のなかで見極めていきます。これにより、「グループ活動による検査」での評価の比重が高くなっているのではないかと言われています。

「グループ活動による検査」は男女別に８人程度のグループで行われ、課題をふまえて40分で検査されます。出題のねらいは「与えられた課題について、自分の意見をまとめ、グループでの話しあいや作業を行い、活動へのかかわりをとおして、集団のなかでの人間関係構築力の基礎的な力をみる」とのことです。

適性検査Ⅰ・Ⅱについては、相模原中等教育学校（96～97ページ）で解説しています。

川崎市立 川崎《かわさき》高等学校附属中学校

■併設型　■2014年開校

川崎市の未来をリードする人材の育成「かわさきLEADプロジェクト」

2014年（平成26年）、川崎市に新たな公立中高一貫校が誕生しました。川崎市立川崎高等学校附属中学校は、「体験・探究」「ICT活用」「英語・国際理解」を重視した独自の教育を行い、生徒の夢の実現をサポートします。

和泉田《いずみた》　政徳《まさのり》 校長先生

市立川崎高等学校に併設型中学校が誕生

【Q】川崎市立川崎高等学校に附属中学校が設立された経緯をお教えください。

【和泉田先生】 学校教育法が改正され、1999年度（平成11年度）より、中高一貫教育を選択的に導入することが可能となりました。これを機に川崎市でも中高一貫教育についての検討が行われ、2007年度（平成19年）、市立高等学校改革推進計画のなかで中高一貫教育の導入が決定し、川崎市立川崎高等学校に附属中学校が併設されることになりました。

【Q】母体である市立川崎高等学校はどのような学校でしょうか。

【和泉田先生】 市立川崎高等学校は100年を超える歴史ある学校です。普通科だけではなく、生活科学科、福祉科という専門学科を設置し、「こころ豊かな人になろう」を学校教育目標に掲げています。

中学校から入学した生徒は、高校の普通科に進みます。現在4ク

学校プロフィール

開　　校…2014年4月

所 在 地…神奈川県川崎市川崎区中島3-3-1

T E L…044-246-7861

U R L…http://www.kaw-s.ed.jp/jh-school/

アクセス…京浜急行大師線「港町」徒歩10分、JR東海道線・京浜東北線・南武線「川崎」徒歩20分またはバス

生 徒 数…男子133名　女子225名

1 期 生…中学3年生

高校募集…あり

2学期制／週5日制／45分授業

入学情報

・募集人員…120名

・選抜方法…適性検査Ⅰ・Ⅱ・面接

ラスある普通科のうち、3クラスぶん（120人）を中学校から、1クラスぶん（40人）を高校から募集します。

市立川崎高等学校には、複数の科があることや、6年間のなかで人間関係の活性化をはかるという点から併設型を取り入れました。

【Q】1～3期生の生徒さんのようすはいかがですか。

【和泉田先生】 本校で学びたいという高い意欲を持った生徒が集まったのを感じています。

入学してすぐの4月には、人間関係を築くために、八ヶ岳にある川崎市の施設で「自然教室」を実施しました。大自然のなかでともに過ごしたことによって、クラスだけでなく学年全体の親睦が深まり、学校として、とてもいいスタートがきれていると思います。

【Q】授業時数やクラス編制についてお教えください。

【和泉田先生】 授業は45分で1日7時間、週に34時間とじゅうぶんな授業時間数を確保しています。

1クラスは40人で、各学年3クラス編制で行っています。また、中1では、国語・数学・英語については週5時間行い、数学と英語は1クラスを2分割する少人数授業を毎時間行っています。

日々の授業では、グループワークを多く実施し、自分の考えをきちんと相手に伝え、相手の話をしっかりと聞く訓練をしています。

生徒を育てる3つのキーワード

【Q】御校で行われている特徴ある教育についてお話しください。

【和泉田先生】 本校では、6年間を3つに分け、中1・中2は学ぶ楽しさを見つける「定着期」、中3・高1は学びを広げる「充実期」、そして高2・高3は学びを深める「発展期」と位置づけています。段階に応じた学びにより充実した6年間を過ごすことができます。

また、本校の最も大きな魅力は「かわさきLEADプロジェクト」と呼ばれる教育です。これは「Learn（学ぶ）」、「Experience（体験する）」、「Action（行動）」、「Dream（夢）」の頭文字を取ったもので、川崎市の未来をリードしていく人材を育てることをめざしています。

このプロジェクトのキーワードは「体験・探究」、「ICT活用」、「英

特色ある
カリキュラム紹介

1 体験をつうじて学びを掘り下げる

川崎市の未来をリードする人材を育てる「かわさきLEADプロジェクト」。これは「Learn（学ぶ）」、「Experience（体験する）」、「Action（行動）」を大切にした教育をつうじて生徒一人ひとりの「Dream（夢）」の実現をサポートする独自の教育です。

その柱のひとつが「体験・探究」であり、中1では「農業体験」に取り組みます。

「農業体験」では、大豆を育てます。種まきから始まり、大豆になる前の段階である枝豆の収穫や味噌づくりまで、1年以上をかけた取り組みです。

まず、中1の5月に千葉県の君津市から外部講師を招いて枝豆についての話を聞き、7月には実際に君津市へ赴き、種まきをします。君津市の畑のようすはインターネットをつうじて画像がアップされるので、いつでも見ることができます。

また、校内では屋上庭園を使って大豆を育てていきます。

君津市の露地栽培と校内での屋上庭園栽培はどのようにちがうのか、そのちがいはなぜ生まれるのか、生徒は体験をとおして学んでいきます。

秋には収穫のために再び君津市へ行き、その後、さらに3～6カ月ほど大豆を成熟させ、最後に味噌づくりに挑戦します。

このような実際の体験をとおして、生徒は学ぶ力や探究する力を身につけていくのです。

神奈川

語・国際理解」の3つであり、これからの社会で活躍するために必要とされる「学ぶ力」、「探究する力」、「コミュニケーション力」、「実行力」、「体力」を身につけていきます。

【Q】「体験・探究」、「ICT活用」、「英語・国際理解」とはどのような内容なのでしょうか。

【和泉田先生】「体験・探究」では、体験をとおして学びを深く掘り下げていきます。中1では農業体験、中2では職場体験、中3では川崎市を外部に発信するという取り組みに挑戦します。大学や企業との連携、研究施設の見学なども今後検討していきます。

「ICT活用」としては、日々の授業でパソコンや電子黒板を活用し、学習の効率化をはかっています。たとえば、授業中生徒が自分の意見を黒板に書くのではなく、パソコンに打ちこみます。すると、それがクラスメイトのパソコン、電子黒板にすぐに反映されるので、時間を有効に使うことができます。

「英語・国際理解」では、中1の7月に、20名のALT（外国語指導助手）を招いたイングリッシュキャンプを行います。生徒6名とALT1名のグループをつくり、英語漬けの3日間を過ごします。中1は通学形式で行い、宿泊はしませんが、中2では、2月に宿泊形式で実施します。

ほかにも、イングリッシュチャレンジという英語を活用したパフォーマンスを行います。

国際理解教育の要は人権教育です。人に対する思いやりの心や相手を尊重する態度を育てていくことが大切だと考えます。

教科教室型の採用 充実の学習環境

【Q】どのような環境で生徒は学んでいるのですか。

【和泉田先生】電子黒板機能つきのプロジェクターを各教室に設置し、無線LANを完備しています。中2まではそれぞれのクラスで学び、中3からは各教科専用の教室に移動して、授業を受けるかたちです。

移動することによって気持ちを切り替え、専用の教室で学ぶことにより各教科の授業に集中してのぞむことができます。

ほかにも教員にすぐに質問がで

年間行事

おもな学校行事（予定）	
4月	入学式　自然教室
5月	体育祭
6月	
7月	農業フィールドワーク(中1)　イングリッシュキャンプ（中1）　職場体験（中2）
8月	
9月	生徒会選挙
10月	文化祭　合唱コンクール
11月	川崎市学習診断テスト
12月	イングリッシュチャレンジ
1月	
2月	イングリッシュキャンプ（中2）
3月	フィールドデイ　修学旅行（中3）　学習発表会　卒業式

きる教科教員ステーションや教科ごとに生徒の作品を掲示したり、資料を置く教科メディアスペースなどの環境が整えられています。

また、バスケットコート3面ぶんの広さを持ち、屋上にはテニスコートを有する体育館もあります。グラウンドは2015年（平成27年）7月末に、人工芝の新しいグラウンドが完成しました。

【Q】中学生と高校生の交流はありますか。

【和泉田先生】 同じ校舎で生活しているので、高校の掲示物などを中学生も見ることができます。先輩のレベルの高い作品から、よい刺激を受けるでしょう。

ほかにも行事や部活動は中高合同で行うものがあります。5月に実施される体育祭では、高校の生徒会が中心となって中学生を受け入れる準備をしてくれます。部活動でも高校生が中学生の面倒をよくみてくれているようで、とてもよい関係が築けています。

【Q】現在活動している部活動や今後行われる予定の行事にはどのようなものがありますか。

【和泉田先生】 現在、川崎高校にあり、中高が合同で活動できる部活動を設置しており、運動部はサッカー・ソフトテニス・バドミントン・バスケットボール・陸上・女子バレーの6つ、文化部は茶道・書道・吹奏楽・美術・放送の5つ、合わせて11の部があり、9割以上の生徒が入部しています。

行事は10月に文化祭があります。文化祭は中高合同で行い、中学では合唱コンクールも実施します。修学旅行は3月に実施します。

【Q】最後に御校を志望するお子さんや保護者にメッセージをお願いします。

【和泉田先生】 受け身ではなく、自ら積極的にものごとに取り組む気持ちを持っている、やる気のある生徒を待っています。

本校では生徒に探究心を求めているので、ふだんから疑問をそのままにしないで、自分のなかで解決していくという姿勢を大切にしてください。

学校での授業をしっかりと受けて、こつこつと勉強を積み重ねていくことが大事です。

われわれ教職員は、使命感を持って、日々の授業を行い、生徒の夢の実現をバックアップしていきます。

募集区分　一般枠（川崎市内在住）

入学者選抜方法　適性検査Ⅰ（45分）、適性検査Ⅱ（45分）、調査書、面接

はなこさん：なぜでしょう。わかりません。教えてください。

ひろし先生：理由は２つあります。１つは太陽電池の設置費用を安くするためです。浮島や扇島では海が近く、風が強くふくので、角度が大きければ大きいほど、［　(あ)　］。だから、角度を大きくして設置するためには、その力に負けずに太陽電池を安定して支えられるよう土台を大がかりなものにしなければいけないのです。

〔図３〕

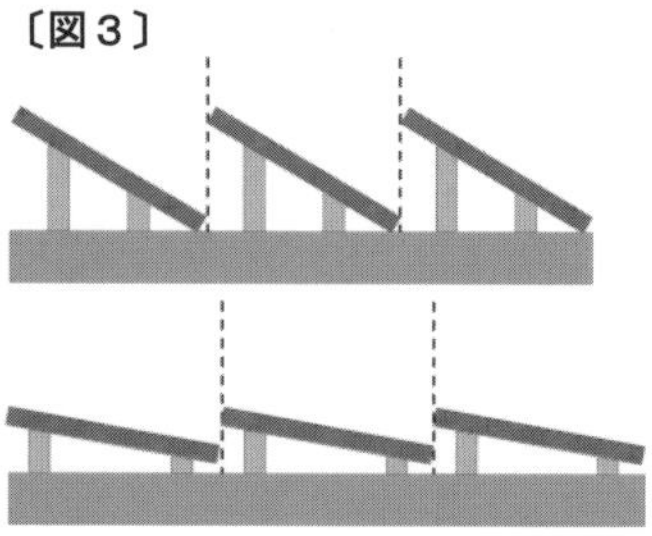

はなこさん：なるほど。角度を小さくすると、そのような土台をつくらなくてすむので、費用が安くなるのですね。

ひろし先生：２つ目の理由は少ない面積にたくさんの太陽電池を置いて、多く発電するためです。

たろうさん：先生、待ってください。〔図３〕のように考えれば角度が大きい方がたくさんの太陽電池を置けると思います。

ひろし先生：確かに置くだけでしたら、角度を大きくした方がより多くの太陽電池を置くことができますね。しかし、角度が大きいと［　(い)　］ので、太陽電池同士の距離《きょり》を長くしなければなりません。だから、あまり置くことができなくなってしまうのですよ。

はなこさん：太陽電池の置き方もいろいろ工夫がされているのですね。

ひろし先生：例えば、新潟県《にいがたけん》では〔図４〕のように太陽電池を設置している所があります。どうしてそのように設置しているのか考えてみましょう。

【注】

＊１　　ワット…電力の単位。電力は一定時間における電気のはたらきの大きさを表す。

（１）浮島太陽光発電所と扇島太陽光発電所とを合わせると最大何メガワットの電力を供給できるでしょうか。また、１メガワットは何ワットでしょうか。それぞれ答えましょう。

（２）［　(あ)　］に入る適切な文を考え、書きましょう。

（３）［　(い)　］にあてはまる太陽電池同士の距離を長くしなければならない理由を書きましょう。

（４）上の会話では川崎市での太陽電池の設置のしかたについての話がされていますが、新潟県では〔図４〕のように太陽電池が設置されている所があります。これには新潟県での効率よく発電するための工夫が表されています。

①川崎市と新潟県での太陽電池の設置のしかたのちがいを３つ書きましょう。

②新潟県では①のような３つのちがいがなぜ必要なのでしょうか。その理由を書きましょう。

〔図４〕新潟東部太陽光発電所の太陽電池

（新潟県企《き》業《ぎょう》局《きょく》新潟東部太陽光発電所ホームページより引用）

会話文から内容を読み解く

「近道的」な手法を習得していることよりも、小学校での学習事項を本質的に理解しているかどうかが問われています。

日常的な事象を考察する力をみる

ふだんから身のまわりの事象に関心と疑問を持っているか、PISA的な「日常をふまえた考え方」が問われます。

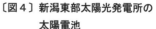

2016年度 川崎市立川崎高等学校附属中学校 適性検査問題Ⅱより

問題３ 昼休みにたろうさんとはなこさんは太陽光発電所の写真を見て話をしています。下の会話文を読んで、あとの（1）～（4）の各問いに答えましょう。

〔図１〕浮島《うきしま》太陽光発電所の写真

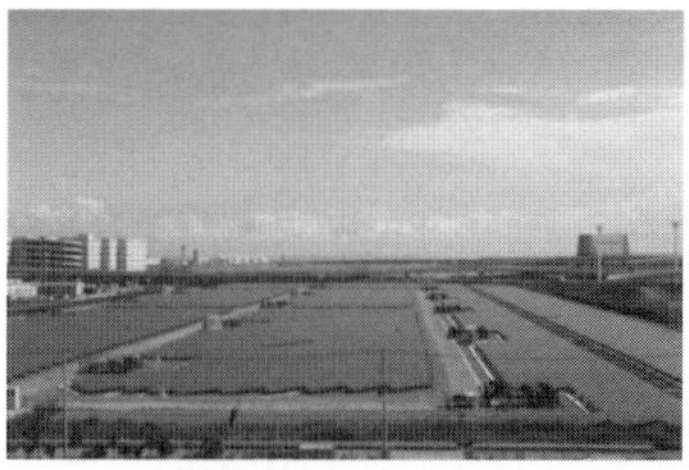

〔図２〕扇島《おうぎしま》太陽光発電所の写真

（川崎大規模太陽光発電所事業ホームページより引用）

たろうさん：この写真〔図１〕〔図２〕は何かわかるかい。
はなこさん：わからないわ。何かしら。
たろうさん：これは川崎の浮島と扇島にある太陽光発電所の写真だよ。写っているものは太陽電池だよ。
はなこさん：そうなんだ。すごい数ね。
たろうさん：合計 101718 枚の太陽電池があって、浮島太陽光発電所は最大 7000 キロワット[*1]、扇島太陽光発電所は最大 13000 キロワットの電力を供給しているんだよ。このような大規模な太陽光発電所のことをメガソーラーと言うんだ。
はなこさん：メガソーラーって何かしら。
たろうさん：メガはわかりにくいから、キロから考えてみよう。1000 メートルは 1 キロメートルと表せるというのは学校で習ったよね。そのキロの考え方を使うと 1000 キロワットは 1 メガワットと表すことができるんだ。だから、1000 キロワットをこえる太陽光発電所をメガソーラーと言うんだよ。
はなこさん：なるほど。ところで、この写真をよく見ると太陽電池が全部同じ方向を向いている気がするわ。どうしてなのかしら。
たろうさん：それはぼくもわからないな。ひろし先生に聞いてみよう。

―― ひろし先生に聞く ――

たろうさん：ひろし先生、浮島と扇島の太陽光発電所の写真を見ていたところ、すべての太陽電池が同じ方向を向いていることに気づいたのですが、これはどうしてなのでしょうか。
ひろし先生：それは、太陽の光をよりたくさん受けるためですよ。だから、すべての太陽電池は南の方を向いているのです。
はなこさん：なるほど。だから、太陽電池はかたむけて置いてあるのですね。
ひろし先生：その通り。本来、川崎市では太陽電池を 35 度かたむけて置くと太陽の光を最も多く受けることができると言われています。
たろうさん：なるほど。しかし、この太陽電池は 35 度もかたむいていないように見えます。10 度くらいにしか見えません。
ひろし先生：よく気づきましたね。確かに、かたむいている角度が 35 度よりも小さくなると 1 枚の太陽電池あたりの発電量が少なくなります。しかし、たくさんの枚数の太陽電池を浮島や扇島で設置するときにはこのように小さい角度で置くことが必要なのです。それはなぜかわかりますか。

解説

川崎市立川崎高等学校附属中学校の入学者選抜では、適性検査ⅠとⅡが行われます。適性検査Ⅰでは、「文章や図や表･データの内容を的確にとらえ情報を読み解き、分析し表現する力をみる。また、作文も含む」ことを、適性検査Ⅱでは「自然科学的な問題や数理的な問題を分析し考察する力や、解決に向けて思考・判断し、的確に表現する力をみる」ことを出題の基本方針としています。

この春の出題をみると、適性検査Ⅰは国語的要素の問題で作文（最大文字数360字以上400字以内を記述）があり、この作文表現では三段落の構成を求められました。また、社会科的な問題でも記述式解答が含まれました。

適性検査Ⅱは算数、社会、理科の融合問題で、データや表を読み取る力が試されます。また、ここでも記述式で答える問題が多くでています。上記のような問題が出題されていますが、答えがでればよいというわけではなく、長い問題文の読解力が求められています。また、問題量が多いため処理のスピードも試されます。

横浜市立 南《みなみ》高等学校附属中学校

■併設型 ■2012年開校

横浜から世界にはばたく人材の育成

磯部《いそべ》 修一《しゅういち》 校長先生

バランスのよい学びで学力を向上。世界に通用する英語力をつけるとともに、豊かな人間性と高い学力を育み、高い志と幅広い視野をもって、グローバルに活躍する人間を育成します。

学校プロフィール

開　校…2012年4月

所在地…神奈川県横浜市港南区東永谷2-1-1

ＴＥＬ…045-822-9300

ＵＲＬ…http://www.edu.city.yokohama.jp/sch/hs/minami/jhs/

アクセス…横浜市営地下鉄「上永谷」徒歩15分、京浜急行・横浜市営地下鉄「上大岡」・横浜市営地下鉄「港南中央」バス

生徒数…男子222名、女子257名

１期生…高校２年生

高校募集…あり

２学期制／週５日制／50分授業

入学情報

・募集人員…160名（男女概ね各80名）

・選抜方法…調査書、適性検査（Ⅰ・Ⅱ）

横浜市民に中高一貫という新たな教育サービスを

【Q】２０１２年（平成24年）４月に御校が開校されました。設立にいたった経緯をお教えください。

【磯部先生】 横浜市の教育委員会では高等学校の再編整備を行っており、そのなかで、２００９年（平成21年）に横浜サイエンスフロンティア高校の開校、２０１０年（平成22年）に市立金沢高校への特進コースの設置、そして市立南高校に横浜市初の公立中高一貫校をつくることになりました。これは、横浜市民に対して、多様な選択肢を用意する行政サービスのひとつとなっています。

【Q】開校して4年が経ちました。現状をどのようにお考えですか。

【磯部先生】 学校側が考えていた以上に、学力レベルの高い生徒たちが入学してきています。そうした生徒たちが、９教科すべての学習にバランスよく取り組み、合唱コンクールや体育祭などの教育活動にも意欲的に取り組んでいます。とくに英語力の上達は著し

く、1期生は85%の生徒が中3の2月までに英語検定で準2級以上を取得するという偉業を達成しました。

さらに感じるのは、生徒たちはこの学校の生徒であることに誇りを持っているということです。

【Q】教育の柱としている「高い学力」「豊かな人間性」についてお教えください。

【磯部先生】 私たちは、現在、6年後の子どもたちに、「豊かな人間性」と「高い学力」、このふたつを兼ね備えた人間になってほしいという願いがあります。

このふたつの教育の柱を実現するために、「学びへの飽くなき探究心を持つ人材の育成」「自ら考え、自ら行動する力の育成」「未来を切り拓く力の育成」という3つの教育目標を掲げています。

中学校の開校にともなって、3つの中期目標を設定しました。それが「コミュニケーション力の育成に対応した教育内容への生徒・保護者の満足度を90%以上」、「生徒の授業満足度を90%以上」、「将来、国公立大学入学者80名以上（1学年160人）をめざし6年間で基礎学力・学習習慣・強い意志を育成する」の3つです。

2015年度（平成27年度）の「保護者の満足度」「生徒の授業満足度」はいずれも90%を超えています。

高い学力の習得に向け 国語教育の充実を重視

【Q】「高い学力の習得」に向けた具体的な内容をお教えください。

【磯部先生】 中高の6年間で一貫した教育を行うにあたり「養成期」（中1・中2）、「伸長期」（中3・高1）、「発展期」（高2・高3）と3期に分けています。「養成期」は、基礎を固め、学習習慣を確立させることを目的とし、「伸長期」は中学での学習をまとめ、高校への学習へとつなげていきます。そして、「発展期」で自分の進路について研究し、目標に向かって進んでいきます。

9教科すべてをバランスよく学ぶことを前提とし、読む、書く、話す聞く、説明するなどの言語能力やコミュニケーション能力を高める活動をすべての教科で実施しています。

中1から高1までの4年間は「国語・数学・英語」の授業を毎

特色ある カリキュラム紹介

1 横浜南高等学校附属中の総合的な学習「EGG」

中学３年間での総合的な学習の時間を、横浜南高附属中では「EGG…E（explore…探す､学びの探究）､G（grasp…掴む、自己の可能性発見）、G（grow…伸びる、人間性の成長）」と呼んでいます。さまざまな活動をとおして、コミュニケーション力を養い、自ら学び、自ら将来を切り開く力を育てるのが目的です。

木曜日の７校時と、月に２度の土曜日４時間を使い、「EGG体験」「EGGゼミ」「EGG講座」の３つのプログラムを実施しています。

「EGG体験」では、豊かなコミュニケーション力を育成する交流体験や研修が用意されています。プロジェクトアドベンチャー、グループエンカウンター研修、コミュニケーション研修といったプログラムでは、同じクラスの生徒同士や、別クラスの生徒同士、クラス全体などの組み合わせで、課題をクリアしていくために協力するなかで、コミュニケーション力を養っていきます。

開校から4年が経ち、さまざまな研修が実施されました。生徒たちは、クラス、学年集団、それぞれの場面で活発に意見をだしあい、交流し、課題に取り組んでいました。また、こうしたプログラムを継続するとともに、イングリッシュキャンプ、カナダ研修旅行などの国際交流活動にも取り組んでいます。

「EGGゼミ」では、論理的思考力を育成する多様な言語活動や、調査、研究、発表活動を行います。中3での卒業研究作成に向け、中1は討議、インタビュー、スピーチなど論理的思考力を養う基礎的な講座があり、中2ではそれがテーマ別のグループに分かれての調査、研究、発表となります。中3では卒業研究を行います。

「EGG講座」は、幅広い教養と社会性を学び、将来の進路への興味・関心を引きだすための多様な講座です。

大きく分けて教養講座とキャリア教育（本文参照）のふたつがあり､教養講座ではJAXA（宇宙航空研究開発機構）による「宇宙開発講座」､「横浜市大国際理解講座」､「東大水中ロボット体験」など、独自の講座が多数用意されています。

また、月２回の土曜日のうち１回は、学力定着をはかるため国・数・英を中心とした集中補習を行っています。

日行います。これにより中学3年間で385時間の授業時数増になります。

授業時数は週33時間です。また、中3では、国語・数学・英語の一部で高校の内容につながる発展的な学習を行います。

さらに、総合的な学習の時間でもさまざまな言語活動を行っています。

中学校での総合的な学習を、本校では「EGG（エッグ）」と呼びます。これはE（explore…探す、学びの探究）、G（grasp…掴む、自己の可能性発見）、G（grow…伸びる、人間性の成長）の頭文字を取ったものです。

EGGは、木曜日の7校時と、月2回の土曜日（4時間）に実施しています。3年間の学習の集大成として卒業研究に取り組み、論文を作成します。

国語科では、高校の学習内容につながる古典教育の充実、学校紹介スピーチやパンフレット・ポスターなどのキャッチコピー作成の活動をとおして、実社会で役立つ言語能力の育成をめざしています。また、高校と図書館を共用しているので、蔵書数も多く、広く落ちついた空間で、生徒たちは豊かな読書生活を送っています。

数学での中高一貫校用教材「体系数学」の使用や少人数制授業、理科の実験授業におけるチームティーチングなど、きめ細やかな指導で理数系教育の充実にも力をそそいでいます。

英語教育でも少人数授業を実施しています。夏休みに各学年で3〜4日間の英語集中研修を行っています。さらに中2では2泊3日のイングリッシュキャンプを実施し、中3では、それまで培ってきた英語力とコミュニケーション力をいかすために、姉妹校提携をしているカナダ・バンクーバーの「ポイント・グレイ・セカンダリー・スクール」などへの研修旅行を行います。

【Q】家庭学習の習慣を身につける取り組みをされていますね。

【磯部先生】 学力向上のポイントとして「家庭学習の習慣を身につける」ことが大切であると考えています。家庭学習を定着させるために、「私の週プラン」を使って毎日の学習内容を記録させています。

「私の週プラン」とは、おもに5教科の家庭学習の時間を毎日記録し、週末に今週を振り返り、次

年間行事

おもな学校行事（予定）	
4月	入学式　校外体験学習 （プロジェクトアドベンチャー）（1年） 構成的グループエンカウンター研修（1年）
5月	生徒総会 コミュニケーション研修（1年）
6月	体育祭　合唱コンクール
7月	英語集中研修（1・2年）
8月	英語集中研修（3年）
9月	南高祭（舞台・展示の部）
10月	イングリッシュキャンプ（2年） カナダ研修旅行（3年）
11月	コミュニケーション研修（1年）
12月	
1月	百人一首大会
2月	構成的グループエンカウンター研修（1年）
3月	修了式

週の家庭学習の目標や課題を書くシートのことです。学級担任が毎週確認し、家庭学習の状況把握に努めています。

　さらに、英語のリスニングマラソン、国語の読書マラソン、数学の問題集などの課題をだし、継続的に家庭学習に取り組むよう指導しています。

　その結果、家庭学習の習慣が身についてきているようです。

【Q】併設型の中高一貫校ということで、高校からも1クラス（40名）募集がありますね。

【磯部先生】 高校から入学してくる生徒にとっても、附属中から進学してくる生徒にとっても相互によい刺激になると思っています。お互いに切磋琢磨して、活気あふれる学校にしていってほしいと願っています。

【Q】進路指導についてはどのように考えておられますか。

【磯部先生】 いろいろな分野の一流のかたを招いて講演や指導をしていただく「EGG講座」のなかで、キャリア教育を行います。横浜市立大や横浜国立大とはEGGをとおして交流をはかっていますし、また、中3で大学見学会を実施しています。このようにして、大学や、大学を卒業したそのさきにあるさまざまな職業について学習していくことで、自分の将来をしっかり考えさせる進路指導ができます。

【Q】行事は高校生といっしょに行うのでしょうか。

【磯部先生】 体育祭・文化祭・合唱コンクールなどの行事は中高合同で行います。中学生にとっては、高校生の取り組みが目標になり、高校生にとっても、自分たちが中学生のよい見本となりたいという意識が見られました。また、生徒会や部活動などの一部も中高合同で活動しています。

【Q】御校にはどのような生徒に入学してもらいたいですか。

【磯部先生】 本校では、高い志を持ち、国際社会の発展に貢献できる生徒の育成を教育方針としています。そのためには、「コミュニケーション力」や「論理的思考力」「数学的な見方や考え方」などの力をしっかりと身につけることが大切だと考えています。

　学ぶ意欲が高く、困難に立ち向かう積極的な姿勢をもった生徒の入学を希望しています。

横浜市立南高等学校附属中学校

募集区分　一般枠（横浜市内在住、県内生で市外在住者は30％以内）

入学者選抜方法　適性検査Ⅰ（45分）、適性検査Ⅱ（45分）、調査書

　みなみさんは６０℃の水１００ｇにミョウバンをとかせるだけとかし、その水溶液《すいようえき》を４０℃まで冷やしました。すると、とけきれなくなったミョウバンの粒《つぶ》が３３．６ｇ出てきました。次の問題に答えなさい。

（１）みなみさんは６０℃の水２００ｇにホウ酸をとかせるだけとかし、ふっとうさせて水を５０ｇ蒸発させた後、２０℃まで冷やしました。このとき、出てきたホウ酸の重さはおよそ何ｇですか。最も近いものを次の**ア〜カ**から一つ選び、記号を書きなさい。

ア　１０ｇ
イ　１５ｇ
ウ　１７ｇ
エ　２０ｇ
オ　２２ｇ
カ　２５ｇ

（２）みなみさんはホウ酸の水溶液やミョウバンの水溶液のように、食塩の水溶液も冷やしてみましたが、食塩はほとんど出てきませんでした。そのとき、先生が次のように言っていたことを思い出しました。

先生の言葉

> 海水から食塩をつくる場合には、海水を冷やすのではなく、水を蒸発させて食塩を取り出します。なぜなら、食塩は水の温度を下げても、［　あ　］からです。

［　あ　］にあてはまる言葉を、**１０〜１７字**で書きなさい。

数理的に分析する力をみる

　数理的な問題を分析し考察する力や、解決に向けて思考、判断し、的確に理解する力をみます。想像力も問われます。

情報を素早く理解する力をみる

　左ページでしめされた表やグラフの意味を素早く理解していないと(1)の解答に時間がかかり、時間配分に窮してしまいます。

2016年度 横浜市立南高等学校附属中学校 適性検査問題Ⅱより

問題２　みなみさんは、水の温度とものののとけ方についてさらに調べたところ、【表１】と、それをもとにつくられた【図１】～【図３】を見つけました。

【表１】水温と１００ｇの水にとける量

水　温	２０℃	４０℃	６０℃	８０℃
食　塩（g）	３５．８	３６．３	３７．１	３８．０
ホウ酸（g）	４．９	８．９	１４．９	２３．５
ミョウバン（g）	１１．４	２３．８	５７．４	３２１．６

【図１】

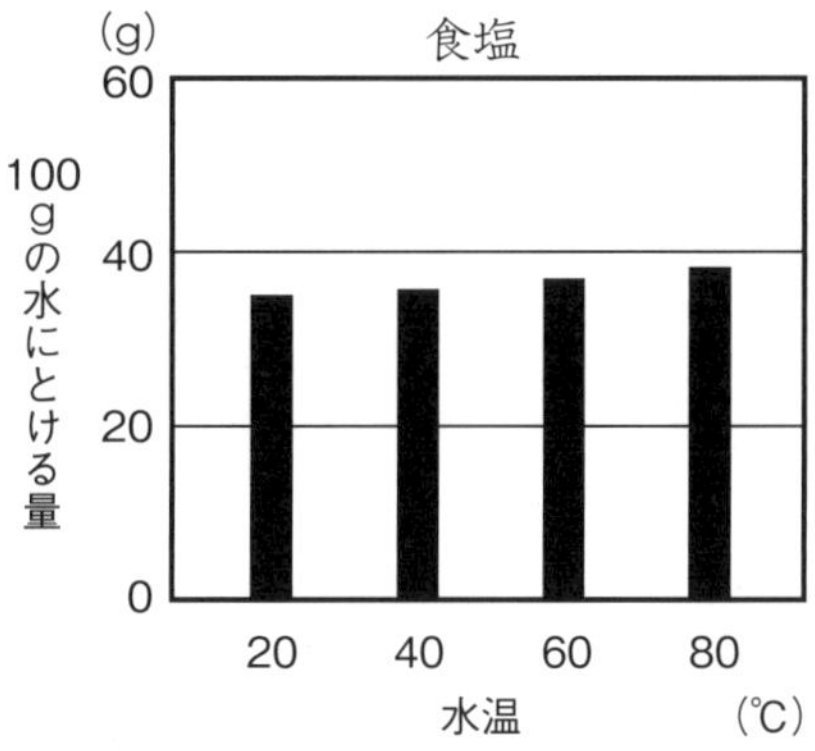

【図２】

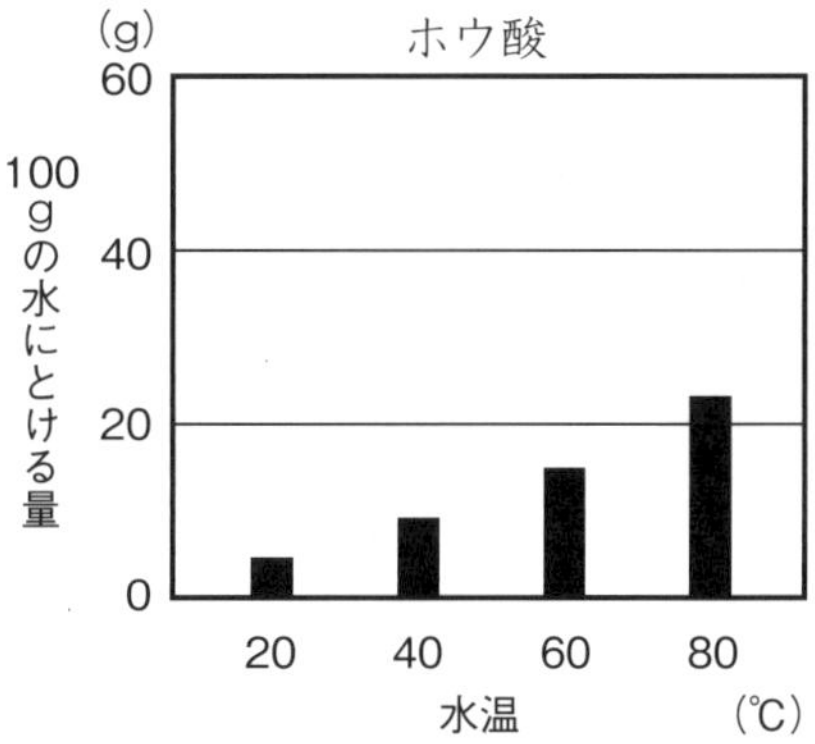

【図３】

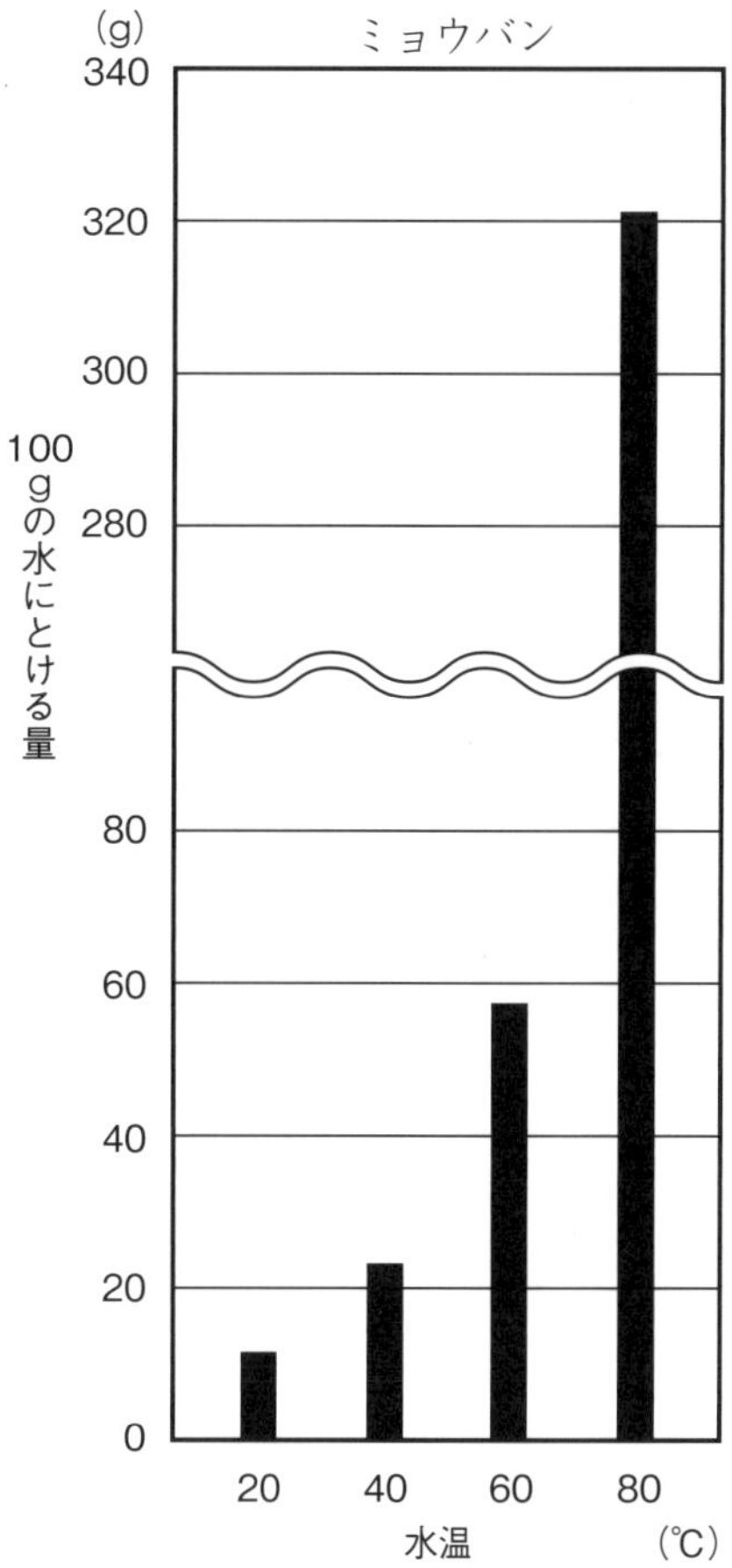

解説

横浜市立南高等学校附属中学校の入学者選抜では、2016年度入試まで適性検査Ⅰ、Ⅱに加え、適性検査Ⅲが行われていました。しかし、2017年度入試からは適性検査Ⅲはなくなり、適性検査Ⅰ、Ⅱのみとなります。これは同市内に開校する横浜市立サイエンスフロンティアの適性検査がⅠ、Ⅱのみであるため、これに合わせたものと考えられます。

このことにより、両校の受検者は、２月３日の午前のみで検査を終えることができ、私立中高一貫校の午後入試を受けることができるようになります。これは、私立との併願者数が増えることを意味しています。

検査内容については、従来の適性検査Ⅲの内容を適性検査Ⅰに含んでいく方向と見られます。 適性検査Ⅰでは、文章・図・表やデータなどの情報を読み解いて作文で表現する、問題解決型の出題となりそうです。適性検査Ⅱは、従来と同様、科目横断型で、自然科学的な問題や数理的な問題を分析し考察する力を試す出題となりそうです。これまでどおり、配分時間に比べて各問題のボリュームがあるのは変わらないでしょうから、スピーディな解答作業が必要です。

横浜市立 横浜《よこはま》サイエンスフロンティア高等学校附属中学校

神奈川

■併設型 ■2017年開校

驚きと感動による知の探究で 真の「サイエンスエリート」を育成

２００９年（平成21年）の開校以来、難関大学合格者を輩出しつづける横浜市立横浜サイエンスフロンティア高等学校が、２０１７年（平成29年）、「サイエンスエリート」を育成する附属中学校を新たに開設します。

西村《にしむら》 英純《えいじゅん》 さん
横浜市教育委員会事務局
指導部 高校教育課長

学校プロフィール

開　　校…2017年4月
所 在 地…神奈川県横浜市鶴見区小野町6
Ｔ Ｅ Ｌ…045-671-3272
（横浜市教育委員会事務局 高校教育課）
Ｕ Ｒ Ｌ…http://www.edu.city.yokohama.lg.jp/school/jhs/hs-sf/
アクセス…JR鶴見線「鶴見小野」徒歩3分
高校募集…あり
3学期制／週5日制／50分授業（一部90分授業あり）
入学情報
・募集人員…男子40名、女子40名 計80名
・選抜方法…適性検査Ⅰ・Ⅱ、調査書

横浜市民の声を聞き ニーズに応えて開校

【Q】附属中学校が設立されることになった経緯を教えてください。

【西村さん】 ２００９年（平成21年）、横浜市に新しく理数系高等学校をつくるということになり、横浜市立横浜サイエンスフロンティア高等学校が誕生しました。中高一貫教育は、当時からすでに描かれていたビジョンでした。

その後、横浜市民の声から、中高一貫教育に対するニーズが高まっているとわかり、実現化されたのです。また、高校が順調な歩みを進めており、その教育を早期から受けられるとあって、附属中学校の開設にはさらなる成果が期待されています。

【Q】母体となる高校は、具体的にどのような歩みを進めているのですか。

【西村さん】 ２０１４年度（平成26年度）からスーパーグローバルハイスクール（ＳＧＨ）の指定、２０１５年度（平成27年度）から

スーパーサイエンスハイスクール（ＳＳＨ）の再指定を受けています。この両方を掲げることができるのは、全国の高校でもめずらしいことです。

特色あるカリキュラムとしては「グローバルスタディーズ」と「サイエンスリテラシー」があります。前者は、アジアを中心とした地域の課題を社会学や経済学、教育学などの視点により探究活動を行うというもの。後者は、生命科学や環境・化学、ナノテクノロジー材料・物理、情報通信・数理、地球科学という先端科学５分野に関する探究活動を行うというもの。どちらも大学の教授や企業の研究者などから指導を受けたり、充実した施設設備を活用したりといった〝ほんもの〟を体験し、その成果を海外研修や研究成果発表会において英語で発表します。

【Ｑ】中高一貫教育の基本理念におけるキーワード、「サイエンスエリート」についてお話しください。

【西村さん】「サイエンス」とは、理数系にかぎらず、論理的にものごとを考えることを意味します。この力は、将来どんな世界にいっても役立てられるでしょう。

また、なにをするときも、自ら使命感を持って達成できる人材こそが「エリート」です。生徒たちがサイエンスリテラシーを身につけ、グローバルに力を発揮することを願っています。

教育方針には「驚きと感動による知の探究」を掲げ、高校と同様、教育のなかにあらゆる驚きと感動を仕掛けていきます。それらが生徒の探究心を刺激することを期待しています。人は、探究心を持つと、知識を必要とします。そして、知識を活用するために、智恵を使います。つまり、驚きと感動がエンジンとなり、知識と智恵のサイクルがまわり始めるのです。

授業時間数を増やし学びを深く掘り下げる

【Ｑ】中高一貫教育のカリキュラムの特徴を教えてください。

【西村さん】６年間を２期に分け、中１～中３を「基盤形成期」、高１～高３を「充実発展期」とします。

「基盤形成期」は２クラス編成で、仲間とともに〝ほんもの〟を体験したり、豊かな感動を経験し

特色あるカリキュラム紹介

1 生徒が自らを開拓する時間「フロンティアタイム」

週2時間設定される「フロンティアタイム」は、生徒一人ひとりが自由に使える時間です。

教科の授業は行われず、行事もありません。自主研究や読書、教員との面談、進路探究などさまざまな活動を個々に行い、自分自身を開拓するための時間として使われます。

これは、最近の中学生が、授業が終わったら部活動の練習、その後は塾と、毎日が忙しすぎて自分のことを落ち着いて考える時間がないのではとの思いからつくられたものです。こうした考えから、あえて学校生活のなかに、一人ひとりが自由に使える空き時間が設けられたのです。

この時間の最大の目的は、生徒の自立をうながすことです。ゆっくり時間をかけて自分と向きあったり、周囲を見渡したりすることで、多様な社会を知り、多様な価値観に気づくことができます。

自身を開拓することは、キャリア形成にもつながり、高校で行われている「夢のある進路希望」「知的感動を伴う学習活動」「自分の力で進路実現」という進路指導の3本柱へも接続がはかられます。

生徒各々が自由にこの時間を活用し、未来の自己実現へとつなげていくのです。

2 課題探究型の学習「サイエンススタディーズ」

「サイエンススタディーズ」は、いま世の中から求められている読解力・情報活用力・課題設定力・課題解決力・発表力の5つの育成を目的とした、課題探究型の学習です。週1～2時間ある総合的な学習の時間を使い、自然科学や社会科学を核に教科を横断した学びを習得します。

進め方としては、各自が設定したテーマについて調査し、まとめ、プレゼンテーションを行います。テーマの設定では、事前に大都市の機能や、地方の環境問題に触れるフィールドワークを実施するなど、生徒が課題を見つけやすくするための仕組みもつくられる予定です。

この学習は、高校で行われる課題探究型の学習「グローバルスタディーズ」や「サイエンスリテラシー」へとつながっていきます。

たりします。学びの内容を掘り下げ、学習意欲や思考力、探究力を高めていくことに重きを置き、いわゆる先取り教育は行いません。

「充実発展期」は内進生2クラス、外進生4クラスの計6クラス編成です。この1：2のバランスは、互いが切磋琢磨するのにとても適していると思います。このバランスのよい融合は、生徒の潜在的な独創性を引き出すことにつながるだろうと考えており、私たちも展開を楽しみにしています。

授業時間数が多いのも特徴のひとつです。中学3年間をとおして、標準時間数より国語・数学は140時間、英語は105時間、理科は35時間増加しています。なぜ、国語の授業時数が多いのかというと、国語をすべての学問の基本だと考えているからです。言葉をよく知っていれば、なにかを発表するときや、考えるときなど、あらゆるところでいかされます。

カリキュラムの基本方針は、「サイエンスの考え方を養う」「豊かな社会性や人間性を育む」「次代を担うグローバルリーダーを育てる」。この3本柱に沿って、各教科の授業や課外活動などが進められていきます。

【Q】最大の特色はなんですか。

【西村さん】 授業時間数の増加により生じた時間的余裕をいかし、各授業に「DEEP学習」を取り入れていることです。

「DEEP」とは、ものごとを正確にとらえて考察し討議する「Discussion（考察・討議）」、仮説を立てて論理的に実証する「Experiment（実験）」、フィールドワークなど実体験から学ぶ「Experience（体験）」、自分の考えや意見を正確に相手に伝える「Presentation（発表）」の頭文字を取ったものです。学びの内容を深く掘り下げ、生徒の興味関心を引き出す豊かな授業を展開します。

たとえば、数学の「三平方の定理」には、100種類以上の証明方法があると言われています。ところが、教科書に載っているのは、ほんの一部にすぎません。生徒たちがそれだけの習得で満足せず、自ら新たな証明方法を見つけるくらいの経験をしてほしい。そんな思いをもって、シラバスを作成しています。テストでただ100点を取るためだけの勉強では、なんの驚きもないしつまらないと思う

年間行事

おもな学校行事（予定）

4月	入学式　新入生オリエンテーション 宿泊研修（中1）　宮古島研修（中2）
5月	
6月	体育祭
7月	三者面談
8月	
9月	蒼煌祭（文化祭）
10月	東京散策（中2）　研修旅行（中3）
11月	三者面談
12月	
1月	
2月	
3月	修了式

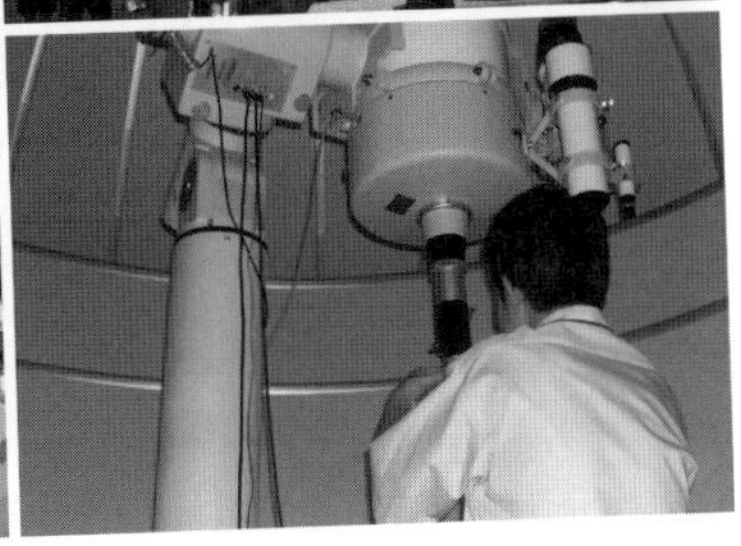

のです。

このほか、「フロンティアタイム」「サイエンススタディーズ」（118ページ参照）など、特色あるプログラムが充実しています。

恵まれた学習環境で "ほんもの"を体験

【Q】高校と中学の交流機会はありますか。

【西村さん】なるべく多くの交流機会を設けられるよう、授業の時間や昼休みの時間など、1日の流れは中高で統一しています。ですから、たとえば、高校で行われる探究活動の発表を中学生が見られるようにしたり、課外活動では文化祭や体育祭をいっしょに行ったりできるのではないかと考えています。

一方、中学独自の行事の開催についても考えています。オリエンテーションキャンプや修学旅行など、学年の親交を深めるような取り組みを検討中です。

【Q】施設は中高いっしょに利用するのですか。

【西村さん】現在の高校校舎は、サイエンスを学ぶ空間として、充実した施設・設備をそろえています。天体観測ドームや生命科学実験室、環境生命実験室、ナノ材料創製室など、大学にも劣らないような恵まれた学習環境です。顕微鏡などの器材も、最新のものを用意しています。

基本的に、中学もこれらを高校といっしょに使用します。つまり、早期から"ほんもの"を体験できるというわけです。

"ほんもの"に触れることにより期待できるのは、生徒がほんとうにやりたいことを見つけ、卒業後、その道に進むこと。実際、高校の卒業生たちは、北海道から沖縄まで広範囲にわたり、自分のやりたいことがかなえられる多彩な進路を選択しています。

【Q】最後にメッセージをお願いします。

【西村さん】「この学校で学びたい」と自分の意志を持って入学してくれる生徒さんをお待ちしています。意欲があれば、きっと入学後、驚きや感動を体験し、大きく成長することができるでしょう。

すばらしい教育環境のなか、そこでの学びを最大限にいかして、真の「サイエンスエリート」をめざして世界へ羽ばたいてください。

募集区分
一般枠（横浜市内在住）

入学者選抜方法
適性検査Ⅰ（45分）、適性検査Ⅱ（45分）、調査書

横浜市立横浜サイエンスフロンティア高等学校附属中学校については、本誌締め切り（7月5日）までに模擬検査問題等は公表されませんでした。模擬検査問題は8月6日からの学校説明会で「試問（サンプル問題）」を公開し、学校のホームページにも掲載される予定です。検査の方針について以下にまとめました。

■入学者選抜の概要

1　志願資格

志願者本人及びその保護者（親権者又は未成年後見人）が横浜市内に住所を有する者。
※他の公立の中等教育学校又は併設型の中高一貫教育校の中学校に志願した者、又は志願予定の者の志願は認めない。

2　入学者選抜日程

願書受付　1月10日（火）～1月12日（木）
検査日　2月3日（金）
合格発表　2月10日（金）

3　検査の方法

(1) 検査の内容

適性検査Ⅰ・Ⅱを行う。

・適性検査Ⅰ

与えられた資料を的確に読み取り、課題をとらえて適切に表現する力をみる。

・適性検査Ⅱ

与えられた情報を科学的・数理的にとらえ、分析力や思考力、判断力などを生かして課題を解決する力をみる。

(2) 検査時間

内容	時間	所要時間
集合	8：35	—
検査についての注意	8：40～8：50	10分
適性検査Ⅰ	9：00～9：45	45分
適性検査Ⅱ	10：15～11：00	45分
連絡	11：05～11：10	5分

4　合格者の決定及び合格発表期日

・合格者の決定

適性検査の結果及び志願者が提出した調査書による総合的選考を行い、選考結果が上位の者から男女各40名を合格者として決定する。

・合格発表期日

2月10日（金）午前10時に、合格者の受検番号を校内に掲示するとともに、同校が管理するホームページに掲載する。

5　繰上げ合格

・合格者の発表後、2月22日（水）までの間に、入学手続未了者及び入学辞退者等の事由により募集定員に欠員が生じた場合は、当初の合格者に加えて合格者（繰上げ合格者）を決定する。
・繰上げ合格者については、選考結果の当初の合格者の次の順位の者から順にあらかじめ定める者（繰上げ合格候補者）の中から、本人の意思を確認した上で決定する。なお、繰上げ合格手続終了後、その旨をホームページに掲載する。

千葉市立 稲毛《いなげ》高等学校附属中学校

■併設型　■2007年開校

千葉

日本人としての自覚を持ち 世界で活躍できる真の国際人を育成

2007年（平成19年）の開校から10年目。1～4期生が難関大学、国際系大学をはじめとしたそれぞれの進路に旅立ちました。すべての教育活動をとおして、「真の国際人」の育成をめざします。

植草《うえくさ》　茂生《しげお》 校長先生

独自の設定科目と充実の英語教育が特徴

【Q】御校の沿革と教育方針についてお教えください。

【植草先生】 本校の設立母体である千葉市立稲毛高等学校の創立は、1979年（昭和54年）です。中学校は2007年（平成19年）4月に千葉県内初となる公立の併設型中高一貫校としてスタートしました。今年2016年（平成28年）で開校から10年目です。1～4期生が卒業し、ひとつの節目を迎えました。

「真摯《しんし》」「明朗」「高潔」の校訓のもと、「確かな学力」「豊かな心」「調和のとれた体力」を身につけた「真の国際人の育成」を教育目標に掲げています。

教育のいちばんの特徴は、常日頃から、「真の国際人とはなにか」を生徒にも先生がたにも問いかけていることです。真の国際人は英語教育だけでは育ちません。まず、日本をよく知り、日本人としての自覚を持ったうえで世界で活躍できる人材を育てていくことが、本

学校プロフィール

開　校…2007年4月

所在地…千葉県千葉市美浜区高浜3-1-1

ＴＥＬ…043-270-2055

ＵＲＬ…http://www.inage-h.ed.jp/infjuniorhigh/

アクセス…JR京葉線「稲毛海岸」徒歩15分、JR総武線「稲毛」バス

生徒数…男子120名、女子120名

１期生…2013年３月卒業

高校募集…あり

２学期制／週５日制／50分授業

入学情報

・募集人員…男子40名、女子40名 計80名

・選抜方法…報告書、適性検査（Ⅰ・Ⅱ）、面接、志願理由書

校の役割だと思っています。

【Q】学校独自の選択科目、活動を取り入れることで、よりその特徴がいきていますね。

【植草先生】 中1から中3にかけて、独自の選択科目である「総合科学」「英語コミュニケーション」「世界と日本」を設けています。

「総合科学」では、理科の実験やコンピューターを使った情報技術を学びます。「英語コミュニケーション」では、ネイティブの講師による実践的な英語の授業を展開しています。そして、「世界と日本」では、世界の国々と日本をさまざまな観点から比較して、異文化理解を深めます。

また、「国際人プロジェクト」という、校外学習などで積極的に外国人に話しかける活動も実施しています。それにより、海外のかたとも自信を持ってコミュニケーションがとれる生徒が育っています。

このように、本校独自の選択科目や活動は、教育目標である「確かな学力」「豊かな心」を持つ真の国際人の育成につながっているのです。

【Q】英語教育についてお教えください。

【植草先生】 中学校では、ＣＡＬＬ教室でコンピューターを活用し、個人のレベルに合わせたリスニング教材で、「聴く・話す」力を強化しています。中・高合わせて5名のネイティブ講師が常駐しているので、チームティーチングや、英語のプレゼンテーション授業に取り入れています。中3の京都・奈良修学旅行後には、訪れている外国人に必ずインタビューする活動を取り入れています。

高等学校では2年次、オーストラリア語学研修に行きます。昨年度も4班に分かれ、14日間のホームステイをしながら、クイーンズランド州にある4つの高校に通いました。研修中は現地の先生や生徒たち、帰国後は父兄や近隣のかた、後輩たちの前で、英語によるプレゼンテーションを披露し、思考力・判断力・表現力をきたえています。

目標は、ＧＴＥＣで全員が高2次に英検2級レベル、卒業までにＴＯＥＩＣ650点レベルを達成することです。1～4期生は、約7割の生徒がその目標を達成しました。

特色ある

カリキュラム紹介

1 実践的なコミュニケーション能力の育成をめざす英語教育

設置母体校の稲毛高校は、2003年（平成15年）より２期６年間にわたり、スーパーイングリッシュランゲージハイスクール（SELHi）に指定されていました。

その際に得られた先進的な英語教育の研究成果が、中学校のカリキュラムや学習法にもいかされています。コンピューターを使用した最新の音声指導や、ネイティブスピーカーの講師による実践的なコミュニケーション授業などがその例です。

また、留学生を積極的に受け入れており、日常的にふれあうことによって、さらに英語能力は高められます。身についた英語力は、高２で実施されるオーストラリアの海外語学研修で発揮することができます。それをきっかけに生徒はまた新たな目標を持って学習にのぞんでいくのです。

2 真の国際人を育成する「国際人プロジェクト」

総合的な学習の時間「国際人プロジェクト」では、国際理解のための考え方や表現力を身につけ、自国・地域の文化を積極的に発信し、意欲的に交流することができる「真の国際人」になることをめざします。

たとえば、中１は「i千葉n（いちばん）PROJECT」と称し、生徒が千葉県の市町村について調べ、日本語でプレゼンテーションをするところからスタート。中２では、成田空港で海外から来た一般人に英語でインタビューする「成田PROJECT」、中３では、外国人への東京案内ツアーを企画して発表する「東京ABC PROJECT」などを実施します。生徒はこうした活動によって自信をつけ、たとえ失敗してもそこからまた学んでいくことができるのです。

大切なのは、世界を知る前にまず、自分の身のまわりを知ることです。有志の生徒が集まり、千葉市内の産業祭りや老人ホームで沖縄芸能のエイサーを踊るなど、千葉市の取り組みにも貢献しています。

千葉

このように、「真の国際人の育成」へつながるものとして、さまざまなプログラムが計画、実施されています。

一貫教育で育てるバランスのとれた学力

【Q】中高一貫教育のカリキュラムについてお話しください。

【植草先生】 50分授業の２学期制で、月曜日と水曜日は7時限、ほかの曜日は６時限まで授業を行い、土曜日は部活動などに活用しています。併設型中高一貫校の特色をいかした編成で、週32時間の授業を設定し、一般の公立中学校より週あたり３時間ほど多い授業時間数を確保しています。そして、中高の学習内容を継ぎ目なく実施しています。

カリキュラムの特徴としては、６年間を発達段階に応じて、「基礎学力定着期」（中１〜中２）「充実期」（中３〜高２）「応用発展期」（高３）の３期に分け、一貫した教育を行っていることです。このカリキュラムは、「基礎学力定着期」の中学生に、まず学習方法を身につけてもらい、そのうえで基礎学力を養成していく仕組みになっています。

そして「充実期」には、高校入試がないぶん、授業時間数をほかの公立中学校より多く確保して学習しています。「応用発展期」には、文系と理系に分かれて、それぞれの目標に向けた学力の向上をめざします。

【Q】具体的にはどのような教育を展開されていますか。

【植草先生】 一部の科目で、少人数制授業を取り入れています。その特徴はジュニア・セミナールームという少人数用の教室を使用できることです。大教室ではなく、専用の教室で授業を行うため、すべての生徒に目が届くというメリットが最大限にいかされます。

中学校は、１学年２クラスで、１クラスの生徒数は男女半々の40名です。英語と中１・中２の数学は１クラスを半分に分け、中３の数学は２クラスを３展開した習熟度別授業で指導しています。

高等学校は、１学年８クラスで、普通科７クラスと国際教養科１クラスで構成されています。中学からの内進生は全員が普通科へ進学し、高校から入学した外進生とは高２まで別クラス編成となり

年間行事

おもな学校行事（予定）

4月	入学式　スタートアップセミナー（中1） 交通安全教室　校外学習（中2・中3）
5月	
6月	陸上競技大会　職場体験（中2）
7月	飛翔祭（文化祭）　夏期講習
8月	夏期講習
9月	生徒会役員選挙　前期終業式
10月	修学旅行（中3）自然教室（中2） 校外学習（中1）
11月	異文化理解講座
12月	テーブルマナー講座（中3）
1月	百人一首大会
2月	マラソン大会
3月	茶道・合気道講座（中1）　卒業式

ます。また、高1と高2で英語と数学を2クラス3展開にし、数学は習熟度別授業にしています。

本校は、中高合わせた110人を超える教職員が一体となって、6年間の一貫教育の利点をいかし、継続的な指導で一人ひとりの力を最大限に伸ばしていきます。文系・理系に偏らないバランスのとれた学びで「確かな学力」を養い、職場体験や海外語学研修などのさまざまな体験学習活動をとおして、個人の価値を尊重し異文化を受容できる「豊かな心」を持った生徒を育てていきます。

また、生徒にはよく「ゴールを定めなさい」と言っています。大学に入るということだけではなく、そのさきの目標を立て、そのためにはなにをすべきか、ということを自覚して学習に取り組んでいってほしいです。

【Q】学校行事や施設についてお教えください。

【植草先生】入学してすぐの中学1年生には、1泊2日のスタートアップセミナーを用意しています。ここでグループワークなどを行い、生徒同士の親交を深めます。陸上競技大会や飛翔祭（文化祭）、マラソン大会などは中高合同で行われます。

施設・設備面においては、蔵書数4万冊を超える図書館、国際交流の場としても利用している第2特別教室棟、部活動の合宿に利用している朋友館のほか、すべての普通教室に空調設備を設置するなど、学習環境も充実しています。

【Q】御校へ入学を希望する生徒へメッセージをお願いします。

【植草先生】生徒のみなさんは、入学後、課題や体験活動、学校生活の忙しさに戸惑うかもしれません。しかし、安心してください。本校の先生がたは、みなさん一人ひとりを尊重し、とてもよく面倒を見ます。ですから、期待に応え、忙しいなかでもがんばれる生徒さんにぜひ入学してほしいです。

また、本校は真の国際人の育成に力を入れており、在校生の先輩は、ネイティブのかたと自然なコミュニケーションがとれるように成長しています。海外から来た留学生ともほんの数時間で仲良くなれる姿を見て、私も驚くほどです。

世界に飛びだしたい、世界で活躍したい、というかたにはとても合う学校だと思います。

千葉市立稲毛高等学校附属中学校

募集区分 一般枠（千葉市在住）

入学者選抜方法 適性検査Ⅰ（45分）、適性検査Ⅱ（45分）、集団面接、報告書、志願理由書

問４　部活動リレーを行うトラックは、下の図１のように２つの半円と長方形を組み合わせた形になっていました。トラックの長さは１周 200mで、Ａ地点からＢ地点までの曲線部分をつくる半円の直径が 30mになっています。

円周率を 3.14 としてあとの（１）、（２）の問いに答えなさい。

図１

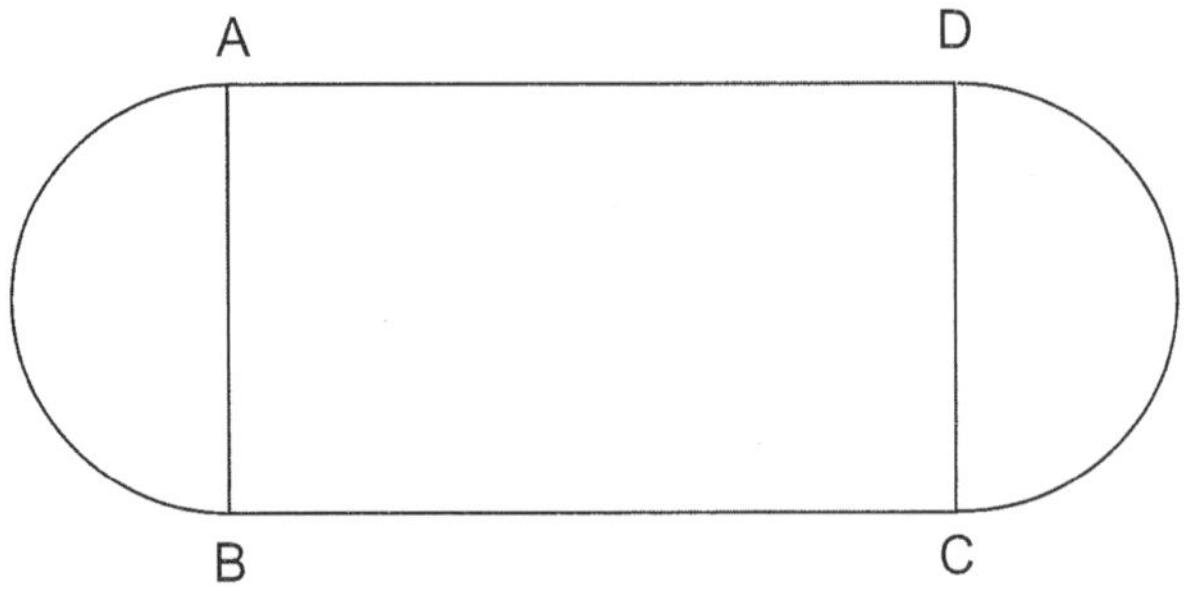

（１）　図１のＡ地点からＢ地点までの曲線部分の長さと、Ｂ地点からＣ地点までの直線部分の長さを答えなさい。

（２）　下の図２のように、トラックの内側にできる長方形ＡＢＣＤで、辺ＡＢを３等分した点をＥ，Ｆとします。また、辺ＡＢに平行な直線を、辺ＢＣを４等分した点Ｇ、Ｈ、Ｉを通るように３本引きます。この３本の直線と直線ＦＤの交わる点をＪ、Ｋ、Ｌとするとき、図の斜線《しゃせん》部分の四角形ＫＧＨＬの面積を求めなさい。

また、その面積が長方形ＡＢＣＤの面積の何倍か答えなさい。

図２

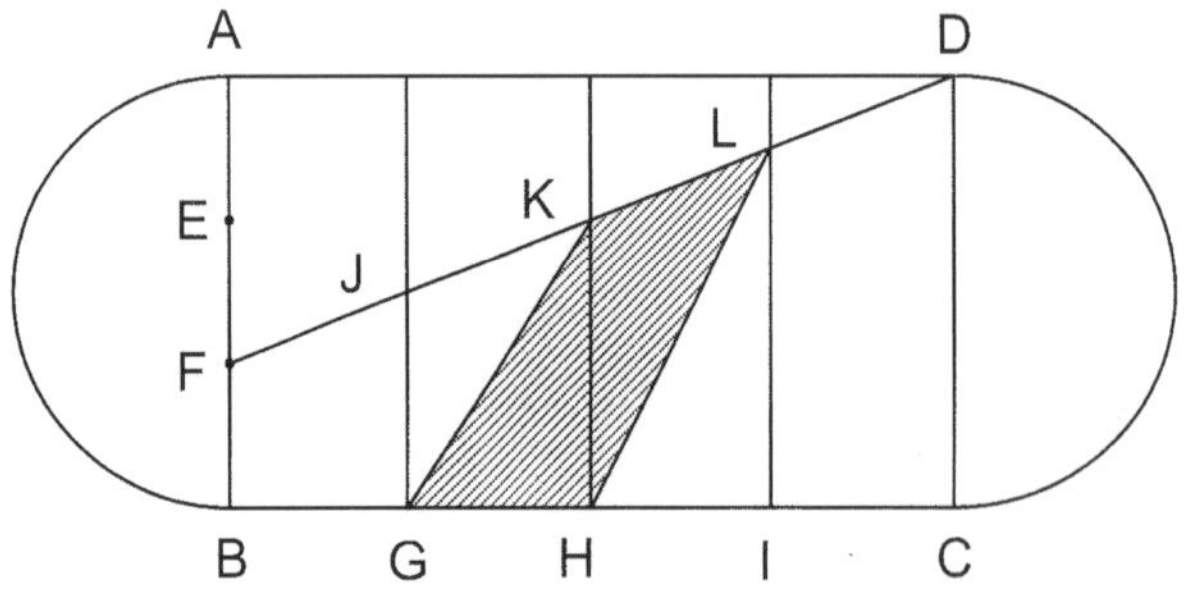

与えられた課題の理解度をみる

それぞれの問いについて、与えられた課題への理解がなければ答えられません。読解力、想像力や計算力も試されます。

数理的なものの考え方をみる

私立中入試で出題されるような算数問題です。数理的な分析力と、課題を解決していく力が問われています。

2016年度 千葉市立稲毛高等学校附属中学校 適性検査問題Ⅰより

1　ある中学校の体育祭では部活動リレーを行っています。そこで、テニス部では、部活動リレーの選手５人を選ぶことになりました。下の表１は、テニス部員の走力の記録で走る速さは走る距離《きょり》に関係なく一定として考えるものとします。

このとき、あとの問いに答えなさい。

表１：テニス部員の走力の記録

学年	性別	名前	走った距離（m）	かかった時間（秒）	学年	性別	名前	走った距離（m）	かかった時間（秒）
1	男	しょう	80	11.2	2	女	まき	100	13.5
1	男	たくや	80	11.8	2	女	りの	100	14.9
1	男	ごろう	100	15.5	3	女	あつこ	100	15.3
1	女	みなみ	100	15.3	3	女	はるな	100	14.8
2	男	つよし	100	13.9	3	女	ゆうこ	120	17.4

問１　１年生の「たくや」さんが100mを走るとすると何秒かかりますか。その答えを求めるための計算式と答えを書きなさい。答えは、小数第２位を四捨五入《ししゃごにゅう》し、小数第１位までで表しなさい。

問２　テニス部員は、どうやってリレーの選手を決めるのかということについて話し合いました。その結果、以下のような『選手選びのルール』を考えました。

この『選手選びのルール』に従って、５人の選手を選ぶとき、考えられる選手の組み合わせを、解答らんの例にならって、すべて答えなさい。

ただし、書く順番は１年生、２年生、３年生の順で書き、同学年であれば男子を先に書くこと。

『選手選びのルール』

学年　　５人の中にすべての学年の部員が入ること。
性別　　男子３人、女子２人になること。
走る速さ　100mを15.0秒以下で走れる記録を出した部員から選ぶこと。

問３　テニス部担当の先生は、部員とは別に「学年」「性別」「走る速さ」に関しての『選手選びのルール』を考えました。そのルールで選手を選ぶと「しょう、たくや、あつこ、はるな、ゆうこ」の５人になります。先生の考えた『選手選びのルール』を答えなさい。

ただし、そのルールに従って選ぶと必ずこのメンバーになり、「学年」「性別」「走る速さ」のルールのうちどれか１つでも守らないと、このメンバーだけに決まらないものとすること、また、表１から得られる情報だけで選手を選ぶものとすること。

解説

千葉市立稲毛高等学校附属中学校の適性検査Ⅰは、４教科のバランスよい融合問題で、思考力や判断力、課題発見・問題解決能力をみます。グラフや表、地図を読み取り、課題に対する理解をみる問題が多くなっています。満点は100点です。適性検査Ⅱは、私立中入試の国語の出題に似た問題で、読解する文章のボリュームは多くはありませんが、作文で力をみる形式となっています。テーマに基づいて自分の考えや意見を文章にまとめ、しっかり表現できる力をみます。記述する際、どのような内容を書くべきかを想定し、その課題に沿って作文を構成する力が求められます。満点は50点です。

希望により、英文の質問による適性検査、英語の発問による面接でも受検が可能です。

検査日の午後には面接（15分、グループ）があり、自らの将来、進路に対する目的意識、進学後に学ぼうとする意欲、さらに、聞く力・話す力などもみます。

千葉県立 千葉《ちば》中学校

千葉

日本、そして世界へ羽ばたく
心豊かな次代のリーダーを育成

■併設型　■2008年開校

鈴木《すずき》　政男《まさお》 校長先生

千葉県内トップの進学校・県立千葉高等学校に併設され、県内初の県立中学校として開校した千葉中学校。多くの人材を輩出してきた高校の伝統ある「自主・自律」の精神を受け継ぎ、真のリーダーへの教育が行われています。

学校プロフィール

開　校…2008年4月

所在地…千葉県千葉市中央区葛城1-5-2

ＴＥＬ…043-202-7778

ＵＲＬ…http://www.chiba-c.ed.jp/chiba-h/chibachu/

アクセス…JR外房線・内房線「本千葉」徒歩10分、京成千葉線「千葉中央」徒歩15分

生徒数…男子119名、女子120名

１期生…2014年3月卒業

高校募集…あり

3学期制／週5日制／50分授業

入学情報

・募集人員…男子40名、女子40名 計80名

・選抜方法…(1次検査) 適性検査(1-1·1-2)
(2次検査) 適性検査(2-1·2-2)、集団面接、報告書

県立高校再編の一環として誕生

【Q】御校がつくられた経緯をお教えください。

【鈴木先生】千葉中学校は、千葉県の県立高等学校の再編計画の一環でつくられました。

最近の子どもたちの傾向として、「考えることが苦手になっている」「指示を待つ子どもが多くなっている」ということがあげられ、お互いに教えあい、学びあうといった力が劣ってきていると言われています。こうした課題に対し、県として取り組んだ学校づくりの一環として、2008年（平成20年）に千葉県立千葉高等学校を母体に、併設型中高一貫校として中学校が開校しました。今年の春には3期生が卒業しました。

中学校では、千葉高校の培ってきた伝統をいかしつつ、教育課程上の先取りをせず、6年間の一貫教育のなかで質の高い体験をたくさん行うことにより、「豊かな人間力」を育み、千葉高校の目標である「重厚な教養主義」をふまえ

ながら、「心豊かな、人の痛みのわかるリーダーの育成」をめざしています。

　これまでも本校は、千葉県の高校教育のリーダーとしての自負と誇りを持ちながら教育活動に取り組んできました。今後は中学校からの進学者と他の中学校からの進学者との切磋琢磨が行われることによって、よりいっそう活性化することを期待しています。

【Q】御校の校風はどのようなものですか。

【鈴木先生】本校の全活動の精神的基盤となっているのは千葉高校の校訓でもある「自主・自律」です。実際、厳しい生徒指導はなく「自由な学校」というイメージが強いですが、生徒は千葉中生としての自覚を持って行動しています。

　この「自主・自律」の精神に裏打ちされた教育は、次代に生きるみなさんに必要不可欠な力をつけていきます。なにが問題になっているのか、なにが原因なのか、なにをすべきなのか、どうしたらみんなと協力できるのかなど、すべて自分たちの頭で主体的に考えながら3年間を過ごします。教師もそのような指導をしていますから、本校に入学すれば自然と「自主・自律」の精神が身につくことになります。

　この精神をもとに、中学校では新しく「篤学《とくがく》・協同・自律」という校訓を掲げています。「篤学」は、熱心に学問に励むこと。「協同」は互いに力を合わせてものごとを行うこと。そして「自律」は自分自身で立てた規範に従って行動することです。

　また、高等学校の伝統として、「重厚な教養主義」が教育方針の柱として確立しています。これは日々の授業を大学受験に特化するのではなく、すべての教科で基礎・基本を大切にしながらも、教科書を超えた発展的な授業を展開することで、広く深く学習するというものです。中学校でも、先取りではなく、深く、多角的に課題について考えるよう、ていねいに指導しています。

豊かな人間力を育成する さまざまな教育課程

【Q】県内トップ校である千葉高校に進学するわけですが、ハイレベルな授業を行ううえで、中学校段階でどのような工夫が行われて

特色ある カリキュラム紹介

1 人間力育成のための総合的学習の時間 「学びのリテラシー」「ゼミ」「プロジェクト」

千葉中学校では、県内トップレベルの千葉高校の伝統をいかした「学びのリテラシー」、「ゼミ」、「プロジェクト」という人間力育成のための独自のプログラムが展開されています。

「学びのリテラシー」とは、探究的な学びの基礎となる力を育てる学習です。「ゼミ」や「プロジェクト」で必要となる話しあう力や発表の技術を学んでいきます。具体的には、レポート・論文の書き方や調査時のアポイントメントの取り方、相手への接し方などを学びます。

「ゼミ」はいわゆる大学のゼミナールと同じ形式で、個人研究を行います。それぞれのテーマで1～3年まで縦割りで所属し、研究を行っていきます。年度末に発表が行われ、3年生では論文にまとめ、卒論発表会が実施されます。

「プロジェクト」は社会に参加する力をつけるためのプログラムです。各学年ごとに社会人講演会（1年）、職場体験学習（2年）、夏季ボランティア（3年）を行います。これらは生徒が企画・運営を任されます。そのため、講演者や企業へのアポイントも生徒が行います。

こうした経験が企画力を育み、社会でどんなことができるのか、社会からどのような力が受け入れられるのかということがわかってきます。

そして、これら3つのプログラムが、千葉高校へ進学したのちの「千葉高ノーベル賞」へとつながっていくのです。

この「千葉高ノーベル賞」とは、総合的な学習の時間から生まれたもので、4つの分野（人文科学・社会科学・自然科学・芸術）に分かれて、個別に調査・研究をし、まとめたもののなかから最もすぐれた作品に与えられる賞です。

千葉高校入学後、1年生から約2年間かけて研究したものを3年生の9月に発表します。各分野で優秀作品に選ばれたものは「千葉高ノーベル賞論叢《ろんそう》」として冊子にまとめられ、全校生徒に配られます。

こうして中学校で研究に関する基礎を学び、高校でのハイレベルな研究にすぐにつなげていくことができるのです。県立のトップ校である千葉高校の教育と密接に結びついた総合的な学習の時間となっています。

千葉

いるのでしょうか。

【鈴木先生】 スパイラル学習と呼んでいますが、螺旋《らせん》階段を登るように段階的に繰り返し学習しています。学年があがるにつれ、より高度な内容で学び、少しずつ理解を深めていきます。

また、数学と英語では、20名の少人数クラスで授業を行っていますが、習熟度別で分けているわけではありません。中学校では家庭科、技術科の一部でも少人数で授業を行っています。習熟度でクラスを分けるより、いろいろな生徒がいた方がおもしろいのです。生徒それぞれの自然な発想を大切にしたいですし、同じような成績の生徒だけ集めてしまうと発想が豊かになりません。そういうところを大切にしたいと考えています。

【Q】補習や講習は行われていますか。

【鈴木先生】 夏休み中や休日に「勉強会」を設定しています。基本的に参加は自由ですが、進度が遅れた生徒については義務づけている場合もあります。それ以外には制度的なものではなく、臨機応変に個別対応するという方法でフォローしています。

また高校では、夏休みに、教科によってさまざまなかたちで夏期講習を行っています。

ただ、きちんと講座を決めてスケジュールを固めるのではなく、先生がたが自由に行っています。

協同することで養う豊かな人間性

【Q】「人間力を培う3つの協同」についてお教えください。

【鈴木先生】「学びの協同」、「社会との協同」、「家族との協同」として、本校では「協同」という言葉を意識した行事を行っています。

たとえば、1年生は4月にオリエンテーション合宿を実施します。鴨川青年の家で3日間、生徒による自主運営でワークショップや野外炊飯などを行います。

生徒たちは、テレビも電話もゲームもない生活のなかで、友だちと会話し、協力しながら食事をつくっていきます。そういう体験をすることによって、人間と人間のコミュニケーションがより深くなります。

生徒は合宿から戻ってくるとなかなか逞《たくま》しくなっている気がします。

年間行事

おもな学校行事（予定）

4月	入学式　オリエンテーション合宿
5月	全校防災避難訓練
6月	体育祭
7月	
8月	職場体験（2年） 夏季ボランティア（3年）
9月	文化祭
10月	国内語学研修（3年） 伝統文化学習（2年）
11月	合唱祭
12月	
1月	
2月	マラソン大会 卒業論文発表会（3年）
3月	総合学習発表会（1・2年） 卒業式

また、文化祭では、クラス全員で協力して、毎年演劇などの発表を行っています。

これらの行事には、昨今の家庭教育においてなんでも用意されすぎている子どもたちの自立をうながす意味もありますが、自分たちで一生懸命いろいろな工夫をして生活していくために協同することを学びます。友だち同士がなにもないなかで協同してつくりあげていくのです。それは教員もそうですし、家庭にもいっしょにお願いしています。また、社会のかたとも協同する必要があるのです。

【Q】高校ではすばらしい進学実績をお持ちですが、進学指導はどのように行っていますか。

【鈴木先生】 キャリア教育はきちんとしていきたいと思っています。世の中のことをよく知ってもらって、少なくとも高校を卒業するときには、「この大学のこの学部に行きたい」「この先生に学びたい」といった自分のこれからの学びに対する明確な目標を持ってもらいたいです。

とくに大学でなくてもいいのですが、「こういうことをやりたい」と自分自身でわかったうえで進路選択をしてほしいのです。ただ慶應義塾大に行きたいからちがう学部を3つ受験するとか、東京大がむずかしいから東京工大にしてしまおう、ということにはならないように、しっかりとした進路選択をしてもらいたいですね。そして大学に入って、すぐに研究活動に入れるような生徒を育てたいです。

【Q】では最後に、どのような生徒に入学してほしいかをお教えください。

【鈴木先生】 本校の開校の理念は、「千葉から、日本でそして世界で活躍する心豊かな次代のリーダーの育成」です。そのためには、将来、社会に貢献しようとする志のある生徒、いろいろなことに興味や関心を持ち勉強したい、とことん考えてみたいという強い学習意欲のある生徒、そして、友だちと協力してものごとに取り組むことができる生徒に入学してほしいです。

また、将来、有名大学に入るだけが目的ではなく、本校の教育方針を理解して第1希望で来ていただける生徒さんを、学校と家庭で連携してていねいに伸ばしていきたいと思います。

千葉県立千葉中学校

募集区分 一般枠

入学者選抜方法 【一次検査】適性検査1-1（45分）、適性検査1-2（45分）、【二次検査】適性検査2-1（45分）、適性検査2-2（45分）、集団面接、報告書、志願理由書

資料9　越前和紙の記録

[奈良時代]	[室町《むろまち》時代]	[江戸時代]	[明治《めいじ》時代以降《いこう》]
奈良の正倉院《しょうそういん》に保管されている文書中に，越前和紙を奈良に大量に運んだことが書かれている。	文明年間(1469～1486年)の記録には，越前から京都に向かう貴族《きぞく》や僧《そう》たちが，みやげとして越前和紙を用いたとある。	正徳5年(1715年)の文書に「肌《はだ》なめらかで書きやすく紙質ひきしまって長持ちし，紙の王と呼ぶにふさわしい紙」と評価されている。江戸幕府《ばくふ》から8，9月ごろに翌年《よくねん》の注文が入ると作り始め，翌年6月ごろまでに納めた。	明治時代のお札に使用された。現在でも日本画用紙，文化財の修理用紙として使用されている。

(越前市「越前市工芸の里構想」，福井県「福井県史」，越前和紙工業共同組合ホームページより作成)

⑸　下線部**う**(前ページ)について，**資料**9をもとに，越前地方では冬期だけでなく，1年を通して和紙作りが行われてきた理由を書きなさい。

れんさんたちが，めがね作りについてもくわしく調べていくと，地域の産業として，100年以上の歴史があることがわかりました。

資料10　めがね職人さんへのインタビュー

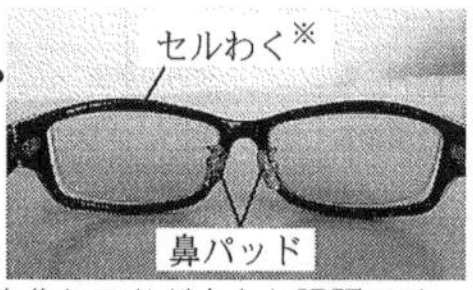

鼻パッド作り職人　Nさん

○鼻パッドが合わないとずれ落ちたり，かけごこちが悪くなったりしますよね？

鼻パッドは地味な部品ですが，かけごこちを大きく左右しますからね。

○これからの見通しは？

存在《そんざい》感のない鼻パッドづくりです。鼻パッドがないのが1番なんです。現実にはきびしいので，いかに存在感をなくして，かけていてもつかれないパッドを作れるかが大きな課題です。20年30年かけてでも追求していきたいです。

セルわく作り職人　Mさん

○手作業でどのようなことを意識してセルわくをけずられていますか？

わく作りには，6種類の工具を使い分けて，「丸い部分」と「角張り部分」のメリハリをつけてる。「ふんわりとした丸み」や「ピンとした角張り」といった感覚的な表現を使うんやけど，こんなことは機械ではできんわ。もう長年の経験からくるカンやね。

○そういうことを若い方に教えられたりするのですか？

若い子は，常に手を動かすようにしてたくさん経験して自分の手や目の感覚を養うことや。セルわくの製作の中で1番むずかしいのがみがきやね。2，3年でできるものではなくて，ワシも自分で本当に納得《なっとく》するものができるようになるまで時間がかかったね。

○若い人へのメッセージをお願いします。

しっかりとした考えを持ち，自信を持つことや。工場では，1千枚《まい》2千枚と作るけど，お客さんが買うのは，たったの1枚。

※セルわく：セルロイド(プラスチックの一種)を原料としためがねのわくのこと。

(鯖江メガネファクトリーホームページより作成)

⑹　2人のめがね職人が共通して，めがねを作るときに大事にしていることを，**資料**10をもとに2つ書きなさい。

資料を読み解く力を試す

与えられた資料と会話文を読み解き、なにを求められているかについて、整理する力と表現力が求められます。

与えられた課題への理解をみる

ふたつのインタビューの答えを分析、整理した情報から、本質を見極め他者にわかるように表現する力が試されています。

2016年度 千葉県立千葉中学校 適性検査問題１次ー１より（千葉県立共通）

れん：お姉ちゃんはどこへ行きたいの？

しの：福井県の小浜《おばま》から京都に続く「鯖街道《さばかいどう》」を歩いてみたいの。

れん：「鯖街道」って，鯖が通ったということ？

しの：そうなの。江戸《えど》時代には，若狭湾《わかさわん》に水あげされた鯖の内臓《ないぞう》を取り出して，そこに塩を入れたものを大量に京都へ運んだそうよ。だから，「鯖街道」と呼《よ》ばれるようになったの。

れん：地図で見ると小浜と京都って意外に近いんだね。何か関係があるのかもね。

しのさんは，若狭湾周辺の地域《ちいき》と京都の関係について調べてみました。

資料５

高浜虚子《たかはまきょし》は，「萩《はぎ》やさし敦賀《つるが》言葉は京に似て」と，敦賀の言葉と京の言葉について俳《はい》句《く》をよんでいる。

資料６

北海道でとれた昆布《こんぶ》やにしんは，小浜で加工され，主に京都で消費された。

（福井県ホームページより作成）

資料７

若狭国※は，奈良《なら》・平安時代には，朝廷《ちょうてい》に海産物や米，塩を税として納《おさ》めていた。

※若狭国：現在の福井県の西部をはん囲とする当時の国名。

資料８

若狭湾周辺の地域には，寺社を中心とした行事や芸能が発達し，京都で始まった多くの祭りなどが現在も残っている。

（資料７・資料８　小浜市・若狭町歴史文化基本構想より作成）

⑷　会話文と**資料５～資料８**をもとに，鯖街道が若狭湾周辺の地域と京都のそれぞれに何をもたらしたのかを書きなさい。ただし，解答用紙の示した書き方にしたがって書くこと。

れん：鯖街道で鯖は食べられるのかな？

しの：「鯖ずし」とか「焼き鯖」，「へしこ」があるわよ。

れん：「へしこ」って何？

しの：鯖を塩づけにした後で，ぬかに１年から２年つけて作る保存《ほぞん》食なの。今では若狭湾で鯖があまりとれなくなってきたから，輸入もしているんだって。

れん：「へしこ」と越前和紙には共通点があるね。和紙作りもこの地域にずっと伝えられてきたんだよ。和紙の原料も輸入が増えているよ。

しの：越前和紙には，どんな歴史があるのかな。お父さんに聞いてみよう。

父親：ほとんどの和紙作りの産地では，米作りが終わった後の冬の仕事にしていたんだよ。でも，う越前地方では，季節に関係なく１年を通して和紙作りをしてきたんだよ。これ（次ページ**資料９**）を見てごらん。越前和紙についての記録だよ。

解説

千葉県立千葉中学校は一次検査と二次検査を行います。一次で倍率が４倍程度まで下がるように選抜し、二次で80名(男女40名ずつ）を選抜します。一次の段階で、倍率が30倍を超えると抽選があります。ただし、なるべく抽選を行わないように「受検希望者を減らす努力をする」ことになっています。2011年度から少し落ちつきをみせ、2016年度の一次では785人が受検し、二次には274人がのぞみました。

千葉県立中学校（2校）共通の適性検査は、いずれもよく練られた問題で、なかなかの厳しさです。小学校で学習する内容や私立中学校入試で求められる学力とは異なります。

その内容は、与えられた文章や資料などを読み取り、課題を発見し、自然科学的な問題、数理的な問題等を理解し、解決に向けて筋道立てて考え、表現する力をみます。

二次の適性検査2-2では「聞き取り」をして作文をする問題があります。面接は集団面接です。

千葉県立　東葛飾《ひがしかつしか》中学校

千葉

■併設型　■2016年開校

豊かな人間力と揺るぎない学力を育む
千葉の新たな公立中高一貫校が開校

2016年（平成28年）4月、千葉県で3校目となる公立中高一貫校が開校し、第1期生80名が入学。「確かな学力」・「豊かな心」・「健やかな体」を育み、「未来への志」につなぐ。そんな学校生活をスタートさせています。

大森《おおもり》　英一《えいいち》　校長先生

中高一貫1期生の姿に未来への期待が膨らむ

【Q】御校が設立された経緯をお聞かせください。

【大森先生】 本校の設立母体となる千葉県立東葛飾高等学校は、1924年（大正13年）に創立されて以来、90年以上にわたり歴史と伝統を築いてきました。「自主自律」を校是に掲げ、学力・人間力・教養を高め、グローバル社会で活躍できる人材の育成をめざしています。2014年（平成26年）には「医歯薬コース」を新設し、将来の地域医療を担う人材育成にも注力し始めるなど、さらなる進化をつづけています。

そして2016年（平成28年）、併設型中学校として本校を新設し、中高一貫教育をスタートさせました。きっかけは、千葉県教育委員会の取り組みで、「社会の変化に対応し、活力があり、生徒それぞれの豊かな学びを支え、地域のニーズに応える魅力ある学校づくり」をするなかで、中高一貫教育校の開設が決まったことです。

学校プロフィール

開　　校…2016年4月
所 在 地…千葉県柏市旭町3-2-1
T　E　L…04-7143-8651
U　R　L…http://cms1.chiba-c.ed.jp/tohkatsu-jh/
アクセス…JR常磐線・東武野田線「柏」徒歩8分
生 徒 数…男子40名、女子40名
1 期 生…中学1年生
高校募集…あり
2学期制／週5日制／50分授業
入学情報
・募集人員…男子40名、女子40名（計80名）
・決定方法…（一次検査）適性検査（1-1･1-2）
（二次検査）適性検査（2-1･2-2）
面接等、報告書

2008年（平成20年）に開校した千葉県立千葉中学校につづく県立中学校の2校目として、伝統と実績があり、地域的なバランスもよい本校が選ばれました。

【Q】開校理念と教育目標を教えてください。

【大森先生】開校理念は、「世界で活躍する心豊かな次代のリーダーの育成」です。「豊かな人間力」を培い、「揺るぎない学力」を育むことを教育方針として、理念達成をめざします。

本校独自の教育目標は、「確かな学力」「豊かな心」「健やかな体」の育成に重点を置き、「未来への志」につなげていくことです。未来を見据え、よりよい社会の実現をめざすあくなき向上心や探究心を育成します。そして、高校から入学してくる仲間たちと切磋琢磨することで、相乗効果を生みだしてほしいと考えています。

【Q】入学してきた1期生のようすはいかがですか。

【大森先生】象徴的だったのは、4月の創立記念日に、元国連難民高等弁務官事務所職員、現NPO法人UNHCR協会職員の卒業生を講師として招き、講演会を行ったときのことです。難民問題というむずかしいテーマであったにもかかわらず、1期生は真剣に話を聞いていました。そして、講演後の質疑応答では、何人もの生徒から手があがり、時間が足りなくなるほどでした。

これは、まさに私たちのめざす東葛生の姿です。グローバル社会で活躍できるのは、臆することなく人前に立ち、知らない人ともコミュニケーションが取れ、自分の主張を告げられる人。そんな芽を持った生徒たちが入ってきてくれたのだと実感するとともに、6年間かけてその芽を伸ばし、将来社会人としてリーダーシップが発揮できる人材へと育てていくことを改めて決意しました。

生徒全員を底上げする工夫の詰まった授業

【Q】カリキュラムの特徴を教えてください。

【大森先生】中学校は水・金曜が7時間、月・木曜が6時間、火曜が5時間の週31時間、授業を行っています。火・木曜の放課後は部活動・委員会の時間にあて、月曜の放課後は「学習指導日」として

特色ある カリキュラム紹介

1 教養を高める講座が中学校で開校「東葛リベラルアーツ講座」

東葛飾がめざしていることのひとつは、教養を高めること。その一助となっているのが、これまで高校で開講されてきた「東葛リベラルアーツ講座」です。同講座では、土日を中心に、大学教授や各分野のスペシャリストを招いたり、教員による特別授業を行ったりしてきました。

内容は、「一般教養講座」と「医療系関係講座」の２構成で、半期だけで約35講座の開講が予定されています。過去のテーマは、「iPS細胞を用いた網膜の再生医療」「流星と流星群」「アフガニスタンの人と暮らし」など、さまざま。生徒たちは、幅広い分野から受けたい講座を選びます。興味ある内容に触れることができ、ふだん体験できない真の学び・教養を得ています。

2016年（平成28年）から、その一部を中学生も受講できるようになりました。テーマは、「ロケットを飛ばす」「情報を整理する」「身体をつくる」など、リベラルかつ身のまわりにあることを題材としたものとなっています。また、月曜放課後の「学習指導日」には、中学校版の講座も用意されています。

2 「揺るぎない学力」を育成する「ハードルクリア型学習」

東葛飾は、教育方針にある「揺るぎない学力」を育成するため、「ハードルクリア型学習」を導入しています。これは、基礎的基本的な知識・技能をしっかり身につけさせる学習法のひとつです。各授業において、小テストや各種検定試験などのハードルを設定し、生徒にクリアできるまで繰り返し取り組ませます。また、テスト前になると、月曜７時間目の「学習指導日」を活用し、補充的学習の実施や、個別対応によるバックアップを行います。

「ハードルクリア型学習」導入の背景には、「勉強についていけない生徒を残さず、全生徒に基礎基本をかならず身につけさせる」という強い想いがあります。すべての生徒の幸せを願う、東葛飾ならではの取り組みです。

学校の描く「揺るぎない学力」とは、たんなる暗記や問題を解くための小手先のテクニックではありません。「ものごとの本質を研究し真の教養を身につけ、未知の課題に対応できる能力」です。こうした学力を育成するとともに、身につけた知識・技能を高めあい、よりよい社会の実現に向けて活用しようとする「豊かな人間力」を培います。

います。

「学習指導日」の時間は、勉強でわからないところがある生徒が質問できる「補充的学習」や、力を伸ばしたい生徒が参加する「発展的学習」に活用されます。たとえば、東葛飾の特色あるカリキュラムである「ハードルクリア型学習」「東葛リベラルアーツ講座」も、この時間に行われる取り組みです。

いずれも参加希望制ですが、全生徒80名のうち、70名前後が集まっており、生徒たちの強いやる気が感じられます。

【Q】授業にはどんな工夫をされていますか。

【大森先生】教員一同が心がけているのは、生徒自らが頭をフル回転させられるような授業を行うことです。各教科において、特色ある授業が展開されています。たとえば、英語はオールイングリッシュ、理科は観察・実験重視の授業が行われます。また、それぞれの教科に合ったアクティブラーニング（能動的な学習方法）が導入されているのも特徴です。

授業のほとんどは、完成したばかりの新校舎で行われます。各フロアに広いフリースペース、各教室に大きなホワイトボードが完備されるなど、あちらこちらに生徒の学ぶ意欲を高める工夫が施されています。本校では、あえて電子黒板を使用していません。大きなホワイトボードにプロジェクターで投影する方が、本校の授業に適しているからです。今後、ICT機器の活用については、これまで使用してきたノートパソコンに加え、タブレット端末も導入する予定となっています。

【Q】そのほか、新たに検討されていることはありますか。

【大森先生】２０１４年（平成26年）から高校に新設された「医歯薬コース」に関連する内容を中学生向けにも展開できないか、ということです。このコースは、柏市の医師会がプランニングやアドバイスなど、全面的なバックアップを手がけています。その一端に、早期から触れられるようにすることで、生徒たちの意識がさらに高まるのではないかと期待されます。

大事な「人間力」を磨く 東葛生ならではの行事

【Q】学校生活についても教えて

年間行事

おもな学校行事（予定）	
4月	前期始業式　入学式 オリエンテーション合宿（1年）
5月	授業参観
6月	伝統文化学習旅行（2年）
7月	合唱祭
8月	補習
9月	文化祭
10月	後期始業式
11月	授業参観
12月	
1月	社会科見学（1年）
2月	自由研究発表会
3月	海外研修（3年）　修了式　卒業式

ください。

【大森先生】 行事や部活動では、可能なかぎり中高が交流する機会を設けたいと考えています。たとえば、7月に行われる合唱祭です。中学生は見る側としての参加となりますが、1からパフォーマンスを考え、衣装をつくったり、練習を重ねたりする先輩の姿を見て、よい刺激を受けるでしょう。

また、高校生がメンターとして、中学生に学習指導する機会もつくりました。教える側にとっても、教わる側にとっても効果的な取り組みとなることが期待されます。

中学校独自の行事としては、入学当初に1泊2日のオリエンテーション合宿があります。1期生は、飯盒《はんごう》炊さんをして友人との交流を深めたほか、これからの学校生活について考え、自分の言葉でまとめたポスターを作成するなどしました。

また、キャリア教育として、1年次の社会科見学で地域を、2年次の伝統文化学習旅行で自国を、3年次の海外研修で世界を学びます。この段階的な取り組みで、グローバルな視点を養い、キャリアイメージを明確にしていきます。

【Q】今後、どのような生徒さんに入学してもらいたいですか。また、御校を志望する生徒さんにメッセージをお願いします。

【大森先生】 あいさつができ、ルールが守れる、思いやりのある生徒に来ていただきたいですね。当たり前のことを大切にできればいいと思います。

いま、社会でいちばん大事な力は、「人間力」です。これを磨かないかぎり、世界で認められることはありません。私は、学校生活において、人間力が磨かれるいちばんの機会は行事であると考えています。生徒たちの人間力は、行事を成功させるためにクラスをまとめたり、仲間と討論しあったりする経験をとおして、どんどん輝いていくと思うのです。

多くの進学校は、学習時間の確保のため、行事の時間を削ぎ落としています。しかし高校は、スポーツ祭を3日間開催したり、文化祭を2部構成にするなど、学校行事にもじゅうぶんに時間を割いています。

こうした〝土壌〟をいかし、本校で人間力をさらに磨いていってほしいと思います。

父 ：ホウレンソウは，25℃を
こえるような高温には弱い
けれど，低温には強いか
ら，冬を中心に生産してい
たんだ。**資料4**のような気
温変化をする国内の場所
で，ホウレンソウを野外で
栽培したとき，収穫できる
大きさに育つまでの期間を
資料5にまとめてみたよ。

晴子：栽培する時期によって，収
穫までにかかる日数はずい
ぶんちがうのね。

父 ：そうだね。でも，種子をまいてから収穫までの毎日の平均気温をたした
合計は，だいたい同じになっているんだよ。

晴子：**資料5**の**B**の期間は，**資料4**を見ると10月1日が20℃，10月30日が
15℃と読み取れるから，この期間の気温は一定の割合で下がっていく
と考えると，合計は ［ ア ］ ℃ね。

父 ：そういうことだね。同じように計算すると，**A**の期間と**C**の期間も合計
は同じ ［ ア ］ ℃になるよね。

資料3

野菜の種類	花芽ができる条件	くきがのびたり，できた花芽が成長して開花したりする条件
ナ ス	葉とくきが一定の大きさ	高 温
トマト	葉とくきが一定の大きさ	高 温
キャベツ	葉が一定の大きさになった後，低温になる	高 温
ホウレンソウ	日長が12時間以上	日長が12時間以上
シュンギク	日長が12時間以上	高 温
ソラマメ	低 温	高 温
ニンジン	葉が一定の大きさになった後，低温になる	高 温
シ ソ	日長が12時間以下	高 温
ダイコン	低 温	高 温
エダマメ	高 温	高 温
レタス	高 温	高 温

※日長　一日のうち，日光があたる時間

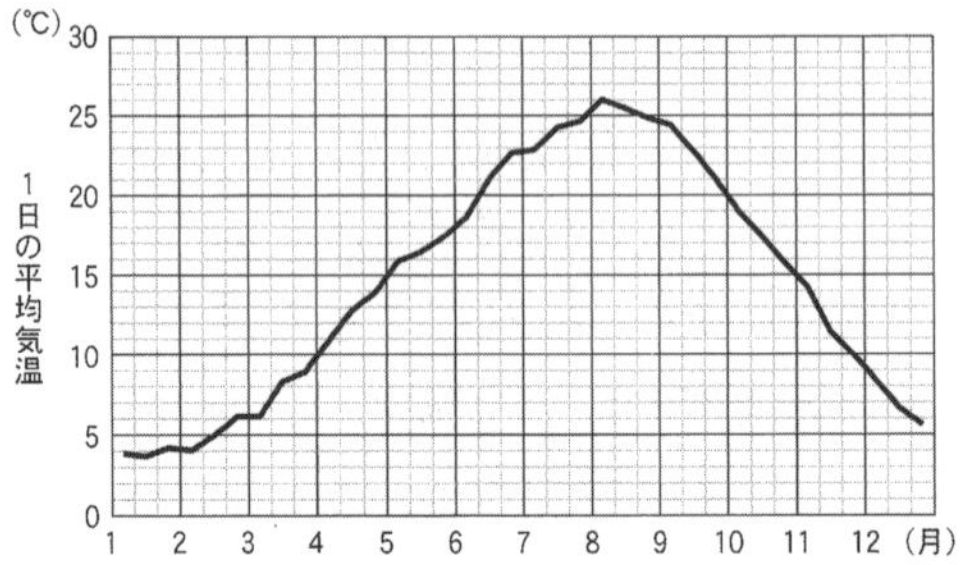

(2)　**資料2**に示す野菜を収穫する
ために，花芽ができ成長して開
花する必要があるものはどれで
すか。**資料2**の野菜のうちか
ら，あてはまるものを**すべて**書
きなさい。また，選んだ理由を
書きなさい。

資料4

(℃)
1日の平均気温

(3)　**資料5**中の**C**の期間にホウレンソウを栽培
することは，**A**の期間に栽培することと比べ
てどのような良い点がありますか。**資料3**と
下線部**b**を参考に書きなさい。

(4)　［ ア ］にあてはまる数を書きなさい。

資料5

	種子をまいた日	収穫した日
A	4月15日	5月20日
B	10月1日	10月30日
C	11月1日	12月20日

それぞれ同じ程度の大きさで収穫した。

千葉県立東葛飾中学校

千葉

【募集区分】一般枠

【入学者選抜方法】
【一次検査】適性検査1-1（45分），適性検査1-2（45分），
【二次検査】適性検査2-1（45分）、適性検査2-2（45分）、集団面接、報告書、志願理由書

📖 **課題に沿って説明する力をみる**

なにを求められているのかについて、課
題を見つけ、資料等を活用しながら、必要
な表現で説明する力をみます。

📖 **考えを筋道立てて表現する力を試す**

与えられた課題の解決のために資料を読
み取る力をみます。同時に自分の考えや意
見を筋道立てて表現する力も試されます。

2016年度 千葉県立東葛飾中学校 適性検査問題2次－1より（千葉県立共通）

1　夏休み明け，晴子さんのクラスでは野菜について調べ学習をしています。あとの(1)～(6)の問いに答えなさい。

晴子：昨日の夕飯にナスが出たけど，おばあちゃんが「旬《しゅん》のナスだからおいしいでしょ」って言っていたわ。今の時期のナスは特別なのかな？
健二：でも，ナスは一年中お店で売っているよね。
先生：昔はほとんどの野菜は野外で栽培《さいばい》できる時期にだけ生産していたんだ。だから夏から秋にかけてが，もともとはナスの「旬」なんだよ。
晴子：わたしたちが育てたツルレイシの旬とだいたい同じですね。ツルレイシは5月に種子をまいて，夏休みに花がさき，その後，実がついたもの。それじゃあ，お店ではどうして一年中ナスを売っているのかな？
健二：売っているってことは，一年中作ることができるってことですよね。
先生：そうだよ。$_a$ビニールハウス（**資料1**）などの施設《しせつ》を利用することで，日本国内でも一年中生産できるようになったんだよ。

資料1

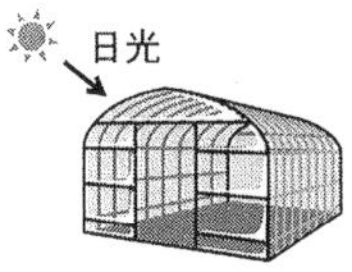

(1)　下線部aについて，「日光」「空気」「気温」という言葉を使って，ビニールハウスを利用すると，一年中ナスを栽培できる理由を書きなさい。

晴子さんは家に帰り，お父さんに野菜についての質問をしています。

晴子：野菜（**資料2**）の育つ条件をまとめた資料（次ページ**資料3**）をつくってみたの。ナスやトマトは葉とくきが一定の大きさになると花芽ができるのね。
父　：そうだね。その後，気温の高い日が続くと，花芽が成長して開花するんだよ。
晴子：資料をつくるときは気づかなかったけど，ホウレンソウって花がさくの？
父　：そうだよ。$_b$でも，ホウレンソウは葉の部分を食べるよね。ホウレンソウは花芽やくきが育つと栄養がとられて，葉がかたくなってしまうんだ。
晴子：花がさく前に，ホウレンソウは収穫《しゅうかく》しているってことね。ところで，ホウレンソウの旬っていつなの？

資料2

解説

千葉県立東葛飾中学校は一次検査と二次検査を行います。一次で倍率が4倍程度にまで落ちつくように選抜し、二次で80名（男女各40名）を選抜し合格とします。一次で倍率が30倍を超えるときは抽選もあります。ただ、なるべく抽選は行わないようにする方針ですが、2016年度は1147名が一次検査を受け、二次では296名が受けました。適性検査出題の基本方針は「①文章や資料等の内容を読み取る力をみる。②課題を明確にし、解決に向けて論理的に思考する力をみる。③自分の考えをまとめ、筋道立てて的確に表現する力をみる」とされています。一次検査の適性検査では【1－1】と【1－2】がそれぞれ45分で実施され、二次検査も【2－1】と【2－2】がそれぞれ45分で行われます。とくに【2－2】では「聞き取り」が実施され聞き取った内容と読み取った内容から、課題を明確にし、経験に基づいて、自分の考えや意見を筋道立てて表現する力が試されます。適性検査は、県立千葉中との共通問題で実施されます。

埼玉県立　伊奈学園《いながくえん》中学校

■併設型　■2003年開校

一人ひとりの個性や才能を伸ばす　特色あるシステムが魅力

普通科ながら、「学系」と呼ばれる特殊なシステムを持つ伊奈学園総合高等学校。この高校を母体に生まれた伊奈学園中学校は、幅広く確かな学力を身につけ、生涯にわたり自ら学びつづける人間を育成します。

金子《かねこ》　隆《たかし》　校長先生

超大規模校につくられた併設型中高一貫校

【Q】 2003年（平成15年）に埼玉県内初の併設型公立中高一貫校として開校されました。設置母体である埼玉県立伊奈学園総合高等学校はどのような学校なのでしょうか。

【金子先生】 伊奈学園総合高等学校は、1984年（昭和59年）に創立され、現在は在籍生徒数が2400人にものぼる超大規模校です。普通科ですが総合選択制をとっており、専門学科に近いようなかたちで7つの学系（人文・理数・語学・スポーツ科学・芸術・生活科学・情報経営）に分かれて学びます。

1学年800名のうち、本校から80名の生徒が一般的な普通科にあたる人文系と理数系に進学します。なお、伊奈学園中学校から進学した生徒は高校から入学した生徒とは3年間別クラスを編成します。

総合選択制では、大幅な選択科目を導入しており、大学のように

学校プロフィール

開　　校…2003年4月
所 在 地…埼玉県北足立郡伊奈町学園4-1-1
T　E　L…048-729-2882
U　R　L…http://www.inagakuen.spec.ed.jp/
アクセス…埼玉新都市交通ニューシャトル「羽貫」徒歩10分、JR高崎線「上尾」・JR宇都宮線「蓮田」バス
生 徒 数…男子71名、女子168名
1 期 生…2009年３月卒業
高校募集…あり
３学期制/週５日制/50分授業
入学情報
・募集人員…男女計80名
・選抜方法…一次選考　作文（Ⅰ・Ⅱ）
　　　　　　二次選考　面接

講義を選んで受講することをイメージしていただけるとわかりやすいと思います。

【Q】中学校においても高等学校の校訓「自彊創生《じきょうそうせい》」を継承していますが、この意味についてお教えください。

【金子先生】 意味は「自ら努め励み、自らをも新しく創り生み出すこと」です。わかりやすく言うと、努力を積み重ねることで個性を開花させ、新しい自分を発見し、育てるという意味になります。そうして、高い志を持ち、将来社会のさまざまな分野でリーダーとなる生徒を育てていきたいと思います。

本校は高校入試がありません。6年後の大学進学を到達点とするのではなく通過点と考え、社会にでてからの自分の理想の姿を思い描き、つねに将来を見据えて努力をしようと生徒たちには伝えています。

【Q】教育のカリキュラムで特徴的なところをお教えください。

【金子先生】 一般の中学校の授業は週29時間標準で行われていますが、本校では独自の教育課程により、2時間多い31時間で実施しています。

増加ぶんの2時間（3年間で6時間）は、1年生は英語1時間と数学1時間、2年生は数学2時間、3年生は国語1時間と学校独自の選択科目1時間です。

英語の授業では、すべての学年で1クラスをふたつに分けた少人数指導を取り入れているほか、週1時間はコンピューター教室で授業を行っています。また、ALTと日本人教師とのチームティーチングを実施し、「聞くこと」「話すこと」を重視した授業も展開しています。

数学では、1・3年生は2クラス3展開の習熟度別授業を、2年生は1クラスをふたつに分けた少人数指導を実施しています。高校でも、必修教科の数学では2クラス3展開をそのまま継承しています。また中高一貫校のメリットをいかし、数学では中3の2学期から高校の内容を先取りして学習しています。

【Q】中3で行われる「総合的な学習の時間」の「表現」「国際」「科学」とはどのような授業なのでしょうか。

【金子先生】 3年生で行う「表現」「国際」「科学」は、ふたつの教科

特色ある

カリキュラム紹介

1 学校のなかに存在する小さな学校「ハウス」で生まれるアットホームな雰囲気

中高合わせて2600人以上もの生徒を擁する大規模校の伊奈学園は、生徒の生活の場が6つの「ハウス」に分かれて構成されています。

ハウスは、建物自体が独立し、生徒は学系などの区別なくいずれかのハウスに所属します。同様に、180名を超える先生がたも教科・専門の区別なくいずれかのハウスに所属します。ひとつのハウスにそれぞれ職員室が設けられ、ハウス長（教頭先生）以下30名程度の教員が所属しています。

中学生は6つのハウスのひとつである第1ハウスにおいて生活することになります。

高校生は第2～第6ハウスで、伊奈学園中学校卒業生は高校段階で第2ハウスに入ります。ハウスはそれぞれ1～3年生の各学年4クラスずつ、計12クラスで構成されます。卒業まで同じハウスで、同じ担任の指導のもと、自主的な活動を展開しています。

また、学園祭、体育祭、修学旅行などの行事や生徒会活動なども、すべてハウスが基本単位で行われます。ハウスごとにカラーが決まっており、体育祭や学園祭、校章などにもシンボルカラーとして使われています。

6つのハウスは、それぞれが「小さな学校」であり、毎日の「生活の場」としての親しみやすいアットホームな雰囲気が生みだされています。

2 国際性を育てる語学教育と国際交流

ALT（外国人英語講師）とのチームティーチングによる充実した語学研修と積極的な国際交流が行われています。

NHKの基礎英語の講師が伊奈学園に勤務していたことから、授業では、NHKラジオ講座を取り入れた英語の学習を行っています。

1～3年生のすべての生徒が「基礎英語」を毎日家でヒアリングすることを前提として、英語の授業が進められています。

また、夏休みには、姉妹校であるオーストラリアのケアンズの現地校において、中学3年生の希望者30名が2週間のホームステイをしながら、語学研修と異文化交流会を行います。

を融合させた学習の時間です。3年次にこの3つのなかからひとつを選択して学習します。

「表現」は、国語と英語の融合科目です。たとえば、英語の文章をただ和訳するのではなく、日本語で訳した際の文章表現をよりよいものにしていきます。

「国際」は社会と英語の融合科目です。日本の文化を英語で伝えていくことや、海外で起こっている政治・経済の動きを英語で学びます。

「科学」は、理科と数学の融合科目です。理科で行った実験について、数学の知識を使って分析をして結果をだします。科学技術振興機構、JAXAなどの外部機関と連携して高度な内容を学びます。

「表現」「国際」「科学」のいずれも、それぞれの教科の教員によるチームティーチングで授業を進めます。

実際に社会で自ら問題解決に取り組むとき、ひとつの知識だけで対応できることはほとんどありません。これらの授業では、ひとつの教科であつかうことができないような題材で、幅広い知識を身につけます。

【Q】授業以外での学習の取り組みについてお教えください。

【金子先生】 朝の10分間を利用して、読書とスキルアップタイム（計算・漢字・英単語など）を実施し、基礎基本の定着をはかっています。

この活動をいかすために、本校では漢字検定、英語検定、数学検定の受検を推奨しており、ほとんどの生徒が高い目標を持ってこれらを受検しています。

通常時に補習はないのですが、1学期の成績状況に応じて、「夏季補習」を実施しています。また、夏休みの期間には自習室を用意しています。自習室には指導員がおり、質問できるようにしています。中高一貫校らしく高校生が指導員を務めることもあります。

加えて、3年生を対象に、8月の後半から2月まで高校進学へ向けた「サタデーセミナー」を実施しています。5教科すべて希望参加ですが、多くの生徒が参加し、土曜日に4時間行います。

【Q】体験学習を重視されていますが、どのようなことをされているのでしょうか。

【金子先生】 まず、1年生は入学

年間行事

おもな学校行事（予定）	
4月	入学式　対面式　宿泊研修
5月	授業参観　修学旅行　実力テスト
6月	三者面談　各種検定試験
7月	自然体験研修、夏季補習
8月	オーストラリア交流事業（ホームステイ／3年生30名）
9月	学園祭　体育祭 サタデーセミナー開始
10月	
11月	体験授業　ミニコンサート 各種検定試験
12月	
1月	百人一首大会　各種検定試験
2月	球技大会 いきがい大学伊奈学園との交流会
3月	3年生を送る会　校外学習　卒業式 イングリッシュセミナー（3年）

直後に2泊3日の日程で長野県に行き、体験研修を行います。本校は埼玉県全域から生徒が集まっており、最初はだれも友だちがいないという状況ですので、この研修は仲間づくりという意味も兼ねています。

1年生ではこのほかに社会体験チャレンジとして、飲食店、美容院、保育所、消防署などで職業体験を行います。

2年生では、夏休み期間中に群馬県みなかみ町にでかけ、農家に泊めていただきながら、農業体験や自然体験を積む取り組みを実施しています。農と食について考えたり、環境を守ることの大切さを深く認識してほしいと思っています。

3年生では、修学旅行で広島県と京都府へでかけています。平和と日本の伝統および文化を学習することを主たる目的としています。広島における平和学習と京都における日本の伝統文化学習をつうじて、人間的成長をうながす取り組みです。

これからも生徒の興味や、そのときどきの社会の趨勢《すうせい》をみながら、体験的な学習を創意・工夫していきたいと考えています。

努力する姿勢を身につけ 6年間をかけて伸ばす

【Q】作文試験ではどのようなところを見られるのでしょうか。

【金子先生】 学力試験ではないので、ただ数字ではかれる知識ばかりを見るわけではありません。これまでに習得してきたものをいかに組み合わせて解答につなげるか、それを自分なりに表現することができるか総合力を見ています。子どもが持っている可能性や得意分野などを多面的に見られるような問題にしています。

【Q】どのような生徒さんに入学してもらいたいですか。

【金子先生】 自分でなにかをがんばってみようという意欲があり、これからの伸びしろを感じさせるみなさん、困難なことにぶつかってもそれに臆することなく、つねに前向きに考えられるみなさんに来ていただきたいです。

伊奈学園の特徴は自ら進んで学ぶ生徒をきっちり支えるシステムにあります。本校でがんばることによってどんどん成長していってほしいと願っています。

［問６］　ゆうきさんとひかるさんが、絵の具を使っていろいろな色をつくっています。

ゆうきさん「たのまれたとおり赤色と黄色と青色の絵の具を買ってきたよ。他の色は買ってこなくてよかったのかな。」

ひかるさん「ありがとう。その３色をうまく混ぜるとオレンジ色と緑色とむらさき色ができるよ。混ぜる割合は調べてあるよ。」

色のつくり方
オレンジ色…赤色と黄色を１：２の割合で混ぜる。
緑色…黄色と青色を２：３の割合で混ぜる。
むらさき色…赤色と青色を３：１の割合で混ぜる。

ゆうきさん「つまり、赤色を３ｍＬと青色を１ｍＬを混ぜると、むらさき色が４ｍＬできるということだね。」

ひかるさん「先に、残っている絵の具を使って、オレンジ色と緑色をつくってみよう。」

（１）赤色が２ｍＬ、黄色が８ｍＬ、青色が６ｍＬ残っているとき、これらをすべて使い切るようにして、オレンジ色と緑色をつくります。それぞれ何ｍＬできるか求めましょう。

ゆうきさん「たのまれた赤色と黄色と青色の３色は、それぞれ１２ｍＬずつ買ってきたよ。」

ひかるさん「その３色をすべて使って、オレンジ色と緑色とむらさき色の３色をできるだけつくってみよう。」

（２）赤色、黄色、青色の３色がそれぞれ１２ｍＬずつあるとき、それらをすべて使い切るようにして、オレンジ色、緑色、むらさき色をつくります。それぞれ何ｍＬできるか求めましょう。また、その求め方を書きましょう。（字数の制限はありません。）

ゆうきさん「まだ絵の具が足りないね。オレンジ色と緑色とむらさき色が同じ量だけあるといいね。」

ひかるさん「それなら足りない色を買ってくるけれど、赤色と黄色と青色はそれぞれ何ｍＬ必要なのかな。」

（３）新しくオレンジ色、緑色、むらさき色の３色を同じ量だけつくるとき、赤色、黄色、青色の絵の具はそれぞれ最低何ｍＬ必要になるか求めましょう。また、その求め方を書きましょう。ただし、絵の具は１ｍＬごとに買うことができるものとします。（字数の制限はありません。）

状況に応じた見方、考え方をみる

日常のさまざまな場面で現れる課題に対して、理科で学んだことの理解度と、具体的な解決能力が試されています。

学校で学んだことの理解度をみる

これらの答えを求めるための考え方は小学校で学んでいます。その理解の深さをはかり他者に説明する表現力もみています。

募集区分　一般枠
入学者選抜方法　作文Ⅰ（50分）、作文Ⅱ（50分）、面接（10分程度）、調査書

2016年度 埼玉県立伊奈学園中学校 作文Ⅱより

［問５］　ゆうきさんとひかるさんは、ものの重さについて話をしています。

ゆうきさん「体重をはかるとき、両足でまっすぐに立つけれど、もし、片足《かたあし》で立つとどうなるのかな。」
ひかるさん「この前、わたしが家でやってみたけれど、片足で立っても姿勢《しせい》を変えても体重は変わらなかったよ。」
ゆうきさん「なるほど、立ち方や姿勢を変えても体重は変わらないんだね。」
ひかるさん「ここに体重計はないけれど、ねん土と台ばかりがあるから、これらを使えばそのことが確かめられるよ。」

（１）体重計にのって体重を測定するとき、立ち方や姿勢を変えても体重計の示す値《あたい》は変わらないということを、ねん土と台ばかりを使って確かめる方法を６０字以内で書きましょう。

ゆうきさん「ねん土と台ばかりで確かめたら、本当にひかるさんの言ったとおりだったね。ところで、そこにある鉄のくぎと発ぽうスチロールのかたまりを台ばかりにのせたら発ぽうスチロールの方が重かったよ。」
ひかるさん「でも、ものの種類によって重さにちがいがあって、鉄の方が発ぽうスチロールより重いんだよ。」
ゆうきさん「そうだったね。あそこに木の球があるけれど、ねん土と木ではどちらの方が重いのか調べてみようよ。」
ひかるさん「ものの種類による重さのちがいを比べるのだから、そのまま台ばかりにのせるだけではいけないよね。」

（２）ねん土と木のどちらの種類の方が重いかを、台ばかりを使って調べる方法を６０字以内で書きましょう。

ゆうきさん「ここにある食用油と水ではどちらの方が重いのかな。」
ひかるさん「水の方が重いよ。だから水の中に食用油を入れると水より軽い食用油は水の上に浮くんだよ。」
ゆうきさん「なるほど、ものの種類による重さのちがいで浮いたりしずんだりするんだね。ここにゆで卵《たまご》があるけれど、ゆで卵は水にしずむね。」
ひかるさん「でも、こい食塩水にすると同じゆで卵が浮いてくるんだよ。」

（３）水とこい食塩水ではどちらの方が重いと言えるでしょう。「ゆでたまご」という言葉を使って、ゆうきさんとひかるさんの会話をもとにして、１２０字以内で書きましょう。

解説

埼玉県立伊奈学園中学校の入学者選抜では、作文ⅠとⅡ、面接、調査書によって入学候補者を決めます。第2次選考の面接は10分程度の個人面接です。第１次選考の作文は２種類ありますが、首都圏の他都県でいう適性検査の内容をすべて記述式で答えるものという理解でよいでしょう。そのためか他の都県のものより５分多い検査時間が設けられています。出題にあたって学校では、作文Ⅰは思考力や表現力をみる作文を、作文Ⅱでは課題を発見し解決する力をみる作文を求めています。

2015年度の出題をみると、作文Ⅰは国語と社会の力を試しながら資料の読み取りや、歴史的事実の理解度も確認しています。作文Ⅰでは、与えられた単語から短文をつくる問題が3問ありました。

作文Ⅱでは算数と理科の力をみる問題が柱となっていて、課題を発見し、その課題解決の力もみています。そのすべてを記述で答えなければなりませんので、表現力、文章力もおおいに問われることになります。作文の配点はそれぞれ50点満点となっています。

埼玉

さいたま市立 浦和《うらわ》中学校

■併設型　■2007年開校

6年一貫教育の強みを存分に発揮する さまざまな教育活動

4期生が卒業した今春も、すばらしい大学合格実績を残したさいたま市立浦和中学校。高校進学後を意識し、併設校の強みを存分にいかした、高校とのさまざまな連携教育が特色です。

学校プロフィール

開　　校…2007年4月
所 在 地…埼玉県さいたま市浦和区元町1-28-17
T　E　L…048-886-8008
U　R　L…http://www.m-urawa.ed.jp/
アクセス…JR京浜東北線「北浦和」徒歩12分
生 徒 数…男子120名、女子120名
1 期 生…2013年3月卒業
高校募集…あり
3学期制／週5日制（年12回土曜授業あり）／50分授業

入学情報
・募集人員…男子40名、女子40名
・選抜方法…（第1次選抜）
適性検査Ⅰ・Ⅱ
（第2次選抜）
適性検査Ⅲ〈作文〉、個人面接・集団面接

4期生が2016年春に卒業

【Q】御校の教育目標についてお話しください。

【大竹実《おおたけみのる》校長先生】「高い知性と豊かな感性・表現力を備えた国際社会に貢献できる生徒の育成」を掲げています。

【Q】開校から9年がたち、卒業した1～4期生は見事な大学合格実績を残しました。

【大竹先生】そうですね。立派な結果だと思います。これは内進生だけではなく、高入生も一丸となってがんばった結果ですが、内進生の目標に向かって粘り強く努力する姿勢に高入生も刺激を受ける好循環がありました。

【Q】2013年（平成25年）の春で、1期生が入学してからの6年間というひとつのサイクルが終わりました。

【大竹先生】これまでは、われわれ教員側も、6年後はこうなってほしい、こうなるのではないかというビジョンはありましたが、それはあくまでイメージでしかあり

ませんでした。それが、1期生を送りだし、ひとつのかたちが見えましたので、すべての面で具体的に評価、反省をしながら、さらに教育活動を充実させているところです。

ますます充実する「つなぎ学習」

【Q】6年一貫教育の流れについてお教えください。

【大竹先生】 前期課程の中1・中2は「基礎」、中期過程の中3・高1は「充実」、後期課程の高2・高3は「発展」とそれぞれ位置づけし、3期に分けた中高一貫教育を行っています。

【Q】なかでも中期過程の「つなぎ学習」が特徴的です。

【大竹先生】 せっかくの中高一貫校ですから、中学校から高校への移行をスムーズにするために行っています。年々実施科目を増やしながら、いろいろなかたちで充実させてきています。1期生のときは、しっかりとかたちが定まっておらず、正直まだまだうまくできていない部分も多かったようです。そういった反省をしっかりとふまえてきました。

中学は少人数授業やチームティーチング（TT）、双方向の授業も多いですが、高校になれば講義形式が増えます。

また、中学では受け身の生徒が多く、学習進度が遅れていたり、提出物がきちんとだせていない生徒にはこちらからすぐ声をかけますが、高校では生徒が自分から積極的に学んでいかないといけません。こういった部分も高校の先生に入ってきてもらうことで準備ができます。

以前はかぎられた先生がただけでしたが、一昨年ぐらいからかなり充実してきて、主要5教科に関しては、それぞれ週4時間のうち、かならず1時間は高校の先生に授業をしてもらいます。

しかも、TTのメインです。理科では生物と物理の先生に成績をだすところまで見てもらっています。社会科では歴史分野を中心に、実技教科でも家庭科、美術などは高校の先生です。

本校はどんどん先取りをしていくかたちではないので、高校の先生には各教科でより深く学んだり、補充的な部分をお願いしています。余談も含めてふだんよりもさらに

特色ある カリキュラム紹介

1 独自の教育活動「Morning Skill Up Unit」(MSU)の展開

生徒ひとりにつき１台のノート型パソコンを活用し、週3日、１時限目に60分の時間を設けて国語・数学・英語の各教科を20分ずつ学習するものです。

国語（Japanese Plusの学習）は、すべての学習の基礎となる「国語力」の育成がはかられます。短作文、暗唱、書写、漢字の書き取りなどに取り組み、基礎・基本を徹底する授業です。

数学（Mathematics Drillの学習）は、日常生活に結びついた「数学的リテラシー」の向上をめざします。四則計算や式の計算といった基礎的な学習、数量や図形に対する感覚を豊かにする学習です。

英語（English Communicationの学習）は、英語での「コミュニケーション能力」の育成が目標です。日常会話やスピーチなどの生きた英語を聞く活動、洋書を使った多読活動、英語教師との英語によるインタビュー活動や音読活動を行うなど、バリエーションに富んだ多彩なプログラムが用意されています。

2 ICT(Information and Communication Technology)教育の充実

生徒それぞれのパソコンは無線LANで結ばれており、いつでもどこでも情報を共有しながら活用できます。調べたものをパソコンでまとめたり、インターネットを使って情報を自分のパソコンに取りこむことができます。

図書室は「メディアセンター」と呼ばれていて、生徒は「メディアセンター」でインターネットを使いながら、必要な情報を探しだしています。

家庭では、学校からの「お知らせ」を見ることができ、その日の授業内容をいかした家庭学習が行えます。

また、このパソコンがより高度なものになり、ディスプレイ部分が回転するようになったことでひとつの画面を見ながらのグループ学習が簡単に。さらにさいたま市の嘱託を受けた教育プログラム開発のために、さまざまな学習ソフトを利用して、主要教科だけではなく、実技教科も含めていろいろな場面でパソコンをいかした授業が展開されています。その成果が市にフィードバックされ、さいたま市立中学校全体の教育の質向上にも貢献しています。

専門的な授業になっています。

【Q】生徒の知的好奇心もかなり喚起されそうですね。

【大竹先生】やはり高校の先生がやれば授業のスタイルも変わるので、刺激になり、生徒の学習意欲にもつながっています。手探りでやってきたことがうまくできるようになってきました。

たとえば、夏休みに中高とも夏期講習があります。中学は夏休みの初めに復習的な内容で行っているのですが、発展的な内容のものとして、希望すれば、高1の夏期講習の講座に参加できるようにしています。

中高一貫で教育を行うことのメリットが学校全体で認識できてきて、先生がたもいっしょにするなかで「あれもできる」「これもやってみたらいいんじゃないか」という話ができ、つぎの段階に進んできていることが感じられます。

少人数制授業と特徴的な学習プログラム

【Q】少人数制授業も中学の大きな特色ですね。

【大竹先生】本校では、数学、英語で中1から1クラスをふたつに分ける少人数制授業を行っています。ほかの教科でもできればいいのですが、教員の定数もありますからなかなかむずかしく、そのかわり、40人の授業でも高校の先生といっしょにTTを実施していますし、英語であれば週1回のALTがいる授業では、これに少人数制授業用にさいたま市から増員されている1名を加えた3名の先生がいるというパターンもあります。

【Q】自分の言葉で表現する活動が充実していますね。

【大竹先生】国語や社会では、討論やスピーチ、ディベート、パネルディスカッションなどの学習を計画的に取り入れています。また、こういった積み重ねの集大成が中3で実施する海外フィールドワークでの日本文化の紹介などにつながります。さらに英語では、校内で英語のスピーチコンテストを行っていて、上位の生徒が市や県の大会に参加しています。毎年、市、県のレベルで1位をはじめ優秀な成績を残しています。

このスピーチコンテストは、英語の知識や表現力を養うことにつながるのですが、なんといっても、本校では高校でその力をさらに伸

年間行事

おもな学校行事（予定）	
4月	入学式　実力テスト 新入生歓迎会
5月	部活動本入部　管弦楽鑑賞教室（2年）
6月	英語 Recitation Contest 芸術鑑賞教室　文化祭
7月	球技大会　自然の教室（1年） 夏季講習会
8月	課題テスト サマーイングリッシュセミナー
9月	体育祭　写生大会　人権講演会
10月	実力テスト　プラネタリウム（2年）
11月	博物館実習　科学館実習
12月	修学旅行（2年）
1月	
2月	ロードレース大会 海外フィールドワーク（3年）
3月	未来くるワーク体験（1年） 卒業式　球技大会（1・2年）

ばす場が多く用意されているところが大きいと思います。もともと高校自体が英語教育や国際交流に力を入れている学校ですから、中学で得た英語力や興味を高校でさらに育てていくことができます。交換留学も毎年実施されていて、内進生で高校入学後、留学している生徒もいます。

大学進学の面で結果がでるのももちろんすばらしいことですが、こういった面でもがんばっている子がいるのも本校の中高一貫教育の成果だと思います。

学校生活全体で中高一貫教育を実践

【Q】学校行事や部活動も中高いっしょに行われていますね。

【大竹先生】 たとえば、体育祭は中高6学年を縦割りにします。別々の時期もありましたが、現在は高校が8クラスと、中学の各学年2クラス80名ずつを、8つに分けます。お互いを応援し、席を隣にすることは、中学生、高校生ともに貴重な経験になっているようです。

部活動も中高いっしょに行う部も多いですし、現在は運動系の部活動を中心に、中3が公式戦がなくなったあとに、早めに高校の活動に参加できるようになっています。

勉強の面だけではなく、学校生活全体でいっしょに活動する場面を増やしています。

【Q】施設・環境も立派ですね。

【大竹先生】 校舎は中学校開校時に新築していて、窓が大きく、明るめの色調できれいです。図書室が高校にあり、さらに中学用にメディアセンターというものもあり、両方とも使えます。高校側にある理科系の実験室も利用できますし、学習環境は整っています。

【Q】最後に受検生に向けたメッセージをお願いします。

【大竹先生】 6年間を見通して、自分でしっかりとした目標を持ち、粘り強くがんばった生徒が伸びて成果をだすことができるということがよくわかりました。ですから、高い志を持って、努力しつづけられる生徒さんに入学してもらいたいですね。

そして、高校に進学したあとは、高入生を引っ張りながら切磋琢磨し、たくましくがんばっている先輩たちにつづいてくれるような生徒さんを待っています。

さいたま市立浦和中学校

埼玉

募集区分　一般枠（さいたま市在住）

入学者選抜方法　【第1次選抜】適性検査Ⅰ(45分)、適性検査Ⅱ(45分)、調査書
【第2次選抜】適性検査Ⅲ(45分)、面接

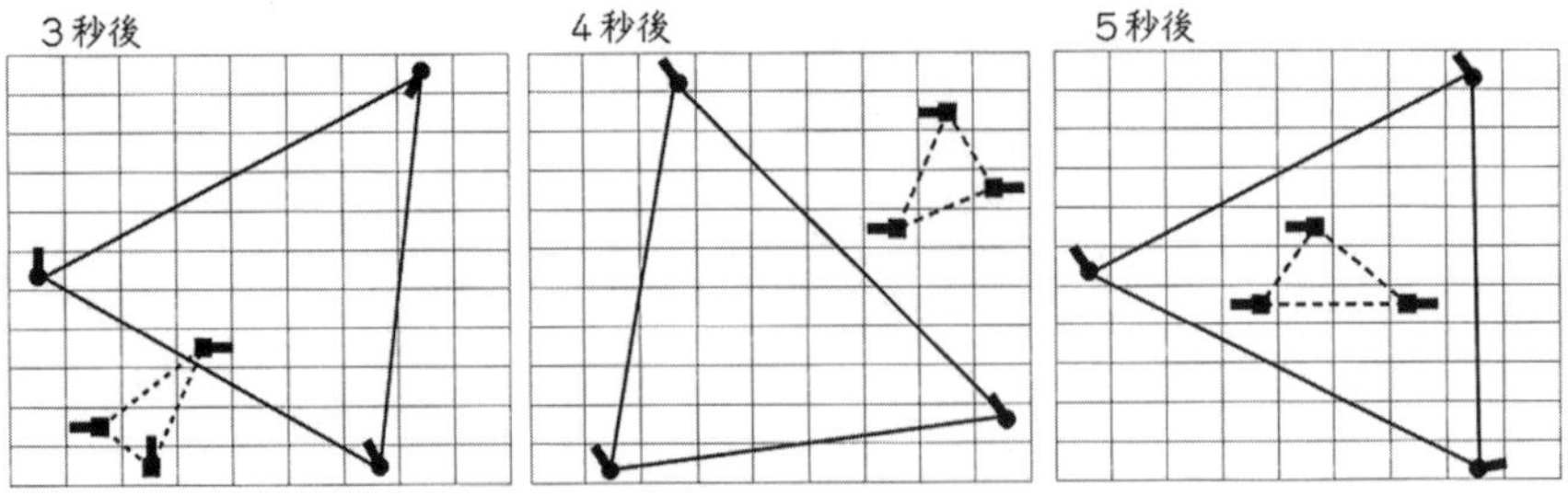

問1　2秒後の種類A・Bそれぞれの魚の分布の範囲は何マスですか。数字で答えなさい。

問2　下のア～エの図は、種類Aの魚について、**図3の魚の分布の記録**をもとに、0秒から5秒まで、それぞれの時点で、分布の範囲として数えなかったマス目の数を●印で記し、その変化を表したものです。正しく表しているものをア～エの中から1つ選び記号で答えなさい。ただし、縦軸《たてじく》は数えなかったマス目の数を、横軸は時間（秒）とします。

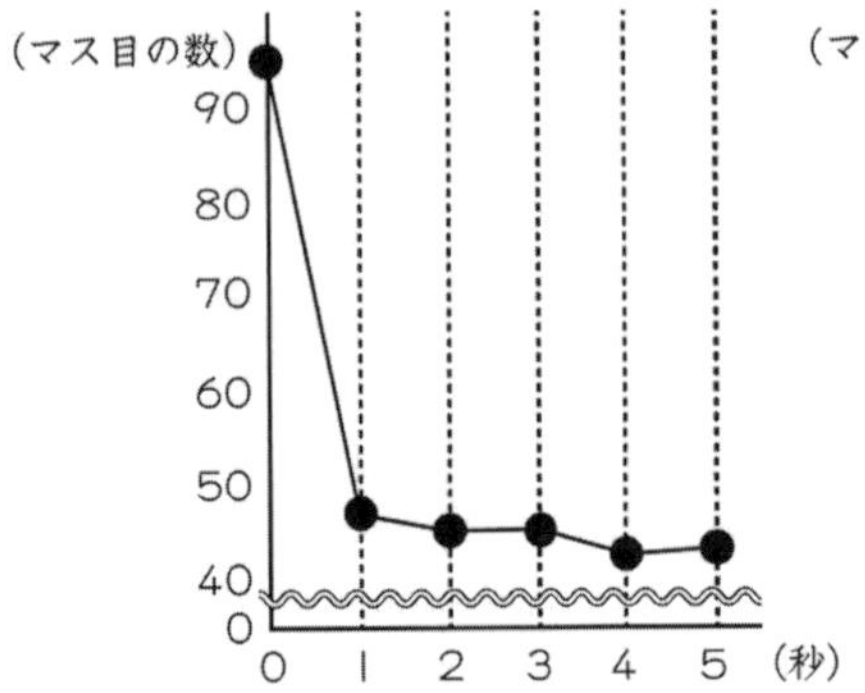

ア

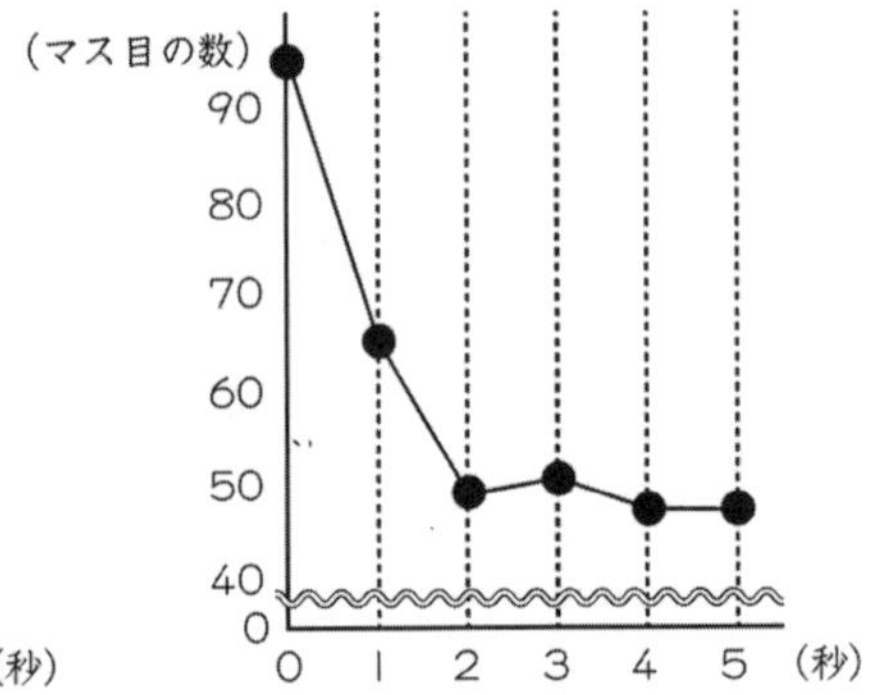

イ

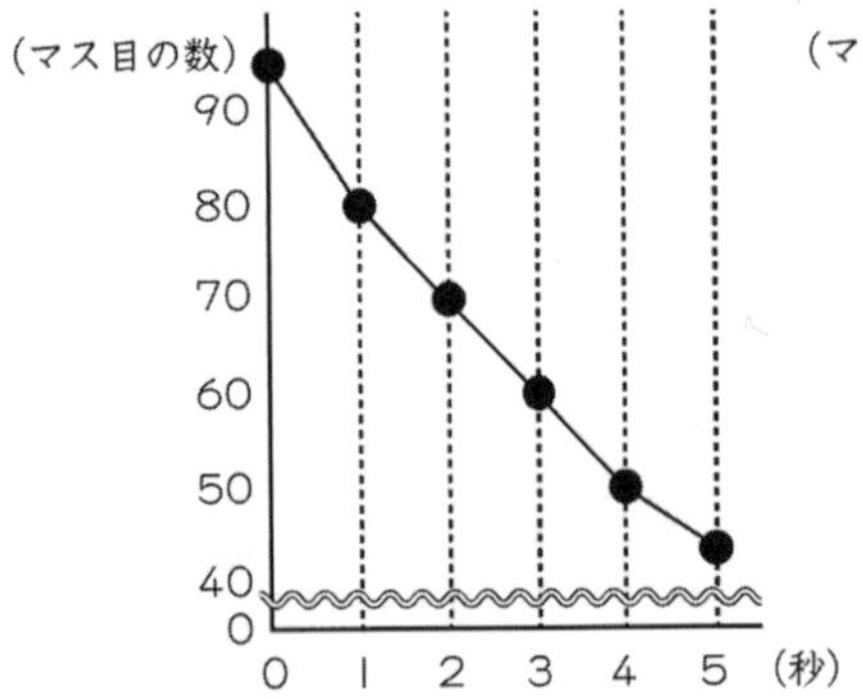

ウ

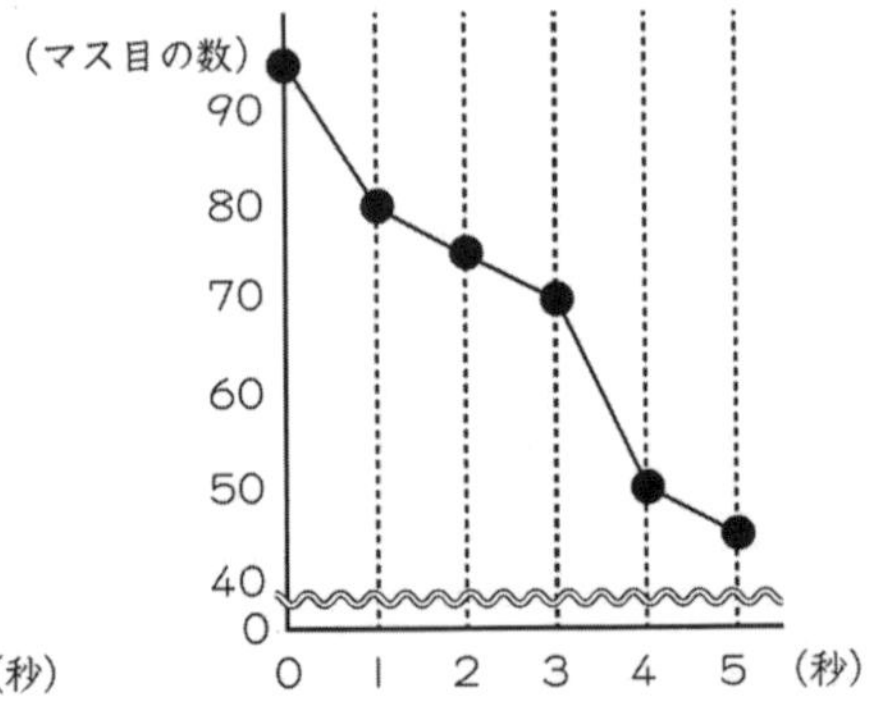

エ

問3　この観察の記録から、種類Bの魚の分布についてどのようなことが読みとれますか。説明しなさい。

数理的なものの考え方を試す

問題文から必要な要素を正確に読み取る力が必要です。グラフを読み取り、知識を駆使して考察し、処理する力をみます。

条件を理解し考える力をみる

与えられた条件を整理すると、単純な問題ではないことに気づきます。根気強く課題をクリアし、説明する力が求められます。

2016年度 さいたま市立浦和中学校 適性検査問題Ⅱより

5

花子さんのクラスでは、教室にある水槽《すいそう》で、A・B2種類の魚を飼育しています。

次の花子さんの観察・図1～図3をもとに、問1～問3に答えなさい。

花子さんの観察

花子さんは、A・B2種類の魚を使い、泳ぐ様子を観察しました。

（用意したもの）

○水槽
○A・B2種類の魚　3匹ずつ
○デジタルカメラ
○記録用紙

（観察方法）

○図1のように、縦《たて》が11マス、横が9マスのマス目がある紙の上に水だけを入れた水槽を置き、A・Bの2種類の魚をそれぞれ3匹《びき》ずつ、合計6匹を静かに水槽に入れた。

○A・Bそれぞれの魚が泳ぐ様子を水槽の上からデジタルカメラで撮影《さつえい》した。魚を水槽に入れたあと、最初に撮影したときを0秒とし、その後、1秒ごとに5回撮影した。

○撮影した画像をもとに、右の図2のように、水槽を置いた紙と同じマス目がある記録用紙に、A・B2種類の魚の位置を記録し、分布の範囲《はんい》を調べた。分布の範囲は、魚の頭部を直線で結び、直線が通ったマス目の数と、その内側のマス目の数を合わせた数とした。

○6枚の記録用紙をもとに、A・B2種類の魚の分布について考察した。

図1　デジタルカメラ

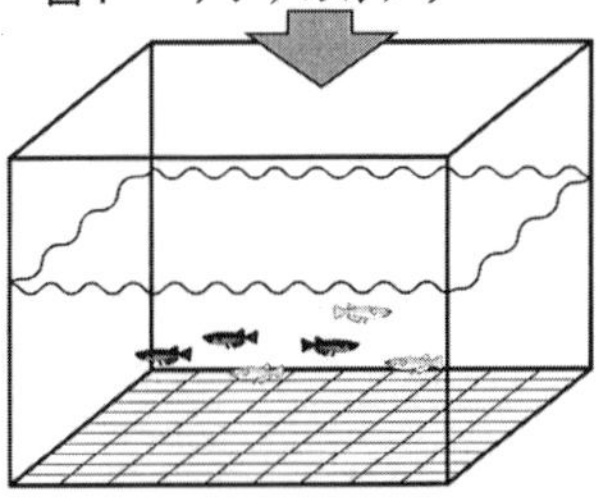

図2　記録用紙

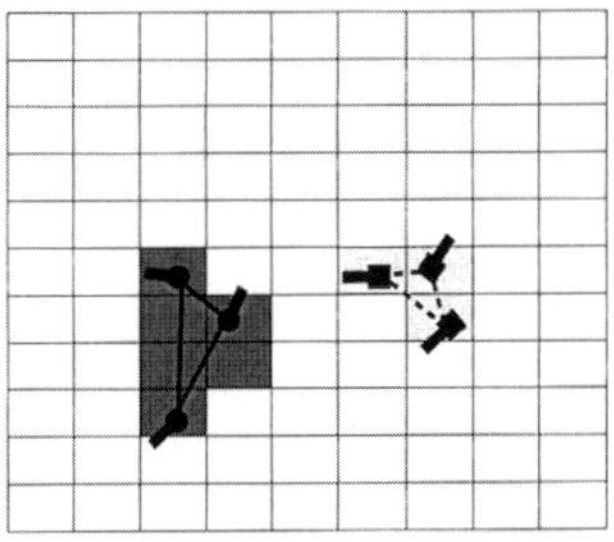

	頭部	分布の範囲
種類A	●―	6マス
種類B	■―	3マス

図3　魚の分布の記録

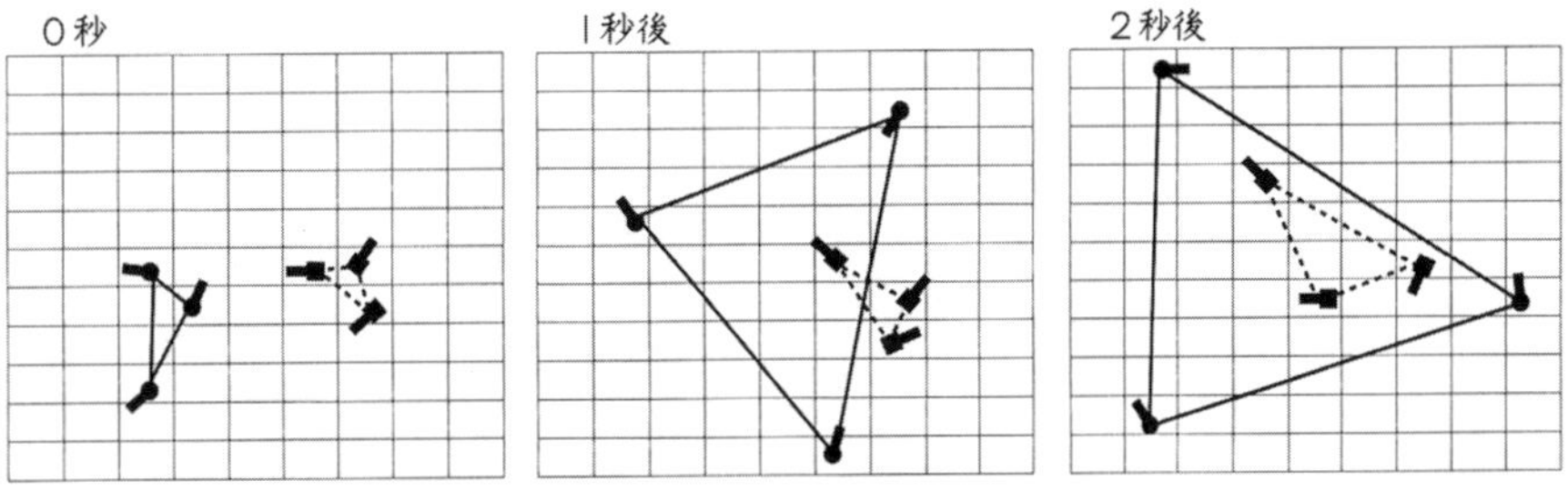

解説

さいたま市立浦和中学校の入学者選抜には第1次と第2次があります。2016年度まででは、第1次で男女各100人程度にしぼり、第2次で募集人員男女各40人の入学候補者を選んでいます。

第1次では、適性検査Ⅰ（45分）と適性検査Ⅱ（45分）、調査書で検査を行います。第2次は約1週間後に適性検査Ⅲ（45分）と個人面接（10分程度）、集団面接（8人程度 約30分）を行います。

適性検査はⅠ、Ⅱ、Ⅲとも課題の問題点を整理し、論理的に筋道を立てて考え解決する過程を、多様な方法で表現する力をみます。とくに第2次の適性検査Ⅲでは作文の字数が多く、文章や図表などを読み取り、課題にしたがって250字以内の作文2題と300字以内の文章にまとめる作文が1題でました。作文をとおして適切な表現力をみます。

2016年度の集団面接は、8名の児童で構成するグループに課題を与え、解決に向けて一人ひとりがどのようにリーダー性、協調性、国際社会への貢献を含めたコミュニケーション能力等を発揮できているかをみました。

あとがき

首都圏には、この10数年、つぎつぎと公立の中高一貫校が誕生しました。現在、首都圏（東京、神奈川、千葉、埼玉）では、今春に開校した千葉県立東葛飾を含め、20校の中高一貫校があります。さらに来春には横浜市立横浜サイエンスフロンティア高等学校附属中学校が開校するなど、今後も新たな中高一貫校が誕生する動きがあります。

５年前、春の大学合格実績で、都立白鷗高等学校附属が初の中高一貫生ですばらしい実績をしめし、以降の大学合格実績でも都立白鷗、都立小石川、都立桜修館、今春の神奈川県立相模原、神奈川県立平塚など、公立中高一貫校は期待どおりの実績をあげています。

いま、中学受験を迎えようとしている受験生と保護者のかたは、私立にしろ、公立にしろ、国立にしろ、これだけ学校の選択肢が増えた、その真っただなかにいるのですから、幸せなことだと言えるでしょう。

ただ、進路や条件が増えるということは、それはそれで悩ましいことでもあります。

お手元にお届けした『2017年度入試用　首都圏　公立中高一貫校ガイド』は、そんなみなさんのために、各学校のホンネ、学校の素顔を校長先生のインタビューをつうじて探りだすことに主眼をおきました。また、公立中高一貫校と併願することで、お子さまとの相性がマッチするであろう私立の中高一貫校もご紹介しています。

学校選択の基本はお子さまに最も合った学校を見つけることです。その学校がご家庭のポリシーとも合っていれば、こんなによいことはありません。

この本をステップボードとして、お子さまとマッチした学校を探しだせることを祈っております。

『合格アプローチ』編集部

営業部よりご案内

『合格アプローチ』は、首都圏有名書店にてお買い求めになることができます。

万が一、書店店頭に見あたらない場合には、書店にてご注文のうえ、お取り寄せいただくか、弊社営業部までご注文ください。

ホームページでも注文できます。

送料は弊社負担にてお送りいたします。代金は、同封いたします振込用紙で郵便局よりご納入ください。

ご投稿・ご注文・お問合せは

株式会社グローバル教育出版

【所在地】〒101-0047
東京都千代田区内神田2-4-2 グローバルビル

【電話番号】03-3253-5944《合格しよう》(代)

【FAX番号】03-3253-5945

URL：http://www.g-ap.com
e-mail:gokaku@g-ap.com
郵便振替　00140-8-36677

中学受験　合格アプローチ　2017年度入試用

首都圏　公立中高一貫校ガイド

2016年8月5日　初版第一刷発行　　**定価 1000円**（＋税）

●発行所／株式会社グローバル教育出版
〒101-0047 東京都千代田区内神田2-4-2 グローバルビル
電話 03-3253-5944（代）　FAX 03-3253-5945
http://www.g-ap.com　郵便振替00140-8-36677